Wu Shaoxiang

Im Schatten der Sonne

Wu Shaoxiang

Im Schatten der Sonne

Ein Leben zwischen Kulturrevolution und Tiananmen

Seifert Verlag

Aus dem Chinesischen übersetzt
von Wu Sa und bearbeitet
von Marianne Fischer

Umwelthinweis: Dieses Buch und der Schutzumschlag
wurden auf chlorfrei gebleichtem Papier gedruckt.
Die Einschrumpffolie – zum Schutz vor Verschmutzung –
ist aus umweltverträglichem und recyclingfähigem
PE-Material.

1. Auflage

Umschlaggestaltung: Rudi Aigelsreiter
Art: Padhi Frieberger
Fotos: Archiv des Autors
Druck und Bindung: Druckerei Theiss GmbH, A-9431 St. Stefan
Printed in Austria

ISBN 3-902406-01-1

Inhalt

Prolog

Der Weg ins Exil

Am 6. Juni 1989 war es in Beijing um die Mittagszeit noch dunkel. Ein für die Jahreszeit ungewöhnlicher Nebel hatte sich über die Stadt gelegt. Schon seit zwei Tagen erschütterten Explosionen die Metropole und verbreiteten unter der Bevölkerung Angst und Schrecken. Begonnen hatte der Terror am frühen Morgen des 4. Juni, als Gewehrsalven der seit zwei Monaten andauernden Festtagsstimmung, die dem vermeintlichen Sieg der Studentenbewegung galt, ein jähes Ende gesetzt hatten. Seither herrschte beklemmende Totenstille. Die sonst so laute und mit roten Fahnen beflaggte Changan-Straße zeigte sich bis auf langsam patrouillierende Armeefahrzeuge wie ausgestorben. Auf den Wagen saßen Soldaten mit Stahlhelmen, die mit ihren halbautomatischen Waffen nervös in der Luft herumfuchtelten. Die öffentlichen Busse waren schon längst außer Betrieb. Die Bewohner Beijings, die sie sonst als Haupttransportmittel benutzten, hatten sie auf den Straßen und Kreuzungen quergestellt, um so die heranrückende Armee aufzuhalten. Aber Panzer hatten sie zur Seite geschoben oder platt gewalzt. Einige der Busse brannten noch.

Wie die meisten Menschen der Hauptstadt hielt ich mich mit meiner Frau Shuo, meinem Sohn Sa und meinem jüngeren Bruder Youxiang in unserer Wohnung versteckt. Sie bestand aus einem fünfzehn Quadratmeter großen Zimmer, das uns Lehrkräften der Zentralakademie für Kunst und Design zur Verfügung gestellt worden war, und lag in einem lang gestreckten grauen Gebäude am dritten Ring von Ost-Beijing. Im gleichen Haus wohnten mehr als zehn Familien. Jeder stand nur

ein Zimmer zur Verfügung und diese waren wie Abteile eines Zugwaggons durch einen langen Gang miteinander verbunden. Zwei Räume des Gebäudes dienten als gemeinsame Toilette und Waschraum jeweils für Männer und Frauen. Außerdem gab es einen Raum, der von meiner Familie und drei anderen als Gemeinschaftsküche verwendet wurde. Singles und kinderlose Paare, denen es verboten war, in der Küche zu kochen, hatten ihre Herde auf dem Gang aufgestellt. Herumtollende Kinder, das lärmende Durcheinander der Kochenden, die Geräusche der Plattenspieler und Fernseher, die Studenten, die ihre Professoren besuchten – all das machte unser Haus zu einem Ort brodelnden Lebens. Doch an diesem Mittag war es auch in unserem Gebäude ruhig. Alle hatten sich in ihre kleinen Zimmern verkrochen.
An der Nordmauer unseres Hauses lag die Guanghua-Straße, eine kleine, ruhige Parallelstraße zur östlichen Jianguomenwai-Straße. Jetzt parkten in Letzterer Panzer. Gerüchten zufolge waren sie von meuternden Soldaten abgestellt worden, weil sie sich weigerten, auf Zivilisten zu schießen. Zwei Tage zuvor hatten hier Studenten gegen die vorbeifahrenden Militärfahrzeuge protestiert und die Soldaten als „Faschisten" beschimpft. Keiner hatte erwartet, dass ihr friedlicher Protest mit Feuer aus automatischen Waffen beantwortet werden würde. Die Schüsse hatten tiefe Löcher in die Wände der umliegenden Gebäude geschlagen. Wir vermieden es, das Haus zu verlassen, und suchten uns im Zimmer einen Platz, wo wir vor Gewehrkugeln sicher waren. Jedes Mal, wenn Militärfahrzeuge vorbeifuhren, verhielten sich Erwachsene und Kinder mucksmäuschenstill, um die Soldaten nicht zu unbedachten Handlungen zu provozieren. Es gab allerdings immer wieder Studenten, die angesichts der vorüberziehenden Kolonnen die Beherrschung verloren und Protestparolen brüllten oder gar Bierflaschen und Holzstücke gegen die Militärfahrzeuge warfen. Jedes Mal kam danach eine Gewehrsalve als Antwort.
Im Osten unseres Wohngebäudes lag ein weiteres Haus für

Lehrkräfte. Am frühen Morgen des 4. Juni, als die ersten Militärfahrzeuge vorbeifuhren, wurde dort die Frau eines Professors der Abteilung für Industrielles Design getötet. Sie hatte entsetzt bemerkt, dass ihr einziges Kind nicht im Zimmer war, und wollte es suchen. Als sie aus dem Haupttor trat, traf sie ein Kugelhagel. Sie starb auf dem Weg ins Krankenhaus. In der Nähe erreignete sich etwa zur selben Zeit ein weiteres Unglück. Ein alter Wachtmeister des Forschungsinstitutes für Papierindustrie machte gerade seine täglichen Tai Chi-Übungen, als Militärfahrzeuge das Feuer auf ihn eröffneten. Der alte Mann starb noch an Ort und Stelle. Diese zwei Ereignisse in der unmittelbaren Nachbarschaft hatten sich tief in unser Bewusstsein eingegraben.

*

Unser Zimmer teilte sich in zwei Bereiche. Auf der dem Fenster zugewandten Seite stand ein Doppelbett und daneben als eine Art Zwischenwand ein Bücherregal. Im Eingangsbereich befand sich unser Wohnzimmer, wo fast alle Aktivitäten unserer Familie stattfanden. Hier gab es eine Couch und davor einen braunen Teetisch aus Glas, der uns als Schreib- und Speisetisch diente. Es war gerade Mittag. Meine Frau hatte zwei Teller Gebratenes und eine Schüssel Reis auf den Tisch gestellt. Wir setzten uns auf die Couch und auf kleine Hocker rund um den Teetisch. Nachdem Shuo meinem Bruder und mir Reis gegeben hatte, war Sa an der Reihe. Unser Kind war erst drei Jahre alt, konnte aber schon gut mit den Stäbchen essen. Eigentlich hätte der Junge bis zum Wochenende im Kindergarten sein sollen, doch der war wegen des Ausnahmezustandes geschlossen. Sa hatte kaum seine Schüssel entgegengenommen, als er auch schon seinen kleinen Mund spitzte. Er starrte auf die große Colaflasche, die auf dem Kühlschrank stand. Dann sagte er: „Ich habe Durst." Shuo blickte mich an und lächelte: „Ist gut. Dein Onkel wird dir etwas Cola einschenken. Doch beeil dich mit dem Essen. Vielleicht kommen schon bald Soldaten vorbei und beginnen wieder herumzuschießen." Die Flasche Cola hatten Sas Großeltern bei ihrem Besuch wenige Tage zuvor mitgebracht. Cola war in China noch etwas Neues und entsprechend teuer. Eine einzige Flasche kostete mehr als zehn Yuan*. Meine Frau und ich tranken selten davon, doch Sa mochte es gern. Youxiang schenkte Sa ein, der sich sofort auf das Glas stürzte.

Da drangen wieder Motorengeräusche von der Straße zu uns herauf. Wir alle hörten augenblicklich auf zu essen, sogar Sa setzte sein Glas ab und machte große Augen. Der Motorenlärm rückte immer näher und stoppte vor unserem Haus. Ich fragte mich, was das wohl zu bedeuten hätte. Gebückt schlich ich zum Fenster. Ich legte mich aufs Bett, spähte unauffällig durch den Vorhang und erblickte Stahlhelme und glänzende Gewehre. Auf einem Militärlastwagen direkt unter unserem Fenster standen rund zehn Soldaten Rücken an Rücken und hielten jeweils eine schussbereite Automatikwaffe in den Händen. Auf dem Dach der Fahrerkabine war ein Maschinengewehr befestigt, das in Fahrtrichtung zeigte. Ich konnte deutlich die kindlichen, von Angst gezeichneten Gesichter der Soldaten sehen. Ich schaute mich vorsichtig um und starrte plötzlich genau in einen zufällig auf mich gerichteten Gewehrlauf. Auf einmal konnte man das Geräusch von auf dem Boden zerspringenden Ziegeln hören. Sofort sprangen zwei Soldaten aus der Fahrerkabine und rückten mit gezückten Waffen vor. Das Material stammte von der Baustelle unseres neuen Unterrichtsgebäudes. Einige Arbeiter hatten dort Wache gehalten. Wir verhielten uns mucksmäuschenstill. „Kommt sofort heraus, sonst eröffnen wir das Feuer! Spielt nicht mit eurem Leben!", riefen die Soldaten auf der Straße. Dann war ein dumpfer Aufschlag zu hören. Wieder hatte jemand einen Ziegel auf die Soldaten geworfen. Es folgte ein Kugelhagel. Wir hörten zuerst nur das Klirren der Glasfenster im benachbarten

* 3,2 Yuan entsprachen damals laut offiziellem Wechselkurs einem Dollar. Ein durchschnittlicher Arbeiter verdiente 50 Yuan im Monat.

Unterrichtsgebäude, doch kurz darauf gingen auch unsere Fenster zu Bruch. Shuo und ich stürzten uns gleichzeitig auf Sa und drückten ihn zu Boden. Youxiang legte sich auf den Bauch und schützte mit beiden Händen seinen Kopf. Der Teetisch fiel um, die Schüsseln und Teller zersprangen in tausend kleine Stücke. Der Reis lag überall auf dem Boden verstreut, Sas Cola rann an mir herunter. So lagen wir eine Weile auf dem Boden und wagten kaum zu atmen. Nach einigen Minuten hörten wir, wie jemand verhaftet und auf einen Lastwagen gezerrt wurde. Es war vermutlich ein verletzter Arbeiter. Fluchend fuhren die Soldaten an der Straßensperre vorbei in Richtung Innenstadt. Erst nachdem das Motorengeräusch verstummt war, standen wir wieder auf. Sa war ganz bleich im Gesicht. Er riss die Augen weit auf, blickte zu seiner Mutter und mir, danach auf den Reis und sein Cola auf dem Boden. Dann begann er laut zu weinen. Shuo nahm ihn in die Arme. Während sie ihm die Tränen wegwischte, sagte sie: „Hab keine Angst, es wird nicht mehr geschossen." Er weinte noch heftiger.

Plötzlich klopfte jemand an die Tür. Es war unsere Nachbarin, Frau Luo, eine rundliche, etwa dreißigjährige Frau mit freundlichem Gesicht. Noch während sie eintrat, fing sie an zu schreien: „Das war ja fürchterlich! Fast genau so wie damals, als die japanische Armee in die Stadt eingedrungen ist. Wo sind wir denn, dass man auf solche Art die Bürger verschreckt!" Und wild gestikulierend fuhr sie fort: „Beeil dich, komm schnell zu mir rüber, Wu Shaoxiang! Es gibt wieder einen Anruf für dich! Wahrscheinlich ein Lao Wai!" „Lao Wai" bedeutet Ausländer und ich vermutete, dass Dr. Alfred Mayer von der österreichischen Botschaft am Telefon war. Ich rannte über den Gang zu Frau Luos Zimmer. Shuo folgte uns mit Sa auf dem Arm.

Frau Luos Ehegatte war Chef der Hausverwaltung der Akademie und ein recht einflussreicher Mann. Er war auch geschäftstüchtig, hatte er doch einige Jahre zuvor eine eigene Firma gegründet und damit viel Geld verdient. Seine Familie war die reichste im ganzen Haus und so konnte er sich ein privates Telefon leisten. Weil wir die gleiche Küche benutzten, hatten wir immer wieder mit ihm zu tun und pflegten bald auch freundschaftlichen Kontakt. Frau Luo war eine Angestellte, die großen Respekt vor Intellektuellen hatte. Sie hielt mich sogar für ein wenig berühmt und wenn nötig, konnte ich jederzeit ihr Telefon benutzen.

Ich nahm also den Hörer und erkannte den österreichischen Handelsdelegierten am anderen Ende der Leitung. „Wie geht's?", fragte er auf Chinesisch mit amüsantem ausländischem Akzent. „Wird bei dir geschossen, Shaoxiang?" Danach eröffnete er mir, dass es für mich und meine Familie eine Möglichkeit gäbe, China zu verlassen. Seine Botschaft hätte gemeinsam mit den Schweizern und Deutschen eine Swissair-Maschine gechartert, um einige Mitarbeiter und deren Familien in Sicherheit zu bringen. Man befürchte einen Bürgerkrieg und er selbst habe zwei Tickets bekommen. Da er aber vorerst in Beijing bleiben wollte, würde er sie uns zur Verfügung stellen. Allerdings müssten wir uns sofort entscheiden und spätestens um sechzehn Uhr am Internationalen Flughafen sein. Ich sagte ihm, dass ich zuerst mit meiner Familie reden müsse, und versprach, ihn umgehend zurückzurufen. Dann legte ich mit zitternden Händen auf.

Shuo äußerte sofort Bedenken, da die Zeit so knapp war. Aber wir wussten beide, dass es unsere einzige Chance war, aus China herauszukommen. Alle meine Freunde wollten weg aus Beijing, einige versteckten sich bereits irgendwo im Grenzland. Wir wussten aber auch, dass unsere Flucht höchstwahrscheinlich ein dauerhaftes Exil zur Folge haben würde. Die gegenwärtige politische Lage sah nicht rosig aus, die Demokratiebewegung schien im Keim erstickt zu sein. Die Verhaftungen hatten bereits begonnen und die Kommunisten würden vermutlich auch Künstler wie mich nicht mehr länger tolerieren. Vielleicht war China schon dabei, in die Zeiten von Mao Tse-tung und des Klassenkampfes zurückzufallen. Einige Funktionäre hatten

bereits Anschuldigungen gegen mich erhoben. Diesmal würde vielleicht jemand auf sie hören. Ich sah in Sas kleines Gesicht und sagte: „Verschwinden wir!“ Shuo nickte und sagte leise: „Einverstanden, lass uns gehen!“
Ich wählte die Nummer von Mayers Büro. Er war sofort am Apparat und fragte, ob ich mich entschieden hätte. „Ja, und meine Familie kommt mit“, sagte ich.
„Sehr gut!“, sagte er und erklärte mir, dass ich mir einen Wagen organisieren müsse, um zum Flughafen zu gelangen. Er selbst könne mir dabei nicht helfen, da er seine Botschaftsmitarbeiter dorthin begleiten müsse. Von der Akademie zum Flughafen waren es immerhin zwanzig Kilometer. Busse fuhren schon längst nicht mehr und auch Taxis gab es keine.
Ich bat Shuo, mit dem Packen zu beginnen, während ich einen Wagen auftreiben würde. Shuo meinte besorgt: „Woher willst du denn einen kriegen?“ – „Probier's doch mit Groß Lu! Vielleicht kann er euch helfen“, schlug Frau Luo vor. Groß Lu war der Leiter der Fahrertruppe unserer Akademie. Er war ein richtiger Hüne und zudem ehrlich und eine treue Seele. Daher nannten ihn die Leute den „Großen Lu“. Ich verstand mich gut mit ihm. Er mochte meinen Sohn Sa, hielt mich für talentiert und glaubte, dass ich von der Akademie ungerecht behandelt würde. Hin und wieder hatte er sogar versucht, wenn er unsere Rektorin oder den Parteizellensekretär der Akademie chauffierte, ein gutes Wort für mich einzulegen. Frau Luo gab mir seine Nummer. Er war überrascht, von mir zu hören, denn ich hatte ihn noch nie zuvor angerufen. Ich erklärte ihm, dass ich dringend einen Wagen suchen würde, um zum Flughafen zu gelangen. Groß Lu überlegte kurz und sagte dann: „Einverstanden, ich fahre euch hin.“ Wir vereinbarten einen Treffpunkt und ich eilte zurück zu Shuo, denn wir hatten nicht mehr viel Zeit.
In unserem Zimmer herrschte Chaos. Shuo und Youxiang waren gerade dabei, Kleidung in zwei große Reisekoffer zu packen. Sa saß auf dem Sofa und spielte mit seinen Autos. Die

beiden geöffneten Koffer nahmen fast den gesamten Platz in Anspruch. In einen Rucksack stopften wir Kekse und Sas Spielzeug. Ich sah wehmütig auf die Möbel, Bücher, Skulpturen, Bilder und elektronischen Geräte, die wir zurücklassen mussten. Shuo war traurig, weil wir keine Möglichkeit hatten, uns von ihren in der Innenstadt lebenden Eltern zu verabschieden. Nicht einmal telefonisch konnten wir sie erreichen, denn das Netz war hoffnungslos überlastet.

Pünktlich um halb drei Uhr erschien Groß Lu mit einem weißen sowjetischen Auto Marke „Wolga“ am Nebeneingang der Akademie. Ich schüttelte ihm die Hand und sagte aufgeregt: „Ich kann dir nicht genug danken. Wenn wir eine andere Wahl gehabt hätten, hätte ich dich sicher nicht belästigt. Glaubst du, dass wir auf dem Weg zum Flughafen Probleme haben werden?“ – „Warum sollten wir Probleme bekommen? Ich war selbst einmal Soldat und glaube nicht, dass diese Feiglinge den Mut haben, auf mich zu schießen. Mach dir keine Sorgen.“ Groß Lu war in den sechziger Jahren Kompanieführer bei der Armee gewesen und hatte am Grenzkrieg gegen die Sowjetunion teilgenommen. Ich wusste, dass er uns aus reiner Freundschaft half. Jeder kannte die Gefahren, die in diesen Tagen auf Autofahrer lauerten. Youxiang hatte inzwischen die beiden Koffer zum Wagen gebracht. Einige junge Lehrkräfte, die zu unseren Freunden zählten, waren gekommen, um sich zu verabschieden. Wir schüttelten einander traurig die Hände, drückten unseren Kummer aber nur mit Blicken aus. Wir würden uns lange Zeit nicht wiedersehen. Frau Luo hatte ihre kleine Tochter Fang-Fang mitgebracht und als sie die Hände meiner Frau nahm, rannen ihr unaufhaltsam Tränen über die Wangen.

In den Straßen herrschte Totenstille, es waren weder Menschen noch Autos zu sehen. Nachdem wir die Straßensperre in der Guanghua-Straße passiert hatten, wurde die Szenerie noch düsterer. Auf der Kreuzung lagen Busse, Lastwagen und Autos ineinander verkeilt. Die meisten Fahrzeuge waren so ausgebrannt, dass nur noch unförmige schwarze Metallskelette übrig geblieben waren. Die kleinen Häuschen der Straßenpolizei waren ebenfalls eingeäschert worden. Von ihren Überresten stieg noch Rauch auf. Die gesamte Straße war mit Ziegelbrocken, zerfetzten Gewändern und Blutlachen bedeckt. Groß Lu fuhr vorsichtig um die Hindernisse herum. Erst nachdem wir das Diplomatenviertel erreicht hatten, normalisierte sich das Bild wieder. Als wir schließlich auf der Schnellstraße in Richtung Flughafen waren, trafen wir ab und zu Militär- und Polizeifahrzeuge sowie Wagen ausländischer Botschafter, die große Flaggen gehisst hatten.

Vor dem Hauptgebäude des Internationalen Flughafens von Beijing, dem größten Chinas, herrschte normalerweise Hochbetrieb. An diesem Tag wirkte der Flughafen unter dem grauen Himmel beängstigend still. Doch als wir die Eingangshalle betraten, wandelte sich die Atmosphäre. Nun brodelte es vor Menschen wie auf einem belebten chinesischen Marktplatz. Überall gab es Gedränge und Unordnung.

Nach dem blutigen Massaker am Platz des Himmlischen Friedens waren alle Linienflüge storniert worden. Die Büros der Fluglinien in der Stadt hatten geschlossen. Die Passagiere, die dienstlich nach Beijing gereist waren, die Touristengruppen und einige chinesische Geschäftsleute verstopften nun die Wartehalle des Flughafens. Außerdem drängten sich Handlungsreisende aus Taiwan und Hongkong, Diplomaten, Mitarbeiter von ausländischen Konzernfilialen und Gaststudenten an den Schaltern. Laute Rufe in verschiedensten Sprachen ertönten kreuz und quer durch das Gebäude. In der Luft lag eine aufdringliche Mischung aus Rauch und Schweiß. Vom Flughafenpersonal mit seinen grau-blauen Uniformen war an diesem Tag nichts zu sehen. Stattdessen standen überall Soldaten herum, die mit offenen Mündern die vielen Ausländer anstarrten. Einige Diplomaten, deren Botschaften Sonderflüge organisiert hatten, hielten ihre Staatsflagge in den Händen und forderten ihre Landsleute auf, sich in einer Reihe für die Pass-

kontrolle anzustellen. Diese Glücklichen wurden von den anderen, die noch keinen Flug ergattert hatten, wie Lottogewinner beneidet.
Ich zog die beiden Reisekoffer hinter mir her, während mir Shuo mit Sa auf dem Arm folgte. Hin und wieder blieb ich stehen und hielt nach der österreichischen Fahne Ausschau. Ich dachte, dass ich vielleicht zu früh gekommen war und Mayer und seine Mitarbeiter noch unterwegs wären. Dann bemerkte ich nahe der Passkontrolle fünf oder sechs Deutsch sprechende Ausländer, die dort mit ihrem Gepäck warteten. Ich vermutete, dass es sich um Deutsche handelte, die wahrscheinlich dasselbe Flugzeug benutzen wollten wie wir. Ich stellte unsere Koffer in ihrer Nähe ab und setzte mich auf den Boden. Ich holte gerade für Sa Spielsachen aus dem Rucksack, als hinter mir jemand rief: „Oh my God!" Es war Sylvia, eine Schweizerin, die ich anlässlich meiner Ausstellung in der Nationalgalerie kennen gelernt hatte. Sie legte vor lauter Überraschung eine Hand auf ihren Mund und stieß aufgeregt hervor: „Lieber Gott, du lebst ja noch! Das ist sehr gut. Ich habe schon gedacht, dass du auf dem Platz des Himmlischen Friedens erschossen worden bist. Peter und ich haben uns deinetwegen die ganze Zeit Sorgen gemacht." Ihr Freund Peter Achten war Schweizer Rundfunkkorrespondent in Beijing. Ich hätte ihn eigentlich am Vormittag des 4. Juni für ein Interview treffen sollen. Nachdem am frühen Morgen die Armee in die Stadt einmarschiert war, hatte ich telefonisch abgesagt, weil ich zum Platz des Himmlischen Friedens wollte. Sylvia war zum Flughafen gekommen, um ihre Tochter zu jener Swissair-Maschine zu bringen, mit der auch wir fliegen sollten. Die deutschsprachigen Ausländer neben uns entpuppten sich schließlich als Schweizer Geschäftsleute.
Nach einiger Zeit erschien Dr. Mayer in einem faltenfrei gebügelten Anzug, mit makelloser Frisur und einer rot-weiß-roten Fahne in der Hand. Er sah aus wie ein Reiseleiter. Ihm folgte eine kleine Gruppe von ungefähr zehn Leuten, darunter auch Kinder. Mayer brachte sie zum Eingang der Passkontrolle und

ließ sie in einer Reihe antreten. Als er uns bemerkte, winkte er uns zu sich hinüber. Dann nahm er die Flugtickets aus seiner Tasche und gab sie uns. Er rief seinen Stellvertreter, Dr. Michael Berger, herbei, einen klein gewachsenen, brünetten Mann in meinem Alter. Sein Anzug war leicht zerknittert, vermutlich weil er eines seiner Kinder getragen hatte. Gemeinsam mit seiner Frau, seiner Tochter und seinem Sohn wollte er ebenfalls Beijing verlassen. Mayer stellte ihn als Führer unserer Gruppe vor, der auf uns aufpassen und uns bis Wien begleiten würde. Er fragte, ob ich irgendetwas mitgenommen hätte, das schwer über die Grenze zu bekommen sei. Ich nahm aus meiner Jackentasche einen Umschlag mit 7.000 Dollar. Das war genau jene Summe, die ich durch den Verkauf meiner Kunstwerke verdient hatte. Berger nahm den Umschlag mit den Worten „Das ist kein Problem!" entgegen. Von der Spitze unserer Gruppe drang die Nachricht durch, dass wir nun durch die Passkontrolle gehen könnten. In der einen Hand hielt ich einen Koffer, in der anderen den Rucksack. Shuo und Sa folgten mir, dicht in eine Reihe gedrängt. Mayer begleitete uns mit einem unserer Koffer in der Hand.

An diesem Tag war die Passkontrolle erwartungsgemäß besonders streng. Anstelle der gewöhnlichen Flughafenpolizei verrichteten diesmal Soldaten mit roten Armbinden diese Arbeit. Sie standen in Dreiergruppen beieinander, jeder Einzelne von ihnen hielt eine Maschinenpistole in den Händen. Ich versuchte, möglichst locker zu wirken und sogar ein wenig zu lächeln, als ich meinen Reisepass samt Visum und Flugtickets einem Soldaten reichte. Dieser nahm die Papiere regungslos entgegen und begann, im Pass zu blättern. Er verglich das Foto mit meinem Gesicht und fragte mich streng: „Warum verreist du gemeinsam mit den Ausländern?" Mayer antwortete sofort für mich in einem ziemlich verwegenen Chinesisch: „Er ist ein Chinese, der für unsere österreichische Botschaft arbeitet, und ich bin Handelsdelegierter." Danach hielt er dem Soldaten seine Visitenkarte entgegen. Dieser drehte die Karte um und stu-

dierte aufmerksam die chinesisch beschriebene Seite. Als er die kleine österreichische Fahne in Mayers Hand sah, wurde er kurz unsicher, fragte aber streng: „Warum hast du keine Erlaubniskarte für eine Auslandsreise?“
Chinesen, die ins Ausland reisen wollten, brauchten damals neben Reisepass und Visum auch eine von der Polizei ausgestellte Erlaubniskarte. Es war an sich schon schwer genug, einen Pass zu bekommen, und noch viel schwieriger, ein ausländisches Visum zu erhalten, auf welches man oft mehrere Jahre warten musste. Da die Behörden befürchteten, dass jemand zwischen dem Erhalt von Reisepass und Visum ein Verbrechen – eventuell auch ein politisches – begehen könnte, musste man vor Antritt der Reise bei der Polizei um eine zusätzliche Erlaubnis ansuchen. Gleichzeitig machte der Staat damit ein gutes Geschäft, da für jeden Antrag eine Gebühr von sechzig Yuan zu bezahlen war. Nur im Ausland arbeitende oder studierende Chinesen waren von dieser Regelung ausgenommen. Zu diesem Zeitpunkt hatte ich schon bemerkt, dass die Soldaten keine professionellen Grenzkontrollore waren, weil sie nach Erhalt von Mayers Visitenkarte ausschließlich auf die chinesisch beschriebene Seite geschaut hatten. Ich vermutete, dass diese Leute erst kurz zuvor zum Dienst am Flughafen abkommandiert worden waren, und erklärte daher mit gespieltem Selbstbewusstsein, dass ich im Ausland arbeiten würde und daher eine solche Karte nicht benötigte. Inzwischen hatte ich mich schon etwas beruhigt. Auch mein Kopf war klarer geworden. Der Soldat fragte weiter: „Hast du einen ausländischen Wohnsitznachweis oder Arbeitsdokumente?“ Ich erklärte ihm, dass ich als Gastarbeiter ein Visum von einjähriger Dauer erhalten hätte. Dann zeigte ich auf den Visumsstempel und sagte ihm, dass dieser von der österreichischen Fremdenpolizei stamme und nicht von der österreichischen Botschaft in Beijing, die nur Visa für drei Monate vergeben konnte. Ich hatte das Visum ein Jahr zuvor während meines ersten Aufenthaltes in Österreich bekommen, um so leichter Westdeutschland und

die Schweiz besuchen zu können, und es war gerade noch drei Monate gültig. Der Soldat blickte in meinen Pass, überlegte kurz und fragte: „Du arbeitest im Ausland. Hast du keine Arbeitspapiere?“ Solche Dokumente waren in China üblich und wurden von staatlichen Betrieben oder Ämtern für ihre Mitarbeiter ausgestellt. Innerhalb des Landes konnte man diese Papiere sogar als Personalausweis verwenden. Seine Frage überraschte mich so sehr, dass ich fürs Erste keine Anwort fand. Mayer, der neben mir alles mitverfolgt hatte, wurde ebenfalls nervös und sagte: „Ich bin Handelsdelegierter. Er arbeitet für unser Land.“ Während er redete, kam Shuo eine Idee. Leise fragte sie mich: „Wo ist eigentlich deine BV-Karte?“ Ich holte sofort einen gelben Ausweis mit meinem Foto aus der Tasche und zeigte sie dem dunkelhäutigen Soldaten. Es war mein Mitgliedsausweis für die Österreichische Berufsvereinigung Bildender Künstler, den ich mir zuvor während meines Österreich-Aufenthaltes ausstellen hatte lassen. Auf der Karte waren Name, Beruf und Geburtsdatum eingetragen. Wichtiger für den Soldaten war jedoch die Tatsache, dass sich auf dem Foto ein Prägesiegel und ein blauer runder Stempel mit dem österreichischen Staatswappen befanden. Das gab der Karte eine gewisse Ähnlichkeit mit den chinesischen Arbeitsdokumenten. Der Soldat verglich die Daten genau mit jenen in meinem Reisepass, dann tauschte er mit dem hinter mir stehenden Soldaten fragende Blicke aus. Mein Herz stockte. Schließlich nickte er, nahm einen Stempel und drückte ihn ein paar Mal in meinen Pass. Shuo und ich sahen uns an, als wollten wir schreien: „Hurra, wir sind durch!“ Der dunkelhäutige Soldat gab mir Flugtickets, Reisepass und BV-Karte zurück und befahl mir: „Geh jetzt!“ Ich nahm sofort unsere Koffer und führte Shuo, die Sa auf dem Arm hatte, in die innere, fast menschenleere Wartehalle. Ich drehte mich um und bemerkte, dass Dr. Mayer noch immer dastand. Mit einer Hand schwenkte er seine österreichische Fahne, während er mit der anderen das Victory-Zeichen machte. Er strahlte über das ganze Gesicht.

Nach ungefähr einer Stunde hob die Boeing 747 der Swissair laut dröhnend vom Flughafen Beijing ab. Das Flugzeug flog durch dichten Nebel in Richtung Westen, der tief stehenden und in den letzten Tagen rar gewordenen Sonne entgegen. Ich hielt Sa im Arm, während ich Shuos Hand fest drückte. Ich war glücklich, mit meiner Familie dem Beijinger Alptraum entflohen zu sein. Aber ich war auch traurig, dass ich China verlassen musste. Obwohl ich hier mehr Schmerz als Glück erfahren hatte, war es immer noch meine geliebte Heimat.

Nachdem das Flugzeug abgehoben hatte, kam Dr. Berger zu mir und riss mich aus meinen düsteren Grübeleien. Er gab mir mein Kuvert mit den US-Dollars zurück und sagte lächelnd: „Gratuliere zur neu gewonnenen Freiheit!" Gleichzeitig schlug er vor, dass Shuo und Sa sich zu seiner Familie setzen sollten, damit die Kinder miteinander spielen könnten. Dann nahm er neben mir Platz und fragte mich lächelnd: „Herr Wu, ich weiß, es ist jetzt nicht der beste Zeitpunkt für so ein Gespräch, aber würden Sie mir eine Frage gestatten?" Ich nickte. „Seit ich zum ersten Mal Ihre Skulpturen gesehen habe, wundere ich mich über deren Modernität, die wie aus einer anderen Welt zu stammen scheint. Ich will damit nicht sagen, dass Ihre Arbeiten keine chinesische Identität hätten, aber sie stehen doch in einer großen Spannung zur traditionellen Kultur Ihres Landes. Das ist doch ziemlich ungewöhnlich. Wie konnten Sie unter solchen Bedingungen ein moderner Bildhauer werden – und noch dazu einer, der akzeptiert wird?" Eine hoch gewachsene, schlanke Stewardess war mit ihrem Getränkewagen an uns herangetreten und frage mich freundlich: „Was darf ich Ihnen anbieten?" – „Orangensaft", antwortete ich. Berger schloss sich an. Ich nahm einen großen Schluck von meinem Saft, umklammerte den Plastikbecher fest mit meinen Händen und fragte mich selbst: Wie konnte ich wirklich zu dem werden, der ich bin? Ein moderner Bildhauer in China. Das war in der Tat erstaunlich. Und ich begann mich zu erinnern ...

Lernen fürs Leben

Die Lieblingsschule des Großen Vorsitzenden

Es war an einem frühen Morgen des Jahres 1970, kurz nach dem chinesischen Neujahr. Ich war gerade dreizehn Jahre alt und wanderte auf einer gepflasterten Straße, die sich in den Bergen der südchinesischen Provinz Jiangxi auf halber Höhe dahinschlängelte. Es war noch sehr früh, weder Autos noch Menschen zeigten sich auf der Straße und meine hastigen Schritte hallten laut in der Stille. Inzwischen war ich schon drei Tage alleine unterwegs. Ich war zu Fuß gegangen, mit einem kleinen Dampfschiff, mit dem Zug und später mit einem Lastwagen gereist und befand mich unmittelbar vor Daqiao. Der Ort lag im Kreis Yujiang und war Sitz der Volkskommune. Daqiao war kein Dorf, geschweige denn eine Stadt. Aber weil sich die Volkskommune hier niedergelassen hatte, waren im Laufe der Zeit auch eine Handelsgenossenschaft, ein Restaurant, eine Busstation und ein Postamt entstanden. Zwanzig Kilometer weiter im Osten, in Gaogungzai, lag mein eigentliches Ziel: eine Zweigstelle der Kommunistischen Arbeitsuniversität von Jiangxi. Meine Mutter, die kurz zuvor aus einem Lager für politische Gefangene entlassen worden war, arbeitete dort. Ich hatte sie schon seit zwei Jahren nicht mehr gesehen. Ich freute mich aber nicht nur auf sie, sondern auch auf die Schule, die einen sehr guten Ruf hatte.

Ich wanderte gut gelaunt die Straße entlang und genoss die ländliche Idylle, die ich früher immer gehasst hatte. Ab und zu begegnete ich Bauern, die auf ihren Schultern eine Bambusstange schleppten, an deren Enden Weidenkörbe befestigt waren. An den Berghängen waren überall terrassenförmig Reis-

felder angelegt worden, auf denen grünes Hung-Hua-Gras wuchs. Dieses Gras pflanzte man im Winter, um den Boden für den Reisanbau vorzubereiten. Bauern pflügten gerade mit ihren Stieren die Felder, denn die Frühjahrsaussaat stand vor der Tür. Manche Äcker waren überschwemmt und das Wasser, das sich in den Spuren des Pfluges gesammelt hatte, glänzte wie ein Spiegel in der Sonne. Es wurde langsam wärmer und ich zog erst meine wattierte Jacke und dann auch meinen Pullover aus. Das Hemd, das ich darunter trug, hatte meine Großmutter väterlicherseits aus selbst angebauter Baumwolle genäht. Ich war vor allem deshalb stolz darauf, weil es mir das Gefühl gab, aus einer Familie von armen Bauern zu stammen, was in China zu dieser Zeit eine Ehre war.
Ich hatte noch ungefähr fünfzehn Kilometer zu gehen, die letzten zwei oder drei auf schwierigen Bergwegen. Meine Taschen wurden immer schwerer, die Berge immer höher und ich hatte die letzten winzigen Dörfer längst hinter mir gelassen. Auf dem ersten menschenleeren Hügel schrie ich laut und wartete auf das Echo. Die Schluchten aber, die tief unter mir im Schatten lagen, machten mir Angst. Hier sang ich laut Lieder aus revolutionären Opern, um mir Mut zu machen. Am Nachmittag erblickte ich endlich die Schulgebäude, die am Südhang eines Tales lagen. Eines war länglich, mit Lehm verputzt und hatte ein Dach aus gebrannten Ziegeln. Ein weiteres befand sich direkt neben den Reisfeldern. Zwischen den Gebäuden gab es einen langen, aber ziemlich schmalen Sportplatz, an dessen Rand Brennholz und Bambus gelagert waren.
Die Kommunistische Arbeitsuniversität war eine ungewöhnliche Schule. Ihr Gründer und erster Schuldirektor war Wang Dongxing. Er war einst der Chef der Leibwache Mao Tse-tungs und später Stellvertretender Vorsitzender der Kommunistischen Partei gewesen. In den Sechzigern war er bei Mao Tsetung in Ungnade gefallen und von ihm als Vize-Gouverneur nach Jiangxi verbannt worden. Um wieder die Gunst von Mao zu erlangen, hatte er diese Landwirtschaftsschule gegründet.

Auf deren Lehrplan stand nicht nur theoretischer Unterricht, sondern auch die praktische Arbeit auf den Reisfeldern. Da sie sich selbst versorgen konnte, kostete die Schule den Staat nichts. Dieses Ausbildungsmodell beeindruckte Mao Tse-tung sehr und er gab den Befehl, dass alle Schulen Chinas dieser Arbeitsuniversität nacheifern sollten. Während der Kulturrevolution war dann fast der gesamte Klassenunterricht gestoppt worden. Die Schule wurde dadurch praktisch zu einem Jugendbauernhof. Es war nun das erste Jahr seit der Kulturrevolution, dass wieder Schüler aufgenommen wurden. Sie sollten sich in den kommunistischen Arbeitsuniversitäten zu effizient arbeitenden jungen Bauern entwickeln. Insgesamt waren vier neue Klassen geplant, die in die Fachrichtungen Landwirtschaft, Landwirtschaftsmaschinen, Barfußärzte* und Forstwirtschaft aufgeteilt werden sollten. Außer der Forstwirtschaftsklasse, der ich nun angehören sollte und die sich in Gaogungzai befand, waren alle Klassen im Hauptquartier in Daqiao untergebracht.

*

Als ich keuchend und schwitzend die Schule erreichte, arbeitete meine Mutter mit den anderen Lehrern und Schülern gerade auf den gegenüberliegenden Berghängen. Der kleine, dicke Koch der Messe empfing mich. Meister Yang war ein sehr freundlicher Mann mit einer für Chinesen unüblich großen Nase. Deshalb wurde er von den Schülern Yang Guizi genannt, was so viel wie „Ausländergeist“ bedeutet. So bezeichnete man die Ausländer schon zu Kaiserszeiten, als man noch dachte, dass China der Nabel der Welt sei. Meister Yang sagte: „Lehrerin Peng hat dich bereits angekündigt. Wir haben dich schon zum Mittagessen erwartet.“ Danach wischte er sich mit einer Hand den Rotz von der Nase und schmierte ihn in die Schürze. Trotz der widerlichen Geste war ich glücklich, weil jemand meine Mutter respektvoll „Lehrerin Peng“ genannt hatte. Yang

* Barfußärzte sind meist Laien, die nach einer intensiven Schulung die medizinische Versorgung am Land gewährleisten.

sah kurz auf die an der Wand hängende Uhr und sagte: „Bald ist Pause.“ Danach holte er neben seinem Ofen eine glänzend polierte Eisenstange hervor und ging vor die Tür, um damit auf ein vom Dach hängendes Stück Gleis zu klopfen. Das Geräusch konnte man sehr weit hören und es sollte ab nun zu meiner Lebensuhr werden. Aufstehen, essen, zur Arbeit gehen, nach Hause zurückkehren, Dienstschluss, zu Bett gehen: All diese Tätigkeiten wurden künftig durch dieses Klopfzeichen geregelt.

Schon nach kurzer Zeit hörte man das Lachen junger Frauen. Sie waren siebzehn, achtzehn Jahre alt und in meinen Augen schon erwachsen. Einige schenkten sich Tee aus den Fässern, die vor dem Eingang der Messe standen, in ihre Bambusbecher. Sie starrten mich neugierig an, während sie miteinander flüsterten und lachten. Ich fühlte mich unwohl, aber da kam auch schon meine Mutter. Sie trug wie die Schüler ein altes, verwaschenes Kleid, an dem Gras und Erde klebten. Ihr Haar war noch immer im typisch kurzen Stil der Beamtenkader geschnitten. Knapp vor mir blieb sie stehen und musterte mich von Kopf bis Fuß. Dann lächelte sie und fragte, ob ich Hunger hätte. Zwischen chinesischen Müttern und Kindern gab es fast keine Umarmungen oder Küsse, während der Kulturrevolution waren solche Zeichen der Zuneigung sogar verboten. Aber der liebevolle Blick meiner Mutter zeigte mir, wie sehr sie sich über meine Ankunft freute. Da kam auch schon Klassenvorstand Hu in die Messe. Er war ein gut aussehender junger Mann, an dessen selbstbewusstem Gesichtsausdruck man auf den ersten Blick erkennen konnte, dass er viel zu sagen hatte. Meine Mutter hatte einst mit seinem Vater zusammengearbeitet und Klassenvorstand Hu sogar unterrichtet. Vielleicht war das der Grund, warum er sie sehr schätzte. Er lächelte mir zu und meinte: „Endlich ist der neue Rübenkopf angekommen.“ So wurden in China gerne die Kleinsten einer Gruppe genannt. Klassenvorstand Hu schlug vor, mit eingesalzenem Schweinefleisch ein Festessen zu veranstalten, und erntete reihum Jubel.

Normalerweise durfte die Messe nur zweimal im Monat ein Fleischgericht zubereiten, ausgenommen in der landwirtschaftlichen Hochsaison. Deshalb wurden die fleischhaltigen Speisen auch „Jia Can“ genannt, was so viel wie zusätzliches Essen bedeutet.

Meine Mutter und ich aßen in ihrem Zimmer, das direkt neben der Messe lag. Meister Yang kochte extra für uns noch einen Teller Rührei. Ich hatte schon lange nicht mehr so gut gegessen. Später holte meine Mutter einen Topf mit heißem Wasser, um meine Füße zu baden. Sie stach vorsichtig die durch das Marschieren entstandenen Blasen auf und presste das Blut und das Wasser heraus. Danach stopfte sie die Löcher mit Haaren und desinfizierte alles mit einer rötlichen Flüssigkeit. Dabei fragte sie mich nach den übrigen Familienangehörigen. Als sie hörte, dass das Ansuchen meines jüngeren Bruders Cixiang, eine Volksschule zu besuchen, aufgrund der Familienherkunft abgelehnt worden war, füllten sich ihre Augen mit Tränen. Sie erzählte mir, dass sie vor einigen Monaten aus dem Arbeitslager entlassen und in diesem einsamen Winkel, wo sonst niemand hinwollte, zur Arbeit eingeteilt worden war. Als Gegengeschäft hatte sie ausgehandelt, dass ich die Schule besuchen durfte. Doch eigentlich war sie recht glücklich hier, denn Gaogungzai war von der restlichen Welt auf angenehme Weise isoliert.

Nachdem es dunkel geworden war, nahm meine Mutter eine Taschenlampe – Strom gab es in Gaogungzai keinen –, holte das für mich vorbereitete Schlafzeug hervor und brachte mich zum Schülerschlafsaal. Die Schüler hatten mir längst eine Matratze aus Reisstroh hergerichtet. Ich war aufgeregt, schließlich waren meine acht Zimmerkollegen ausgewachsene Männer und zwei hatten sogar schon schwarze Bärte. Außerdem reichte die Trennwand zum benachbarten Mädchenzimmer nicht bis zur Decke und einige der Schülerinnen standen auf ihren Betten und scherzten über die Wand hinweg mit den Burschen im Zimmer. Es war halb neun am Abend, als Meister Yang noch einmal auf das Gleisstück schlug. Nun war es an der

Zeit, die Lichter abzudrehen und zu schlafen. Der Zimmerleiter schrie zweimal „Licht aus!“ und pustete dann die Petroleumlampe aus, worauf es mit einem Schlag stockdunkel war. Ich war so aufgeregt, dass ich nicht schlafen konnte. Während die anderen leise schnarchten, begann ich an früher zu denken.

*

Obwohl bereits dreizehn Jahre alt, hatte ich die letzten drei Jahre nicht zur Schule gehen dürfen. Nicht etwa, weil meine Zeugnisse schlecht waren, sondern weil ich wegen meiner Familienherkunft nicht das Recht dazu hatte. Nach der erfolgreichen Revolution der Kommunistischen Partei im Jahr 1949 waren die Bürger des chinesischen Festlandes in verschiedene Klassen eingeteilt worden. Parteimitglieder, Arbeiter, Bauern, Soldaten und deren Familienmitglieder waren Menschen der ersten Klasse und somit die Herren des Staates. Sie wurden in allen Lebensbereichen bevorzugt. Die Grundbesitzer, die reichen Bauern, die Antirevolutionäre und die Anhänger der politischen Rechten sowie deren Angehörige zählten zu den unteren Klassen. Während der Kulturrevolution war ihnen das Recht auf gute Ausbildung und Jobs gänzlich entzogen worden. Für diese Klassen gab es keine genauen Standards oder Regeln. Wenn jemand Land und Haus besaß und nur ein wenig besser lebte als die anderen Einwohner des Ortes, war er von der Klassenzugehörigkeit her zumindest ein reicher Bauer. Die Klasse der Antirevolutionäre bestand aus früheren Beamten und Offizieren der Nationalpartei oder aus Gegnern der Kommunistischen Partei. Zur Klasse der „Anhänger der Rechten“ zählten die Intellektuellen. Sie waren früher meist Mitglieder der Nationalpartei oder der Regierung gewesen oder Mitglieder in verschiedenen akademischen oder wissenschaftlichen Kreisen, die von den Kommunisten als nicht links genug eingestuft wurden. Kinder, auch wenn sie nach der Revolution geboren wurden, erhielten automatisch die Klassenzugehörigkeit des Vaters. Deshalb gab es Millionen von Menschen, die zur Klasse der Grundbesitzer gehörten, obwohl die Familie bei deren Geburt Grund und Haus längst verloren hatte und oft schon zu den Ärmsten im Dorf zählte.

Mein Vater war ein Einzelkind und hatte seinen Vater schon sehr früh verloren. Danach hatte er mit seiner Mutter vom Verkauf des Familienbesitzes und der Unterstützung durch die Verwandten gelebt. Meine Großmutter arbeitete hart, um das Land und das Haus, das schon seit Generationen in der Familie war, zumindest teilweise zu erhalten. 1949 waren nur mehr vierzig chinesische Mou* und ein bescheidenes Ziegelhaus übrig, trotzdem wurden wir der Klasse der Grundbesitzer zugeteilt. Mein Vater hatte die ganze Zeit aus Überzeugung für die Kommunistische Partei gearbeitet. Aber er gehörte nicht nur der Klasse der Grundbesitzer an, sondern hatte außerdem eine gute akademische Ausbildung genossen. So war ich durch meine Familienherkunft für die Kommunistische Partei doppelt gebrandmarkt: einmal durch die Familienherkunft, die mich zum Grundbesitzer machte, und einmal durch die Ausbildung meines Vaters, wodurch auch ich zum Anhänger der Rechten wurde.

*

Zu Beginn des Jahres 1968 hing auf dem Anschlagbrett der Li Xin-Volksschule von Nanchang, die ich damals besuchte, eine neue, mit schwarzer Tinte geschriebene Mitteilung. Sie ordnete an, dass alle Kinder niedriger Familienherkunft sofort diese revolutionäre Bildungseinrichtung verlassen müssten. Die Mitteilung stammte von der „Jinggangshan“-Rebellengruppe der Roten Garde, die hauptsächlich aus Schülern der Abschlussklasse bestand. Der Großteil waren schon ältere, oft sitzen gebliebene und streitlustige Jugendliche, die damals die Macht in der Schule übernommen hatten. Von diesem Zeitpunkt an war es mir verboten, noch einmal einen Fuß in eine Schule zu setzen. Ich war gerade zehn Jahre alt und hatte nicht einmal die

* Weniger als drei Hektar.

vierte Klasse der Volksschule beendet. Etwa zur selben Zeit waren meine Mutter und mein Vater, die an zwei verschiedenen Orten gelebt hatten, sowie meine Tante, die normalerweise in Nanchang auf mich aufpassen sollte, von den revolutionären Rebellen ins Arbeitslager gesteckt worden. So hatte ich auf einen Schlag Schule und Zuhause verloren. So wie mir ging es vielen anderen, teils gleichaltrigen Kindern. Mit einigen von ihnen bildete ich eine Gang, die in den Straßen vom Verkauf von Abfällen lebte. Weil man für zerbrochenes Glas einen guten Preis bekommen konnte, sammelten wir oft vor Universitäten, Gymnasien oder auch Regierungsämtern die bei den Kämpfen in der Revolutionszeit in Brüche gegangenen Fensterscheiben ein. Ab und zu schlugen wir sogar selbst mit Steinen Fenster von leer stehenden öffentlichen Gebäuden ein und verkauften das Glas bei den Altmaterialsammelstellen. Manchmal fanden wir auch andere brauchbare Dinge wie Kupferrohre, die uns ein wenig Geld einbrachten. Es trieben sich viele solcher Gruppen in den Straßen herum und die Kämpfe um die Territorien waren oft hart. Wir waren sieben bis acht Kinder in unserer Gang und prügelten uns mit den anderen, rauchten und fuchtelten selbstbewusst mit unseren Messern herum. Sogar Erwachsene machten freiwillig einen weiten Bogen um uns. Eines Tages rannte ich durch den Garten eines Nachbarn und beschmutzte dabei seine frisch gewaschene Bettdecke, die er zum Trocknen aufgehängt hatte. Wütend verpasste er mir zwei Ohrfeigen und beschimpfte mich lauthals als „Kind von zwielichtigem Gesindel". Aus Rache zerschlugen wir daraufhin seinen Kohleherd, die Woks, Pfannen, Schüsseln, Teller und andere Dinge mit Eisenstangen und Steinen. Dazu traten wir auf der Bettdecke, die den Ärger ausgelöst hatte, so lange herum, bis unsere Wut verraucht war. Die Familie war dadurch so verängstigt, dass sie einige Tage lang nicht mehr das Haus verließ.

Ich hatte fast ein Jahr auf der Straße gelebt, als ich zu meiner Großmutter und meinen beiden jüngeren Brüdern in das

Fischerdorf Datang gebracht wurde. Hier war mein Vater zur Welt gekommen. Ich kam zu einem Zeitpunkt nach Datang, an dem die Kulturrevolution gerade ihren Höhepunkt erreicht hatte. Die Bestrafung für Klassenfeinde war hier strenger als in den größeren Städten. Die lokalen Grundbesitzer, die reichen Bauern und deren Kinder mussten in erbärmlichen Strohhütten, in denen normalerweise die Haustiere lebten, wohnen. Außerdem mussten sie unbezahlte Dienste wie Straßenreinigung leisten und gelbe Abzeichen tragen, damit man sie von den bevorzugten armen Bauern unterscheiden konnte. Letztere trugen stattdessen Gedenkplaketten, auf denen Mao Tse-tung abgebildet war. Zusätzlich war es ihnen erlaubt, die Träger der gelben Abzeichen zu beschimpfen. Wir hatten Glück, weil wir von außerhalb zurückgekehrt waren. Die Leute im Dorf dachten, dass meine Eltern, die ja für den Staat gearbeitet hatten, staatliche Kader seien. Daher mussten wir keine Abzeichen tragen, wurden aber trotzdem wegen unserer Familienherkunft oft verspottet.

Meine Großmutter war inzwischen 64 Jahre alt. Sie hatte winzige Füße wie alle Frauen ihrer Generation und litt an Asthma. Trotzdem war es für sie nicht nur eine Pflicht, sondern auch ein Glück, sich um mich und meine Brüder kümmern zu können. Als ältester ihrer Enkel galt ich trotz meiner Jugend als Herr des Hauses. Alles, was die Familie betraf, besprach meine Großmutter mit mir, andererseits übertrug sie mir auch zahlreiche Pflichten. Das Schlagen von Holz, das Pflanzen von Gemüse, das Wasserholen aus dem Dorfbrunnen und das Sammeln von Schweinekot als Pflanzendünger wurden nun zu meinen täglichen Aufgaben. Außerdem achtete ich darauf, dass meine zwei Brüder von den anderen Kindern nicht wegen unserer Familienherkunft schikaniert wurden. Jedes Mal, wenn wir die Dorfstraße entlangspazierten, verfolgten uns Kinder und beschimpften meine Großmutter als „Großgrundbesitzerin". Einige bewarfen uns auch mit kleinen Steinen, Erdklumpen oder Kot und es war uns nicht erlaubt, uns zu wehren. Im

Gegenteil: Wenn Erwachsene dabei waren, hatte meine Großmutter zu lächeln, um zu zeigen, dass sie ihre Schuld anerkannte. Doch wenn weder sie noch andere Erwachsene dabei waren, dann wehrte ich mich. Und keines der anderen Kinder war mir im Raufen ebenbürtig, denn in den Straßen hatte ich gelernt zu kämpfen.

Manchmal wurde ich von meinen Opfern verraten oder von deren Eltern auf frischer Tat ertappt. Dann musste ich selbst Schläge einstecken und manche zogen mich an den Ohren zu meiner Großmutter. Das war das Schlimmste, denn sie musste sich nicht nur entschuldigen, sondern den von mir verprügelten Kindern auch ein bisschen Geld oder ein, zwei Eier geben. Die waren meist für das beste Essen der Woche oder für Sojasoßen und Öle gedacht gewesen. Oft wurde meine Großmutter von erbosten Eltern auch zur örtlichen Produktionsgruppe gebracht und öffentlich beschimpft. Während dieser Demütigung wurde ihr eine schwere Holzplatte um den Hals gehängt, auf der neben ihrem Namen die Worte „Niederschlagung eines Grundbesitzers" standen. Meine Großmutter musste oft einige Stunden lang so stehen und mit gesenktem Kopf die Beschimpfungen hinnehmen. Wenn sie danach heimkam, hatte sie oft unsägliche Schmerzen in ihren kleinen Füßen und in solchen Augenblicken versteckte ich mich, weinte verzweifelt und schwor bittere Rache.

*

Ein „Dang, Dang, Dang" riss mich unsanft aus dem Schlaf. Ich kam kaum dazu, meine Augen zu öffnen, da hörte ich schon die Geräusche der Schüler, die aus den Betten sprangen. Klassenvorstand Hu stand bereits angezogen im Zimmer. Die anderen Studenten schlüpften schnell in ihre Kleider und liefen nach draußen. Ich versuchte, mich ebenfalls zu beeilen.

Aber meine Begeisterung verflog rasch, denn die Arbeit war hart und das Leben ärmlich. Meine Klasse umfasste 24 Schülerinnen und Schüler, dazu kamen noch drei Lehrer und drei

Schulbauern. Wir waren für Reisfelder mit einer Fläche von achtzig chinesischen Mou* und für einige zehntausend Mou Wald verantwortlich. Im schuleigenen Gemüsegarten wurde Gemüse gepflanzt, das Öl zum Kochen gewannen wir aus den „Camellia Olifeira"-Bäumen, Fleisch kam von den selbst gezüchteten Schweinen. Sogar das Geld für Petroleum, Salz und Sojasoße brachten wir durch den Verkauf von selbst gefällten Bäumen und Bambus herein.

Die meisten Schüler der Klasse hatten vorher in der Stadt gelebt. Auch die Lehrer hatten kaum Erfahrung mit der Landwirtschaft und waren oft in noch schlechterer körperlicher Verfassung als die Schüler. Daher organisierten die drei Schulbauern die Arbeit und erstellten die Produktionspläne. Unter der Leitung dieser drei Bauern schufteten wir von früh bis spät auf den Reisfeldern und Äckern. Die Werkzeuge, die wir benutzen mussten, schienen noch aus der Steinzeit zu stammen. Erschwerend kam hinzu, dass die Reisfelder von Gaogungzai morastig waren und man in den dünnen Schlammschichten leicht einsank. In den Feldern trieben sich zahlreiche Blutegel herum, zum Teil so groß wie ein Finger. Sie saugten sich fest und wenn man sie schnell herunterriss, blieb oft ein Stück Haut an ihnen hängen. Sehr viele Schulkollegen erkrankten darauf an Hautinfektionen und an ihren Beinen bildeten sich rosa Narben, die ihnen für immer erhalten blieben.

Während der Hochsaison mussten wir um fünf Uhr morgens aufstehen und bis neun Uhr abends in den Reisfeldern arbeiten. Nur wenn es regnete oder in Zeiten, in denen in der Landwirtschaft nicht viel zu tun war, wurden wir auch unterrichtet. Lohn gab es keinen für die Arbeit und am Anfang ließ auch das Essen zu wünschen übrig. Weil wir uns selbst mit allen Lebensmitteln versorgen mussten und eine neu gegründete Klasse waren, gab es zwar noch Reis von der letzten Saison für uns, das Gemüse musste aber erst wachsen und die Schweine

* Fünfzehn Mou entsprechen zirka einem Hektar.

waren noch jung. Daher gab es in den ersten paar Monaten neben Reis nur gebratenen Chinakohl und Bambussprossen, die wild in den Bergen wuchsen. Zuerst waren alle verrückt nach diesen Bambussprossen, weil sie in den Städten nie ganz frisch und zudem sehr teuer waren. Allerdings brauchte man für die Zubereitung sehr viel Fett und Öl, weil sie sonst Bauchschmerzen verursachten. Nach einer Woche hassten wir das Gemüse bereits, obwohl wir ständig hungrig waren.

Der Reis, den wir im Mai angebaut hatten, wuchs ebenso wie das angepflanzte Gemüse sehr schnell und endlich verbesserte sich unser Speisezettel. Da die „Shuang Qiang"-Saison, in der unter Hochdruck der Reis gesät und geerntet wurde, vor der Tür stand, ließ Klassenvorstand Hu das größte Schwein schlachten, damit wir während der anstrengenden Zeit Fleisch zu essen hatten.

„Shuang Qiang" war in Südchina die wichtigste Saison für den Reisanbau. In dieser Zeit musste der Reis schnellstens geerntet werden, da die Körner durch das Wachstum und das aufgenommene Wasser sehr schwer wurden und die Pflanze leicht zum Kippen brachten. Gleichzeitig wurde fleißig neu gepflanzt, um das warme Wetter auszunutzen. Weil Gaogungzai im Gebirge lag, begann bei uns die Saison eine Woche später als in der Ebene, der Frost kam dafür rund eine Woche früher. Wir standen also unter großem Zeitdruck.

Ende Juli hatten wir den Großteil geerntet, nur auf einigen vergleichsweise kleinen Feldern direkt neben der Messe stand noch der Reis. Dort sammelten sich die Abwässer aus den Gebäuden und machten die Felder besonders fruchtbar. Klassenvorstand Hu hatte diese Felder mit Absicht bis zum Schluss aufgehoben, um den Eindruck einer reichen Ernte zu vermitteln. Der Großteil der Klasse war damit beschäftigt, Reissetzlinge zu pflanzen. Die anderen sollten die restliche Ernte einbringen. Ich wurde der Ernte-Gruppe zugeteilt, denn in den vorangegangenen Tagen hatte ich durch Nasenbluten viel Blut verloren. Weil ich im Sichtbereich der Schulgebäude und meiner Mutter, die auf dem Sportplatz mit dem Trocknen von Reis beschäftigt war, arbeitete, gab ich mir besonders viel Mühe. Ich wollte allen zeigen, dass ich so tüchtig wie ein richtiger Bauer arbeiten konnte, und schnitt daher mit solcher Kraft und Geschwindigkeit, dass ich der schräg vor mir arbeitenden Schülerin immer näher kam und auch sie anfing, immer schneller zu schneiden. Dadurch trieben wir aber auch die anderen an, denn keiner wollte zurückbleiben. Ein Schulbauer, der das Ganze beobachtet hatte, wollte uns eine längere Pause gönnen und ließ einige Worte von Mao Tse-tung vorlesen. Ich saß da, schaute auf die hastig atmenden Mitschüler und war überglücklich. Nach der Pause begann ich wieder im gleichen Tempo zu arbeiten. Es war inzwischen so heiß geworden, dass die Sonne selbst unter den Kleidern auf der Haut brannte. Der Schweiß floß in Strömen, trotzdem versuchten alle, das Tempo mitzuhalten. Man hörte nur mehr das Schneiden der Sicheln. Nach einiger Zeit arbeitete ich bereits parallel mit meiner Vorderfrau. Die geschnittenen Ähren warf ich nur noch hastig auf den Boden und traf dabei immer wieder ungewollt ihre Fersen. Sie wurde immer nervöser, ließ die Reisähren einfach fallen und gab sich alle Mühe, nicht von mir überholt zu werden. Meine Kehle war ausgedörrt, meine Kleidung vollgesogen mit Schweiß und mein Rücken schmerzte fürchterlich. Wir waren fast am Ende des Feldes angelangt, als wir die Geschwindigkeit für den Endspurt nochmals erhöhten. Plötzlich hatte ich das Gefühl, als ob in meinem Mund ein Stück brennender Holzkohle wäre. Meine Stirn schien aufzuquellen und ich spürte etwas Warmes aus meiner Nase rinnen. Trotzdem versuchte ich durchzuhalten. Das Blut tropfte schon auf meine Kleidung, auf die Sichel und auf die geschnittenen Ähren, als plötzlich ein Blutregen aus meiner Nase schoss. „Mist!" war mein letzter Gedanke, dann sah ich plötzlich tausende von goldenen Sternen, die sich um mich drehten, und ich fiel um. Die Sichel, die ich noch mit der rechten Hand umklammert hielt, schnitt beim Fallen tief in meine linke Hand.

Als ich wieder zu mir kam, lag ich am Feldrand. Um meinen Kopf hatte jemand ein in kaltes Wasser getränktes Handtuch gewickelt. Der Schulbauer war gerade dabei, mich mit zwei Fingern an der Kehle zu kneifen. Das ist eine alte chinesische Behandlungsmethode namens „Zhu Sha“, die gegen Hitzschlag hilft. Mein Gesicht war blutverschmiert und meine Nase mit nach Fisch stinkenden Blättern aus Sichelgras verstopft. Dieses Gras wächst an den Feldrändern und ist gut dafür geeignet, Blutungen zu stoppen. Die Schülerin, die ich fast überholt hätte, saß auf einem großen, runden Stein am Bach und machte aus Sichelgras eine klebrige Masse, die sie mir auf die Schnittwunde an der linken Hand schmierte. Dann umwickelte sie die Wunde mit einem Stoffstück, das sie von meinem Hemd heruntergerissen hatte, und stützte mich auf dem Weg zur Schulmesse. Am Sportplatz übergab sie mich meiner besorgten Mutter, die mich sofort auf ihr Zimmer brachte. Nach einiger Zeit kam Klassenvorstand Hu, um nach mir zu sehen, und erlaubte mir, für den Rest des Tages im Bett zu bleiben.
Ich schlief so tief und fest, dass ich erst am nächsten Tag von Meister Yangs Schlägen auf das Gleisstück geweckt wurde. Meine Mutter war schon wach. Sie legte ihre Hand auf meine Stirn und sagte, dass ich noch Fieber hätte. Das Thermometer zeigte tatsächlich vierzig Grad an. Ich konnte mich kaum auf den Beinen halten und wurde von der Morgenarbeit befreit. Meister Yang hatte speziell für mich eine Reissuppe mit grünen Bohnen zubereitet. Als ich fertig gegessen hatte, stand die Sonne schon ziemlich hoch und ich setzte mich in den Schatten neben dem Messeeingang. Ich fühlte mich kraftlos und die Schnittwunde an meiner linken Hand pochte schmerzhaft. Meine Schulkollegen aber beneideten mich, weil ich nicht in der prallen Sonne arbeiten musste. Klassenvorstand Hu kam mit dem Lehrer Hung zu mir. Er war ein Buchhalter, der Literatur unterrichtete, außerdem der einzige Brillenträger und mit über sechzig Jahren die älteste Person der Schule. Und gleichzeitig die unbeliebteste, weil er eben genauso aussah wie jene

Schauspieler, die in Filmen Buchhalter von Großgrundbesitzern spielten. Klassenvorstand Hu sagte, dass am Nachmittag der Chef des revolutionären Komitees der Schule gemeinsam mit dem Kommandeur des „Shuang Qiang“ zur Ernte-Inspektion kommen würde. Zu diesem Zeitpunkt hatte die Kulturrevolution gerade ihren Höhepunkt erreicht und es gab in ganz China keine einzige Wand, die nicht mit politischen Sprüchen beschrieben oder beklebt war. Um unsere Gäste mit der revolutionären und produktiven Atmosphäre der Schule zu beeindrucken, musste eigens eine Tafelzeitung entworfen werden. Gemeinsam mit Lehrer Hung sollte ich eine solche revolutionäre Atmosphäre vortäuschen.
Lehrer Hung beherrschte zwar die chinesische Tuschekalligrafie, im Gegensatz zu mir aber nicht die zu dieser Zeit populäre dekorative Kalligrafie. Als ich noch die Grundschule besuchen durfte, war ich im Schulfach „Malerei“ immer der Beste meines Jahrganges gewesen. Außerdem hatte ich oft den Onkel meiner Mutter, einen berühmten Künstler, besucht, der für mich Tiere oder kleine Bilder seiner Enkelkinder zeichnete und mir auch erlaubte, ihm bei seiner Arbeit im Atelier zuzusehen. Lehrer Hung malte auf einer Tafel grob die Positionen für verschiedene Texte auf und ließ mich dann die von Klassenvorstand Hu vorgeschlagenen Texte kopieren. Es waren populäre kommunistische Sprüche und kleine Lobartikel für einige Personen oder Gruppen unserer Klasse, die sich in der Erntezeit besonders hervorgetan hatten. Ich schrieb die Titel in verschiedenen dekorativen Schriften, die ich aus der Tageszeitung abschaute, und verwendete auch eine von mir selbst entworfene, dreidimensional schattierte Schrift. Danach kopierte ich die Texte auf die Tafel und bemalte die Ränder mit Blumenmotiven, wie es in Kulturzeitschriften oder den Kulturseiten von Tageszeitungen üblich war. Das Malen machte mir so viel Freude, dass ich fast völlig auf meine Schmerzen vergaß. Lehrer Hung hatte währenddessen mit einem großen Pinsel und schwarzer Tusche die ihm vorgegebenen Slogans geschrieben,

die wir später an die Wände hängen wollten. Schließlich kam er zu mir, um sich meine Tafelzeitung anzusehen. Er wirkte überrascht und meinte: „Nicht schlecht, nicht schlecht. Ich hätte mir nie träumen lassen, dass ein so kleiner Junge wie du eine so schöne Kalligrafie schreiben und sogar ein bisschen malen kann. Das ist wirklich nicht schlecht." Ich war überglücklich und zeigte ihm ein freies Plätzchen, für das kein Text mehr übrig geblieben war. Lehrer Hung dachte eine Weile darüber nach und sagte dann: „Ich würde vorschlagen, dass du dort einfach etwas malst." Ich blätterte in den Zeitungen und kopierte eine Skizze vom Tor am Platz des Himmlischen Friedens. In den Hintergrund fügte ich eine rote Sonne mit gelben Strahlen ein.

Zu Mittag versammelten sich die Schüler vor der Tafelzeitung, lasen die ihnen geltenden Lobartikel und wirkten sehr glücklich. Auch die Gäste waren hochzufrieden mit der Produktion und der revolutionären Stimmung an unserer Schule. Sie gratulierten Klassenvorstand Hu und nannten unsere Klasse die fortgeschrittenste Einheit der gesamten Zweigstelle Yujiang. Am selben Abend wurde ich bei der täglichen Klassenkonferenz nach dem Abendessen gelobt. Meine Mutter und sogar Lehrer Hung waren stolz auf mich und die Mitschüler gratulierten mir zu meiner gelungenen Zeitung.

Maos Lächeln ist am schwierigsten zu malen

Nach der Erntesaison hatten wir eine Woche lang Ferien. Den ersten Tag verbrachten wir alle gemütlich im Bett und am Abend schlugen einige Schulkollegen vor, Wannian, die Hauptstadt des Nachbarkreises, zu besuchen. Dort wurden gerade die Gleise für die Eisenbahnstrecke verlegt und einige meiner Mitschüler hatten noch nie eine Lokomotive gesehen. Am nächsten Morgen waren wir schon vor fünf Uhr auf den Beinen. Wir waren drei Burschen und vier Mädchen und gingen im Gänsemarsch auf einem Bergweg Richtung Gipfel, den wir überqueren mussten. Ein kühler, frischer Wind wehte und unsere Gespräche und unser Gelächter kamen uns in der Stille der Berge sehr laut vor. Schon bald hatte der Tau unsere Schuhe durchnässt. Nach rund einer Stunde erreichten wir den Gaogungzai-Gipfel und konnten von dort aus einen grandiosen Sonnenaufgang beobachten. Nach unten ging es dann im Laufschritt und schon bald trafen wir auf die ersten Bahnfundamente, denen wir nun wie einem Wegweiser bis in die Hauptstadt folgen konnten. Es dauerte aber noch lange, bis wir endlich auch Gleise auf dem Fundament sahen. Bei deren Anblick fingen wir an zu jubeln – und bald querten unseren Weg auch schon zwei Eisenbahnarbeiter mit einer Draisine, die wir ehrfürchtig bestaunten.

Wir beeilten uns mit unserem Marsch, weil wir die Mittagshitze fürchteten. Gegen zehn Uhr erreichten wir endlich Wannian, wo sich auf den Straßen bereits viele Zhiqing* tummelten, die wie wir ihre Ferien nutzten, um einen Ausflug zu machen. Vor allem die exotisch gekleideten Zhiqing aus Shanghai hatten es uns angetan, denn ihre rot-grüne Sportbekleidung hob sich bunt von der üblichen bläulich-grauen Kleidung ab. Meine Mitschülerinnen diskutierten neidisch über die Hemden aus Dacron. Dieses halb transparente Material aus Kunstfaser war glänzend und faltenfrei und natürlich viel schöner als unsere zerknitterten Hemden aus Baumwolle und Seide. Die Mädchen interessierten sich vor allem für die Kaufhäuser, obwohl diese nur eine spärliche Auswahl an Waren anboten. Meine beiden Mitschüler und ich hatten andere Pläne: Wir suchten uns ein Restaurant und standen eine halbe Stunde an, um uns Bao Zi zu kaufen. Das sind weiche Knödel aus Weizenmehl mit einer Fleischfüllung, die man eigentlich zum Frühstück isst. Für uns aber waren sie eine seltene Köstlichkeit, für die wir gerne die lange Wartezeit in Kauf nahmen.

Danach wollte ich ein Nachschlagewerk für Malerei oder die

* Zhiqing: vom Staat aufs Land geschickte Jugendliche mit Schulbildung.

Dekoration von Tafelzeitungen kaufen. Aufgrund des Lobes für meine Wandzeitung war meine Begeisterung für Malerei rapide gestiegen. Außerdem hoffte ich insgeheim, manchmal von der harten Arbeit befreit zu werden, um im Schatten malen und schreiben zu können. Die einzige Buchhandlung in der Stadt hieß „Xinghua Buchladen" und überall hingen Porträts und Reden von Mao Tse-tung an den Wänden. In den Bücherregalen standen fast ausschließlich seine Werke und seine kleine rote Kommunistenbibel. Belletristik fehlte fast völlig und im Bereich der Technik gab es nur einige Bücher über Landwirtschaft. Doch dann entdeckte ich ein Werk mit dem Titel „Zeitungsmuster und Formensammlung zum Thema Arbeiter, Bauern und Soldaten". Ich ließ mir von der Verkäuferin das Buch zeigen. Es war eine in Schwarzweiß gedruckte Mustersammlung, die speziell für Redakteure von Tafel- und Wandzeitungen gedacht war. Ich blätterte eine Weile darin und beschloss, es zu nehmen. Dieses Handbuch wurde mein erstes Nachschlagewerk für Kunst.

In den Tagen darauf kopierte ich daraus Bilder und Muster und verwendete sie für die Tafelzeitung. Ich machte schnell Fortschritte und konnte nach einiger Zeit nicht nur Landschaften und Blumen zeichnen, sondern auch Menschen. Viele der Mitschüler baten mich, etwas für sie zu malen, und hängten die Zeichnungen neben ihrem Bett an die Wand oder klebten sie auf den Einband ihrer Notizhefte. Bald hatte ich mir in der gesamten Zweigstelle Yujiang der Kommunistischen Arbeitsuniversität ein wenig Ruhm verschafft.

Einige Tage vor dem Nationalfeiertag am 1. Oktober kam die Verlobte von Klassenvorstand Hu nach Gaogungzai. Sie war eine hübsche Mitarbeiterin der Volkskommune Daqiao. Die Kunde von meinem Talent war sogar bis zu ihr gedrungen und sie hoffte, dass ich für die Kissen ihres neuen Bettes ein schönes Muster malen könnte. Es war chinesische Tradition, die Kissen für die Hochzeitsnacht mit Elstern oder Phönixen zu besticken. Die Vögel symbolisierten Glück, waren jedoch mittlerweile aus der Mode gekommen. Hus Verlobte wollte keine gekauften Überzüge, die für gewöhnlich mit revolutionären Slogans bestickt waren, sondern etwas Einzigartiges. Denn am Nationalfeiertag heirateten üblicherweise sehr viele Leute gleichzeitig und deren Brautgemächer konnten von jedem besichtigt werden. Da die Möbel überall die gleichen waren, konnte man die Räume nur mit der Bettwäsche individuell gestalten. Hus Verlobte und ich suchten ein Muster mit Traktoren auf einem großen Feld aus. Ich vergrößerte es auf ein weißes Blatt Papier von derselben Größe wie der Kissenüberzug, betonte die Konturen und färbte die Flächen bunt ein. Die roten Traktoren und die rote Sonne, die grünen Felder und goldenen Schwalben gefielen Hus Verlobter sehr. Sie kopierte die Zeichnung auf ihren weißen Kissenüberzug und bestickte ihn dann mit Seide. Zwei Monate später, zu Neujahr, als traditionell besonders viele Hochzeiten stattfanden, gab es plötzlich mehrere Paare, die ihre Kissen mit Traktoren bestickt hatten.

*

Nach der Herbsternte lagen die Reisfelder brach und wir hatten endlich einmal Unterricht in den Klassen. Aber schon nach zwei Wochen kehrte Klassenvorstand Hu mit einer neuen Aufgabe in die Schule zurück. Das Revolutionäre Komitee der Provinz hatte dazu aufgerufen, in der gesamten Provinz die Infrastruktur auf Vordermann zu bringen. Gaogungzai war früher eine revolutionäre Basis der Kommunistischen Partei gewesen und die Rote Armee hatte hier sogar eine Regierung nach sowjetischem Vorbild gegründet. Deshalb sollte diesem Ort zu mehr Bekanntheit verholfen werden. In allen Tälern und Schluchten sollten Dämme, auf den Feldern Fahrwege für die Traktoren und im Gebirge neue Straßen errichtet werden. Der kleine Bergweg nach Gaogungzai sollte von uns ausgebaut werden. Das Revolutionäre Komitee nannte diese Arbeiten „Großes Schlachtfeld Straßenbau“. Es gab allerdings in Gaogungzai keine einzige Maschine und so mussten wir die Straße mit Schaufeln und Spitzhacken bauen und die Werkzeuge auf unseren Schultern herumtragen. Und trotzdem hatten wir nur knapp einen Monat Zeit, die fast drei Kilometer lange Straße fertigzustellen.

Ich wurde einer Gruppe zugeteilt, die die Sprengungen großer Gesteinsbrocken vornahm. Wir Schüler mussten mit Handbohrern ein Loch für den Sprengstoff bohren. Ich arbeitete gemeinsam mit einem riesigen Schüler, der mit dem Vorschlaghammer auf einen Bohrmeißel schlug, den ich festhielt. Das sah gefährlich aus, aber der Hüne, mit dem ich arbeitete, war ein guter Partner, der nie danebenschlug. Trotzdem erlitt meine Hand jedes Mal, wenn der Hammer den Meißel traf, eine Erschütterung. Das war eigentlich der Zweck der Sache: Diese Erschütterung sollte ich ausnutzen, um den Meißel zu drehen. Nach zwei Tagen war meine Hand voller Blasen und aufgrund ihrer Trockenheit traten bald Risse auf. Manche wurden so groß, dass man eine Münze hineinstecken hätte können. Zudem trat an diesen Stellen Blut aus und es bildeten sich hässliche Ränder. Eines Tages sah Klassenvorstand Hu, wie ich vor Schmerz zusammenzuckte. Er wollte mir helfen und kam auf die Idee, wieder eine Tafelzeitung zu machen. Das Büro des Hauptquartiers hatte schon eine kleine Zeitung gedruckt, deshalb kostete es Klassenvorstand Hu viel Überzeugungskraft, bis uns die Schulleitung die Erlaubnis gab. Diese „Nachrichten vom Schlachtfeld Straßenbau“ wurden nun dort, wo die Straße begann, aufgestellt und meine Hände begannen sich rasch zu erholen.

*

Eines Tages, als Lehrer Hung und ich uns nach der Fertigstellung der neuen Tafelzeitung am Herd der Messe die Hände wärmten, hörten wir einen lauten Schrei vom nahe gelegenen Brunnen. Gleich darauf stürmten zwei Schülerinnen, die dort kurz zuvor noch Gemüse gewaschen hatten, herein. Sie waren leichenblass und schrien laut keuchend: „Wölfe, Wölfe!" Wir schauten sofort aus dem Fenster in die Richtung, in welche die Schülerinnen gezeigt hatten, und sahen tatsächlich auf der anderen Seite des Tales zwei Wölfe. Plötzlich tauchte ein Rudel von rund zwanzig Tieren aus dem Wald auf. Meine Knie wurden vor Schreck ganz weich. Die Schülerinnen zitterten so stark, dass wir ihre Zähne klappern hören konnten. Lehrer Hung wirkte ebenfalls verängstigt, aus seinen beiden Nasenflügeln schien förmlich kalter Schweiß zu rinnen. Nur Meister Yang blieb ruhig. Er schloss alle Fenster und die Eingangstür, die er mit einem Holzbalken verbarrikadierte. Danach nahm er eine große Axt und bewaffnete Lehrer Hung und mich mit Bambusstangen. Meister Yang sagte beschwichtigend: „Habt keine Angst, die Wölfe werden uns nicht am helllichten Tag angreifen. Sie sind wahrscheinlich durch das Brandroden der neuen Felder aufgeschreckt worden und müssen nur an uns vorbei." Das beruhigte mich und ich stellte mich neben ihn und sah aus dem Fenster. Die Wölfe waren mittlerweile schon bis zum Sportplatz gekommen. Sie sammelten sich an einer Stelle und starrten in unsere Richtung. Mir rutschte erneut das Herz in die Hose und ich wich ein paar Schritte zurück. Meister Yang aber stand felsenfest am Fenster und rührte sich nicht. Zwei Wölfe strichen um die Messe, sie hatten die Mäuler weit offen und ihre Zungen hingen heraus. Plötzlich rannte ein großer Wolf weiter zu den talabwärts gelegenen Feldern. Als ich wieder zum Sportplatz schaute, war das Rudel bereits in Bewegung und folgte dem großen Wolf. Bald waren die Tiere außer Sichtweite. Wir warteten einige Minuten, dann ging Meister Yang hinaus und schaute sich um. Es war ruhig und friedlich, als ob nichts passiert wäre.

*

Eines Abends, als ich mit einigen Mitschülern plaudernd auf einem Holzhaufen vor der Messe saß, setzte sich Lehrer Hung zu mir. Normalerweise sprach er wenig mit Schülern, doch nun sagte er mit ernster Miene: „Beim Malen ist das Schwierigste das Zeichnen von Menschen, und zwar weil sie Gefühle haben." Da er merkte, dass ich aufmerksam zuhörte, redete er weiter: „Das Schwierigste ist das Gesicht, weil es am lebhaftesten ist. Und am schwierigsten überhaupt ist es, das Lächeln unseres Vorsitzenden Mao zu malen." Es schien, als sei Lehrer Hung auf einen Schlag Experte für Malerei geworden. Meinen Ehrgeiz hatte er jedenfalls geweckt.

Es war der 1. Januar 1971. Nach dem Frühstück ging ich ins Zimmer meiner Mutter, die die Feiertage nutzte, um sich in Daqiao ärztlich behandeln zu lassen. Ich schloss die Tür und wärmte mir mit meinem Atem die Hände. Auf dem Schreibtisch meiner Mutter stand eine Gipsfigur von Mao Tse-tung. Sie war nicht sehr groß, aber das lächelnde Gesicht war sehr scharf und detailliert ausgearbeitet. Um die Figur zu schützen, bewahrte meine Mutter sie in einem gläsernen Kästchen auf. Ich nahm sie heraus, stellte sie an einen gut beleuchteten Platz und begann sie genau zu studieren. Schließlich entschied ich mich, eine Seitenansicht zu malen, da mir das leichter vorkam. Ich begann, mit einem Bleistift die Konturen auf ein Blatt Papier zu übertragen, und konnte bald Ähnlichkeiten zwischen meiner Zeichnung und der Statuette erkennen. Doch mit der Zeit wurde es immer schwieriger und ich musste immer häufiger zum Radiergummi greifen. So vergingen zwei Stunden wie im Flug und ich war mit dem Ergebnis sehr zufrieden. Da bemerkte ich plötzlich einen Fleck. Er befand sich direkt unter Maos Nase und war wahrscheinlich durch das viele Radieren und Korrigieren entstanden. Ich versuchte ihn zu entfernen und verschlimmerte dadurch alles noch mehr. Je länger ich rieb, desto mehr glich der Fleck einem Bart. Übelkeit stieg in mir hoch, denn dieser Bart hätte als Spott auf den großen Führer verstanden werden können, und dafür konnte man ins Gefängnis kommen. Je mehr ich darüber nachdachte, desto nervöser und ängstlicher wurde ich. Ich beschloss, das Bild zu verbrennen, und holte die Petroleumlampe vom Fenster. Ich entfernte das Glasgehäuse und stellte die Lampe unter den Schreibtisch, dann holte ich das Bild und hielt eine der Ecken ins Feuer. Schon nach kurzer Zeit war vom Bild nichts mehr übrig als Asche. Mir fiel ein Stein vom Herzen. Ich hob die Lampe vom Boden und blies sie erleichtert aus. Dabei landete schwarzer Ruß vom Docht mitten im Gesicht der Gipsfigur. Ich versuchte sofort, die Asche wegzureiben, doch nun hatte Mao einen schwarzen Streifen im Gesicht. Ich fluchte und kratzte daran herum. Bald waren an Stelle des Streifens nur mehr Kratzspuren und so schrubbte ich mit einem Handtuch, das ich im Zimmer fand, an der beschädigten Stelle herum. Zwei, drei Wischer, da knackte es plötzlich. Die Gipsfigur war zerbrochen, Maos Kopf rollte auf dem Schreibtisch hin und her. Ich war vor Schreck wie gelähmt. Man würde mich ins Gefängnis werfen, war mein erster Gedanke. Mir fiel mein früherer Nachbar Li ein. Er hatte sich mit seinem jüngeren Bruder gestritten und in seiner Wut eine Schüssel mit Reis nach ihm geworfen. Doch Lis Bruder war ausgewichen und die Schüssel hatte ein Porträt von Mao getroffen. Lis Bruder hatte ihn sofort als Antirevolutionär angezeigt. Bei seiner Verhaftung hatten dutzende Schaulustige zugesehen und geschrien, sie würden ihn umbringen. Noch einen Tag zuvor hatte er mir chinesisches Schach beigebracht. Später hörten wir, dass er wegen seiner Tat zu fünf Jahren Gefängnis verurteilt worden war.

Ich saß erstarrt auf dem Bett meiner Mutter und wusste lange Zeit nicht, was ich tun sollte. Schließlich kam ich auf die Idee, die Figur nach Einbruch der Dunkelheit in die Toilette zu werfen. Doch nach gründlicher Überlegung entschied ich, dass mir eine noch härtere Strafen drohen würde, wenn mich jemand dabei erwischte, wie ich Mao im Klo versenkte. Ich wollte die Figur auch nicht irgendwo vergraben. Also beschloss ich, sie zu verstecken und meine Mutter nach ihrer Rückkehr um Rat zu fragen. Ich wickelte die zwei Teile in alte Zeitungen und versteckte sie in einem Schuhkarton unter ihrem Bett.

Danach stellte ich die herausgenommenen Schuhe darauf und räumte gründlich auf.

Die nächsten zwei Tage kamen mir vor wie ein Jahr. Ich war die ganze Zeit unruhig, meine Fantasie gaukelte mir allerlei Schreckensszenarien vor und ich verkroch mich vor den anderen und mied ihre Blicke. Endlich kam meine Mutter zurück. Ich ging wortlos in ihr Zimmer und verriegelte die Tür hinter mir. Sie fragte erstaunt, was los sei. Ich erzählte ihr flüsternd von meinem Missgeschick und zeigte ihr die zerbrochene Figur. Meine Mutter erschrak und deckte sie sofort wieder zu. Nach ein paar Schrecksekunden schaute sie sich das Malheur genauer an und meinte dann erleichtert: „Man kann die Figur noch zusammensetzen. Wir brauchen Gipspulver." Sie wickelte die Figur wieder ins Zeitungspapier und meinte: „Wir werden sie noch hier lassen. Wenn ich das nächste Mal in der Kreisstadt bin, werde ich Pulver besorgen und sie reparieren. Falls dich jemand fragt, wo meine Gipsfigur geblieben ist, sagst du, du wüsstest es nicht und vielleicht hätte ich sie jemandem geschenkt."

Danach legte sie die Figur wieder in den Schuhkarton. Und dort blieb sie dann auch, denn wir kamen nie dazu, sie zu reparieren. Bei jedem Umzug achtete meine Mutter besonders darauf, dass niemand in den Karton schaute. Erst 1976, nach dem Tod von Mao Tse-tung, warf sie die Figur in eine Mülltonne. Dieser Vorfall hatte mir für einige Zeit die Lust am Zeichnen genommen. Eines war mir auf jeden Fall klar geworden: Das Lächeln von Mao war wirklich sehr schwer zu malen.

*

Kurz nach Neujahr 1971 traf in Gaogungzai die erfreuliche Nachricht ein, dass den Schülern meines Jahrganges Arbeitsplätze in staatlichen Betrieben zugeteilt werden würden. Manche würden sogar in eine Stadt umsiedeln dürfen und nicht mehr wie die Absolventen der vorangegangenen Lehrgänge als Bauern auf dem Land leben müssen. Man tuschelte, dass

Premierminister Zhou Enlai eine Sondergenehmigung erteilt hätte, denn seit Anfang der Kulturrevolution im Jahr 1966 hatten die staatlichen Fabriken und Minen keine neuen Arbeiter mehr aufgenommen. Daher war in vielen Betrieben wegen des fehlenden Personals die Produktion rapide gesunken. Mitten in einer revolutionären Bewegung, in der die Zhiqing aufs Land geschickt und zu neuen Bauern umgeschult wurden, waren das überraschend gute Nachrichten. Wir sollten auch später noch die „glücklichen Absolventen des 70er Jahrganges" genannt werden. Besonders die Schüler, die aus Städten stammten, waren begeistert. Es legte sich eine fast hysterische Freude über die Schule. Den ganzen Tag wurde gesungen und bis tief in die Nacht hinein gejubelt: „Auf Wiedersehen, Schule, auf Wiedersehen, Bauernland!"

Schon in wenigen Wochen würden wir der führenden Klasse im Staat, jener der staatlichen Arbeiter, angehören und von allen beneidet werden. Meine Mutter freute sich mit uns, aber im Herzen wusste sie wohl schon, dass mir ein solches Glück wegen meiner Familienherkunft nicht beschieden sein würde. Außerdem nahmen Fabriken normalerweise nur Arbeiter auf, die über achtzehn waren. Ich war jedoch gerade erst vierzehn Jahre alt geworden. Sie behielt ihre Sorgen aber für sich, denn sie wollte mir die Freude nicht verderben. Ich saß also tagtäglich mit meinen Mitschülern bis tief in die Nacht im Schlafsaal und wir malten uns unser zukünftiges Leben in den schönsten Farben aus. Ich war so glücklich wie nie zuvor.

Endlich kam der Tag, an dem wir unsere Arbeitszuweisungen erhalten würden. Mit einem Traktor der Schule wurden wir vor der Messe abgeholt und nach Daqiao gebracht, wo in einem Festsaal die Abschlussfeier stattfinden sollte. Den ganzen Weg über sangen wir trotz des kalten Wetters und eisigen Windes revolutionäre Lieder und lockten damit die Bauern aus ihren Häusern, die uns zuwinkten. Im Festsaal der Schule wurden wir nach Klassen und Jahrgängen eingeteilt. In der Mitte einer Bühne stand ein Rednerpodest, das mit roten Seidenfahnen verziert war. Dahinter befand sich eine Reihe von Schultischen, auf denen Teetassen und rote Thermosflaschen standen. Dort saßen die Schulleiter, hinter denen ein riesiges Porträt von Mao Tse-tung hing. Links und rechts waren Sprüche von Lin Biao, der rechten Hand von Mao, zu lesen. Links stand: „Eine sichere Fahrt auf dem Ozean hängt vom Geschick des Steuermanns ab" und rechts: „Mao Tse-tungs Ideen bestimmen den Weg der Revolution". Über dem Porträt stand: „Lang lebe der Vorsitzende Mao." Weiter vorne, direkt über dem Rednerpodest, hing eine Spruchrolle mit der Aufschrift „Schulabschluss und Arbeitsverteilungsfest der Zweigstelle Yujiang der Kommunistischen Arbeitsuniversität". Im ganzen Saal hingen weitere Slogans wie „Lang leben die Sieger der Kulturrevolution des Proletariats!" oder „Lang lebe die chinesische Kommunistenpartei!".

Der Vorsitzende des revolutionären Komitees der Schule betrat unter lautem Applaus die Rednerbühne. Seine Armeeuniform kennzeichnete ihn als Teilnehmer der Revolution. Nach seiner Eröffnungsansprache war der politische Abteilungsleiter der Schule an der Reihe, der die Liste mit den Arbeitsverteilungen vorlesen sollte. Im gesamten Saal herrschte Totenstille. Jeder wartete atemlos darauf, von diesem mageren Mann mit den gelben Zähnen sein künftiges Schicksal zu erfahren. Dieser kostete seine Macht genüsslich aus, testete wiederholt das Mikrofon, trank ein wenig Tee und ging hinter das Podest, um dem Vorsitzenden einige Worte zuzuflüstern. Endlich kam er zur Sache: „Jetzt verkünde ich die Arbeitsverteilungsliste für die Absolventen des Schuljahrganges 1970. Forstwirtschaftsklasse, Liu Yuyun, Erste Landwirtschaftsmaschinenbaufabrik der Stadt Shangrao". Jeder wartete aufgeregt auf seinen Namen und so ging es weiter, bis etwas Unerwartetes passierte. Der politische Abteilungsleiter verkündete: „Forstwirtschaftsklasse, Niu Fengyin, Landwirtschaftsmaterialversorgungsstation des Bezirkes Shangrao." Er hatte seine Worte kaum ausgesprochen, als plötzlich eine kurzhaarige Schülerin aufstand und aufgeregt schrie: „Entschuldigung, ist das nicht Mu Fengyin? In der Fortwirtschaftsklasse gibt es nur mich, Mu Fengyin, aber niemanden, der Niu Fengyin heißt.“ Für die Schülerin ging es um einen sehr guten Arbeitsplatz, den sie nicht durch eine Namensverwechslung verlieren wollte. Im Saal ertönte lautes Gelächter, weil sich alle sicher waren, dass sich der Abteilungsleiter verlesen hatte. Denn das chinesische Zeichen „Mu“ enthält das Zeichen „Niu“. Dieser zeigte aber auf die Schülerin und sagte streng: „Setz dich nieder! Ich bitte die Schülerin, sich niederzusetzen. Wenn sie etwas von mir will, soll sie nach dem Fest in mein Büro kommen.“ Und dann las er ungerührt weiter: „Fortwirtschaftsklasse, Liu Jianjun, Kunstdüngerfabrik von Yujiang ...“ und im Saal wurde es wieder leise.

Ich wurde langsam unruhig. Die Namen aller Schüler der Forstwirtschaftsklasse waren gefallen, nur meiner fehlte noch und ich fing an, mir Sorgen zu machen: „Hat er meinen Namen übersehen? Warum bin ich nicht dabei?“ Ich quälte mich mit diesen Fragen, während die anderen Schüler mit viel Applaus das Abschlussfest beendeten. Ich wischte meine Tränen weg und rannte aus dem Festsaal. „Eine solche Demütigung will ich nicht mehr erleben“, dachte ich und fand mich plötzlich mitten auf den Gleisen wieder. „Warum nur bin ich in die Klasse der Großgrundbesitzer geboren worden?“, fragte ich mich verzweifelt, während ich auf einen Zug wartete. „Warum ist mein Vater ein Anhänger der Rechten?“ Dabei arbeitete er genauso hart wie die anderen Väter und in seinem Zimmer hatte er viele Bücher von Mao Tse-tung und Karl Marx. Und ich selbst hatte mich in der Schule so angestrengt. Doch es kam kein Zug und Antworten auf meine Fragen fielen mir auch nicht ein. Und so ging ich nach Einbruch der Dunkelheit niedergeschlagen zurück in den Schlafsaal.

Die Schulkollegen feierten noch. Es hatte ein Festessen mit sechs Hauptgerichten, Suppe und unbegrenzten Mengen an Reis gegeben. Und für jeden Tisch zwei Flaschen Schnaps. Einige der Schüler saßen nun auf ihren Betten, tranken den restlichen Schnaps und knobelten. Niemand bemerkte mich. Nach einiger Zeit rief mich Klassenvorstand Hu aus dem Schlafsaal. Im dunklen Gang sagte er mir leise, dass er extra wegen mir beim politischen Abteilungsleiter nachgefragt hätte. Aber da ich mitten im Schuljahr der Klasse beigetreten wäre, sei ich nicht in seinem Verteilungsplan vorgekommen. Aber ich sei ohnehin zu jung. Klassenvorstand Hu versuchte mich damit zu trösten, dass vier weitere Schüler, die älter seien als ich, ebenfalls keinen Arbeitsplatz zugewiesen bekommen hätten. Ich konnte trotzdem die ganze Nacht über nicht schlafen.

Am nächsten Morgen erfuhren wir dann, dass einer der übergangenen Schüler sich mit einem Gürtel in der Toilette erhängt hatte. Am Abend zuvor hatte er den politischen Abteilungsleiter auf Knien um Arbeit in einem staatlichen Betrieb angefleht. Doch der war betrunken gewesen und hatte ihn fluchend und schimpfend hinausgeworfen. Vor der Toilette hatte sich schon ein Kreis von neugierigen Schülern gebildet. Der Abteilungsleiter befahl zwei Lehrern, den Leichnam mit einer kaputten, alten Matte zuzudecken. Aber diese war nicht lang genug und so ragten noch die Beine heraus. Ein paar Mädchen hatten Tränen in den Augen. Als der Abteilungsleiter das sah, zog er kurz an seiner Zigarette und warnte sie: „Ihr solltet euch nicht wegen dieser läppischen Angelegenheit die Stimmung verderben lassen. Dieser Mann hat durch seinen Selbstmord mit der Kommunistenpartei und der Volksgemeinschaft gebrochen. Er hat die Arbeitseinteilung nicht akzeptiert und daher den Tod verdient." Und dann vertrieb er uns.

Ich fragte mich, ob der Abteilungsleiter ahnte, dass auch ich gestern an den Tod gedacht hatte. Und wenn ja, sah er in mir dann auch einen Antirevolutionär? Und wie konnte eine solch sadistische Person ein Mitglied des Kaders der Kommunisten werden? Je mehr ich darüber nachdachte, desto mehr machten mir meine Gedanken Angst. Mao Tse-tung und seine Anhänger waren für mich immer noch Helden. Doch das Sozial-

system und die Einteilung in Gesellschaftsklassen stellte ich zunehmend in Frage.
Einige Jahre später wurde der politische Abteilungsleiter befördert und verließ die Schule. Da erfuhr ich, dass er meinen und die vier anderen Namen aufgrund unserer Familienherkunft von der Liste gestrichen hatte. So hatte er uns nicht nur die Chance auf eine gute Arbeit genommen, sondern trug auch die Verantwortung für den Selbstmord eines Zwanzigjährigen. Ihm war das wahrscheinlich nicht einmal bewusst, denn er handelte ja im Namen der Partei. So etwas geschah fast täglich tausendfach in China, dem Land, das vom Licht der Partei erleuchtet – oder eher geblendet – war.

Sexuelle Gefühle erwachen im Schweinestall

Dank der Hilfe von Klassenvorstand Hu erreichte meine Mutter, dass ich nicht auf einem Bauernhof arbeiten musste. Ich durfte noch zwei weitere Jahre in der Kommunistischen Arbeitsuniversität bleiben. Allerdings wechselte ich in die Landwirtschaftsklasse, die sich in der Schulzentrale befand. Für mich bedeutete das, dass ich von der Gebirgseinöde von Gaogungzai nach Daqiao übersiedeln konnte. Dort gab es Elektrizität, Kaufhäuser und neben der Schule einen Basketballplatz, auf dem manchmal sogar Filme vorgeführt wurden.
Die Landwirtschaftsklasse bestand aus dreißig Schülern. Die meisten stammten aus kleinen Städten des Kreises Yujiang, nur wenige von Bauernhöfen. Die Nachricht, dass fast alle Schüler der Kommunistischen Arbeitsuniversität einen Arbeitsplatz in einem staatlichen Betrieb bekommen hatten, verbreitete sich wie ein Lauffeuer und die Arbeitsuniversität war plötzlich sehr attraktiv. Die meisten Schüler waren Angehörige von Kadern der Basis und mehr als die Hälfte davon waren Mädchen. In der Regel warteten Eltern ab, ob ihre Töchter gleich nach dem Abschluss der Grundschule einen Mann fanden, damit sie sich das Geld für die weitere Ausbildung ersparen konnten. In

unserer Klasse gab es einige Mädchen, die mit Soldaten verlobt waren und hofften, durch die Ausbildung ihren künftigen Ehemännern gesellschaftlich gleichgestellt zu werden.

Das Leben in Daqiao ähnelte sehr dem Leben in Gaogungzai. Bei gutem Wetter mussten wir auf den Feldern arbeiten, bei Schlechtwetter hatten wir Unterricht in den Klassen. Meine Klasse war für siebzig chinesische Mou an Wasserfeldern sowie einen eigenen Schweinestall, der die ganze Schule versorgen musste, verantwortlich. Der Speisesaal war größer als in Gaogungzai, das galt allerdings auch für die Warteschlangen. Wir vertrieben uns die Zeit damit, zu plaudern und andere davon abzuhalten sich vorzudrängen.

Die Arbeit in den Wasserfeldern war uns allen verhasst. Jeder wollte lieber im Schweinestall arbeiten. Dort roch es zwar streng, aber das Dach bot Schutz gegen die brennende Sonne und die Wände hielten den Wind und die schwüle Luft ab. Man musste auch keine Angst vor Blutegeln haben, durfte Schuhe anziehen und in einem kleinen Zimmer im Schweinestall gab es sogar so etwas wie Privatsphäre. In unserer Klasse wurde ausgelost, wer wann im Schweinestall arbeiten durfte. In der Landwirtschaftshochsaison hatten Mädchen während ihrer Menstruation oder Jugendliche, die krank waren, Priorität bei der Zuweisung.

Gleich nach meinem Eintritt in die neue Klasse hatte ich zwei Freunde gefunden und das Schicksal meinte es gut mit uns: Wir konnten in der ersten heißen Juniwoche den Dienst im kühlen Schweinestall antreten. Hu De war drei Jahre älter als ich, ungefähr gleich groß, aber um vieles breiter. Sein Vater war einst Direktor der Volkskommune von Daqiao gewesen, jedoch in der Anfangszeit der Kulturrevolution gestürzt worden. Weil er der Bruder meines früheren Klassenvorstands Hu war, kannte ich ihn schon, seit ich für seinen Bruder und dessen Braut die Motive für die Kissenbezüge gemalt hatte. Hu De kannte die Leute in der näheren Umgebung sehr gut. Wenn wir in unserer Freizeit herumstreunten, bekamen wir daher

manchmal ein kostenloses Essen. Ich konnte nur wenig dafür bieten. Manchmal zeichnete ich den Bauern ein hübsches Bild und wir bekamen Leckereien wie geräuchertes Fleisch oder Eier. Die ließen wir uns dann in der Schule schmecken, während den anderen das Wasser im Mund zusammenlief.
Der Jüngste unserer kleinen Gruppe war Yu Jin, ein Waisenkind. Er hatte zarte, intelligente Gesichtszüge und war von seiner hübschen älteren Schwester auf einem Bauernhof aufgezogen worden. Diese hatte ein Jahr zuvor einen ehemaligen Soldaten der Befreiungsarmee, der nun Sekretär einer Produktionsgruppe war, geheiratet und er hatte dafür gesorgt, dass sein junger Schwager von der Kommunistischen Arbeitsuniversität aufgenommen wurde. Yu Jin war ein flinker und geschickter Arbeiter. Wir drei hatten, anders als die meisten Schüler, bereits landwirtschaftliche Arbeit verrichtet und das war einer der Gründe, warum wir uns anfreundeten.

*

An einem Montagmorgen im Juni trugen wir bereits zeitig unser Gepäck in den Stall und bemerkten erfreut, dass unsere Vorgänger gute Arbeit geleistet hatten. Alles war sehr sauber und es war genügend Futter für die Schweine vorbereitet. Glücklich hörten wir ihrem Schmatzen und Grunzen zu. Anscheinend waren auch sie in fröhlicher Stimmung. Die Morgensonne schien angenehm warm und wir saßen auf einer Holzbank vor dem Stall und gönnten uns eine warme Reissuppe. Auf den Feldern standen die Reispflanzen so dicht, dass der Boden schon nicht mehr zu sehen war. In der Nähe schlängelte sich ein Fluss vorbei. Eine Straße führte zu den Hauptgebäuden und über dem schilfartigen Alang-Alang-Gras, das an den Mauern wuchs, tummelten sich Libellen. Es wurde schnell wärmer und auf uns wartete noch viel Arbeit. Doch mit ein wenig Anstrengung würden wir zu Mittag mit allem fertig sein und somit einen freien Nachmittag haben.
Wir machten uns also an die Arbeit und holten Wassersalat.

Dieses Schweinefutter ist eine schnell wachsende Pflanze, die im Teich hinter dem Stall prächtig gedieh. Das mag an den Exkrementen der Schweine gelegen haben, die sich dort sammelten. Deshalb musste man den Wassersalat auch gründlich im nahe gelegenen Fluss waschen. Danach wurde er in kleine Stücke gehackt und mit Wasser und Spreu aufgekocht. Die Wurzeln des Salates enthielten eine weiße Flüssigkeit, die auf meinen Händen teuflisch juckte. Weil aber nur ich davon betroffen war, teilten wir die Arbeit so ein, dass meine beiden Freunde den Salat zerkleinerten, während ich ihn zubereitete. Gegen elf Uhr waren wir bereits fertig.

Bis zu unserem Dienst im Schweinestall hatten wir alle zu wenig Schlaf bekommen, weil wir immer frühmorgens aus den Federn mussten. Doch als ich nun in dem kleinen Zimmer im Schweinestall saß, konnte ich nicht einschlafen. Also nahm ich Papier und Stift zur Hand, um ein Bild von einem kleinen Buch zu kopieren. Bisher hatte ich wenig Gelegenheit gehabt, meine Zeichenkünste zu nutzen. Im Hauptquartier der Arbeitsuniversität war die politische Abteilung für die Tafelzeitung verantwortlich und die hatte dafür eigene Angestellte. Und obwohl niemand von ihnen zeichnen konnte, war meine Beteiligung offensichtlich unerwünscht. Dabei hatte Klassenvorstand Chen meine Mithilfe vorgeschlagen. Aber der Leiter der politischen Abteilung interessierte sich nicht für Kunst und verachtete mich wegen meiner Familienherkunft.

*

An unserem zweiten Arbeitstag im Schweinestall bekam Hu De Besuch von vier Zhiqing. Sie waren um die zwanzig Jahre alt und trugen wie die Städter in Shanghai Sporthemden und eng geschnittene Hosen. Für mich waren sie wie Besucher aus einer fremden Welt, wie ich sie höchstens aus Filmen kannte. Hu De empfing sie sichtlich erfreut und stellte sie uns vor. Das Mädchen, das dabei war, interessierte mich am meisten. Es hieß Wang Fang, so wie eine Figur in einem bekannten chinesischen Kriegsfilm. Wang Fang war nicht nur sehr hübsch, sondern auch sehr lebhaft und scherzte und plauderte ungezwungen mit ihren Begleitern in einem typischen Dialekt aus Shanghai, den ich nicht verstand. Ab und zu wechselte sie mit Hu De in Hochchinesisch einige Worte, ab und zu lächelte sie mich an. Dann klopfte mein Herz ein bisschen schneller. Hu De hatte keinerlei Scheu vor Wang. Eigentlich kannte er die vier noch gar nicht lange, er hatte sie erst vor einigen Wochen bei einer Filmvorführung getroffen. Es hatte einen Streit zwischen den Zhiqing und ortsansässigen Bauern gegeben und Hu De hatte ihn geschlichtet.

Die vier hatten sich vor über einem Jahr auf einem Bauernhof bei Daqiao niedergelassen und beherrschten die Sprache der Umgebung recht gut. Entgegen ihren Vorstellungen vom idyllischen Bauernleben hatten sie recht schnell festgestellt, dass die „armen" Bauern gar nicht so hilfsbereit und gutmütig waren, wie ihnen in Shanghai immer erzählt wurde. Die meisten waren das genaue Gegenteil eines guten Proletariers, nämlich geizig, gierig, dumm und unsympathisch. Die grünen Berge und Felder, die rötlichen Hügel und ein blauer, wolkenfreier Himmel reichten nicht, um die giftigen Schlangen, Blutegeln und die riesigen Moskitos vergessen zu lassen. Außerdem bekamen sie nur wenig Gehalt, waren oft hungrig und müde.

Hu De erzählte den vier Zhiqing von der Arbeit im Schweinestall. Vor allem der Herd mit dem Kochtopf erregte ihre Neugier und sie meinten, das wäre ein guter Platz für ein Festessen. Nun gab es in der Provinz Jiangxi einen merkwürdigen Brauch: Am 15. Juli, während des Geisterfestes, und am 15. August, während des Mondfestes, durfte man Gemüse und Früchte von den Feldern der Nachbarn stehlen und frei laufende Hühner und andere Tiere einfach mitnehmen. Die Zhiqing hatten sich angewöhnt, auch an anderen Tagen ab und zu etwas mitgehen zu lassen. Allerdings hatten sie keinen Ort, wo sie ihre Beute kochen konnten, und sie hatten schnell entschieden, dass der Schweinestall der perfekte Platz dafür wäre.

Ich war begeistert von der Idee, hatte aber gleichzeitig auch ein wenig Angst, dass die Schule davon erfahren könnte. In der Kommunistischen Arbeitsuniversität war dieser Brauch verpönt und wenn es trotzdem jemand tat, dann wurde er wie ein Dieb behandelt. Man konnte sogar von der Schule geworfen werden. Aber weil unser Essen ausgesprochen schlecht war, entschlossen wir uns dann doch, das Risiko einzugehen. Die Zhiqing würden gleich am nächsten Tag nach Sonnenuntergang mit den Hühnern vorbeikommen. Yu Jin und ich sollten für einen sauberen Topf und ein Feuer sorgen. Hu De versprach, sich um den Reis zu kümmern.
Nachdem die vier wieder verschwunden waren, holten wir uns in der Messe unser Abendessen und würgten es auf einem kleinen Steg am Teich hinunter. Plötzlich fragte mich Hu De mit einem höhnischen Grinsen, ob ich Wang schön fände. Die Frage war mir peinlich. Sie hatte mich sehr beeindruckt, aber das wollte ich nicht zugeben. Während ich verlegen auf den Boden starrte, pries Hu De ihre Schönheit. Sofort gingen mir Wangs schön gewölbte Brüste durch den Kopf und mir wurde heiß. Als sie ging, hatte sich ihr Busen gegen die Nachmittagssonne abgezeichnet. Ich schämte mich für meine Gedanken und fiel Hu De ins Wort: „Du musst doch Reis auftreiben." Hu De erschrak, als hätte ich ihn aus einem schönen Traum geholt, und machte sich sofort auf den Weg.
Am nächsten Tag standen wir zeitig auf und begannen schleunigst mit unserer Arbeit. Schließlich mussten wir Zeit für unsere Vorbereitungen gewinnen. Nach dem Mittagessen begann es zu nieseln. Wir freuten uns über den Regen, der ungebetene Gäste abhalten würde. Der Weg vom Hauptgebäude zum Schweinestall war nämlich aus rotem Ton und im feuchten Zustand äußerst klebrig. Wir verzichteten sogar auf unseren mittäglichen Schönheitsschlaf und fütterten die Schweine gleich nochmals, um einen leeren Kochtopf und einen Eimer für Wasser zu haben. Wir polierten den Topf glänzend sauber und reinigten nebenbei noch die Küche samt Herdplatte.

Nur der widerwärtige Geruch des Schweinefutters verschwand nicht. Schließlich füllte ich den Topf mit Wasser und machte unter ihm Feuer. Bald löste sich eine weißliche Schicht von den Topfwänden und mit deren Beseitigung verschwand auch der Geruch aus dem Zimmer. Dann füllten wir den Topf wieder mit Wasser und brachten es zum Kochen. Wir brauchten es später, um die Hühner zu rupfen. Als die Glocke zum Abendessen läutete, besorgte Yu Jin uns allen eine Portion Reis und einige Speisen, um unsere schon fürchterlich knurrenden Mägen zu beruhigen. Er hatte in der Messe herumerzählt, dass wir am Abend die Filmvorführung in der Volkskommune besuchen würden. So konnten wir ziemlich sicher sein, dass keine ungebetenen Gäste auftauchen würden. Mit dem Sonnenuntergang legte sich auch der Regen. Über dem Berggipfel erschien ein großer Regenbogen und neben den Gleisen konnte man eine Karawane von Menschen beobachten, die sich mit Stühlen und Bänken zur Volkskommune begaben.
Kurz bevor es völlig dunkel wurde, tauchten die Zhiqing auf. Wang Fang erschien in Begleitung zweier Männer. Der eine war ein Hüne im modernen Matrosenlook, der andere ein junger Mann mit feinen Gesichtszügen, der angeblich geübt in den Künsten der Kalligrafie und des Tischtennis war. Wang Fang wirkte an diesem Abend noch schöner und attraktiver als das letzte Mal. Sie trug ein zitronengelbes Hemd aus Dacron, das halb transparent war und die Konturen ihres Büstenhalters erkennen ließ. Wir mussten sie einfach anstarren. Yu Jin fragte mich flüsternd, wozu sie eigentlich einen BH trage. Ich hatte zwar keine Ahnung, wollte das aber nicht zugeben. In der Forstwirtschaftsschule hatte ich gelernt, dass man Birnen in Papier wickelt, damit sie weiß und weich bleiben. Also sagte ich einfach, dass das auch für Brüste gelte, und Yu Jin glaubte mir. Gemeinsam mit einem Jungen namens „Hündchen" packte Hu De die Hühner aus. Wir gaben sie in eines der Holzbecken, in denen sonst das Schweinefutter zerkleinert wurde, und bestaunten ehrfürchtig das schwarze Huhn und den goldenen Hahn.

„Hündchen“ erzählte, dass das Huhn jeden Tag für die Frau des Produktionsgruppenleiters ihres Bauernhofes ein großes Ei gelegt hätte. Morgen würde die alte Frau sicher auf der Straße herumrennen und schimpfen. Um uns zu amüsieren, begann „Hündchen“ mit der Stimme der alten Frau zu singen. Wir mussten lachen. Wang Fang sagte: „Selbst schuld! Jeden Tag versucht sie, mir Schwierigkeiten zu machen. Wir werden diese Hühner essen und uns damit von ihr befreien.“ Da kam auch schon Hu De mit einem großen Topf heißen Wassers und schüttete es über die Hühner. Gemeinsam mit „Hündchen“ rupfte er sie und Wang Fang übernahm das Kochen. Ich saß ihr gegenüber auf einem Schemel und schob Kohle und Holz in den Ofen. Wang Fang warf die gerupften Hühner in den Topf, würzte und goss Wasser nach. Heißer Dampf stieg auf und rötete ihr Gesicht. Ihre Haare hingen ihr in die Augen und sie strich sie wiederholt ungeduldig aus der Stirn. Ich bemerkte, dass ich in ihren Ausschnitt schauen konnte, wenn sie sich über den Topf beugte. Ich versuchte, mich nicht erwischen zu lassen, spähte aber so oft wie möglich auf ihre Brüste.
Die Hühner schmeckten süßlich. Ich hatte noch nie zuvor etwas Ähnliches gegessen, denn in der Provinz Jiangxi verwendete man keinen Zucker zum Kochen von Fleisch. Da wir keinen Topf hatten, servierten wir die Hühner in einem alten Waschbecken und setzten uns mit unseren Schüsseln aus Aluminium, Plastik oder Bambus dazu. Wir schmatzten alle ziemlich laut, doch „Hündchen“ übertrumpfte uns alle. Zum Essen tranken wir eine Art Schnaps. Hu De füllte einen Becher und reichte ihn in der Runde weiter. Und plötzlich waren wir mitten in einem Wetttrinken. Wang Fang setzte sich zu dem Großen im Matrosenlook und rückte dann für Yu Jin zur Seite. Aufgrund der Enge berührten sich ihre Beine und Yu Jin wurde rot. Wang Fang lachte und meinte: „Er schämt sich, neben einer Frau zu sitzen.“ Da wurde Yu Jin noch mehr verlegen und flüsterte, dass nur der Schnaps an seinem roten Gesicht schuld sei. Plötzlich griff der Große nach Yu Jins Hand, drückte

sie auf Wang Fangs Brüste und sagte: „Weißt du denn nicht, dass sie dir etwas beibringen will!“ Wang Fang gab ihm eine so heftige Ohrfeige, dass er das Gleichgewicht verlor und stürzte. Wir anderen aber krümmten uns vor Lachen. So feierten wir bis Mitternacht und aßen und tranken alles, was wir in die Finger bekamen. Wir vereinbarten, dass wir das Essen am nächsten Samstag mit Fröschen wiederholen würden. Denn vom Teich her hörten wir ihr pausenloses Gequake.

*

Später lagen wir drei im Bett und redeten über Wang Fang. Hu De war davon überzeugt, dass sie keine Jungfrau mehr war, denn eine solche hätte wohl keine so runden und vollen Brüste und keinen so prallen Hintern. Und überhaupt würde sie wahrscheinlich gerade in den Armen des Großen liegen und mit ihm schlafen. Bis zu diesem Zeitpunkt hatte ich nicht gewusst, was es damit auf sich hatte, denn weder in der Familie noch in der Schule wurde man aufgeklärt. Über Sex zu reden wurde als obszön angesehen und die Kommunisten lehrten uns, das sei eine Angewohnheit von Lumpen und Verbrechern. Hu De erzählte von einem jungen Arbeiter der Volkskommune, der schon viele Jahre lang verheiratet war. Weil die Frau keine Kinder bekam, gingen sie in ein Krankenhaus, und dort fand man heraus, dass seine Frau noch Jungfrau war. Er verteidigte sich damit, dass er mit ihr immer unter der gleichen Bettdecke geschlafen habe. Hu Des Geschichte hatte mich neugierig gemacht, zudem gingen mir Wang Fangs Brüste nicht mehr aus dem Kopf.

Am nächsten Morgen bemerkte ich nach dem Aufwachen, dass sich auf meiner Unterhose ein Fleck befand, der wie getrockneter Kleber aussah und die Form einer Landkarte hatte. Erschrocken sah ich zu Yu Jin und erwischte ihn dabei, wie er gerade die Unterhose wechselte. Als er mich bemerkte, wurde er hektisch und wäre beinahe gestürzt. Ich fragte ihn, ob er auch eine Landkarte gezeichnet bekommen hätte. Als er mich erstaunt fragte, woher ich das wüsste, zeigte ich ihm meine Unterhose. Ich weckte den noch schlafenden Hu De und der meinte mit geschlossenen Augen: „Was ist denn los? Habt ihr Landkarten aufgemalt bekommen? Dann habt ihr wohl an Wang Fang gedacht." Ich riss Hu De das Betttuch weg und er bedeckte sofort seinen Genitalbereich mit den Händen. Zu spät, wir hatten den Fleck schon gesehen. Er fing an zu lachen und meinte: „Der Hahn gestern muss wirklich viel Kraft gehabt haben."

Einige Tage später brachte uns Hu De ein Handbuch der Barfußdoktorenklasse, in dem sich ein kurzer Bericht über Samenergüsse befand. So erfuhren wir, dass sie völlig normal waren. Aber der Bericht warnte uns auch, dass bei häufigem Auftreten der Gleichgewichtssinn gestört werden und der Appetit verloren gehen könnte. Laut Handbuch wäre es das Beste, eine korrekte Weltanschauung zu pflegen und die kapitalistischen Gedanken aus dem Kopf zu verbannen.

*

Eines Tages erfuhren wir, dass ein ausländischer Film gezeigt wurde. Er kam aus Rumänien, trug den Titel „Die Wellen der Donau" und war seit Jahren der erste nichtchinesische Film in unserer Gegend. Viele Leute waren an diesem Abend zum Bahnhof unterwegs, auch Wang Fang, die wunderschön aussah. Sie trug ein khakifarbenes Hemd und einen Gürtel, der ihre Figur betonte. Die Ärmel hatte sie aufgerollt und so wirkte sie im Vergleich zu den anderen Frauen, die meist weite Hemden und Hosen trugen, halb nackt. Ich ging die ganze Zeit hinter ihr und starrte auf ihre Pobacken, die durch die enge Hose betont wurden. Ein paar Mal wäre ich fast gestolpert.

Auf dem Bahnsteig war eine große weiße Leinwand aufgebaut worden. Davor standen viele Stühle, Bänke und sogar Betten, die man für Kinder mitgebracht hatte. Die Menschenmenge vor der Leinwand wuchs rasch an. Wir hatten uns relativ weit hinten niedergelassen und mussten aufstehen, um noch etwas zu sehen. Der Schwarzweiß-Film spielte im Rumänien des Zweiten Weltkrieges und zeigte einen Matrosen im Kampf gegen die Nationalsozialisten. Die Städte, der Lebensstil, die Mode – das alles erschien uns wie aus einer anderen Welt. Überraschend waren vor allem die vielen Küsse, Umarmungen und anderen Liebkosungen, dabei waren viele Szenen bereits herausgeschnitten worden. Immer wieder hörte man „Ohs", wenn der Protagonist seine Frau küsste oder umarmte. Ich hatte auch nicht gewusst, dass die Europäer mitten im Zweiten Weltkrieg besser gelebt hatten als wir jetzt. Ihre Gebäude, Maschinen, die Autos und Schiffe übertrafen bei weitem alles, was wir an moderner Technik kannten. Das Gesehene beeinflusste unser Leben nachhaltig. Viele Mädchen trugen schon einige Tage nach der Vorführung die gleichen Frisuren wie die Schauspielerinnen im Film.

Während der Vorführung gerieten die Leute immer mehr in den Sog der Handlung und rückten weiter nach vorne. Der Platz wurde so eng, dass ich immer näher an Wang Fang gedrückt wurde. Plötzlich bewegte sie sich und rieb ihren Po an mir. Ich fühlte mich, als sei ich unter Strom gesetzt worden. Sie wiederholte es und tat so, als wollte sie sich auflockern. Und dann lächelte sie mir kurz entschuldigend zu. Bald klebte ich an ihrem Rücken und wusste nicht, wohin mit meinen Händen. Schließlich schob ich sie zwischen ihr Hinterteil und mich. Sofort lehnte sie sich dagegen und mir wurde schwindlig. Wir rührten uns nicht bis zum Ende des Filmes. In der Nacht träumte ich von Wang Fang. Als ich am nächsten Morgen aufwachte, hatte ich wieder einen Fleck auf meiner Hose. Und auch Yu Jin hatte wieder eine Landkarte gezeichnet bekommen.

*

In den kommenden Tagen hatten Yu Jin und ich fast täglich einen unwillkürlichen Samenerguss. Bald fürchtete ich, an den im Handbuch erwähnten Symptomen zu leiden, mir wurde in der Sonne oft schwindlig und ich kämpfte mit Schlafstörungen.

Schließlich baten wir Hu De, uns einen Arzt zu suchen. Eines Vormittags arbeiteten wir auf einem von der Schule ziemlich weit entfernten Reisfeld. Wir nutzten die Chance zu verschwinden und suchten die Ordination der Kommune auf. Hu De erklärte dem Arzt stotternd das Problem, das offenbar auch ihn quälte, ohne uns davon ein Wort gesagt zu haben. Der Arzt holte ein kleines Bambusplättchen hervor und bat Hu De, den Mund zu öffnen. Danach untersuchte er mit dem gleichen Plättchen auch Yu Jin und mich. Er maß unseren Puls und fragte, ob wir von schlechten Träumen geplagt seien. Wir bejahten und er meinte, während er uns ein Rezept ausstellte: „Bestimmt ist der Film ‚Die Wellen der Donau‘ daran schuld, denn nach der Vorführung sind viele Jugendliche mit denselben Symptomen zu mir gekommen." Er gab Hu De das Rezept und meinte, dass wir unsere Fantasie zügeln und unseren Körper mehr trainieren sollten. Yu Jin und ich hielten uns an den Rat des Arztes. Wir spielten täglich Tischtennis und Basketball und schon nach kurzer Zeit waren wir gesund. Auch der Appetit und der tiefe Schlaf kamen zurück und bald waren Film und Krankheit vergessen.

Seltsame Geräusche im Sesamfeld

Auf einem großen Feld vor dem Schlafsaal wurde Sesam angebaut, der rund um den Nationalfeiertag so hoch stand, dass er einer grünen Wand glich. Nun konnte man praktisch ungestört sein Geschäft direkt vor der Tür erledigen und musste nicht durch die Dunkelheit zu den Sanitäranlagen am anderen Ende des Gebäudekomplexes tappen.
Eines Abends erzählte Yu Jin Hu De und mir eine pikante Geschichte. Kürzlich hätte er nachts die Toilette aufsuchen müssen und wäre plötzlich von einer Bewegung aus dem Schlafsaal der Mädchen aufgeschreckt worden. Kurz darauf sei ein dickliches Mädchen, das der Klassensprecherin Wan glich, herausgeschlichen. Er habe zuerst gedacht, sie müsse auf die

Toilette, aber als längere Zeit nichts geschah, sei er misstrauisch geworden – vor allem, weil aus der Mitte des Sesamfeldes allerhand ungewöhnliche Geräusche zu hören waren. Neugierig schlich er näher und beobachtete, wie Wan gerade die Brust eines halb nackten Mannes bearbeitete. Nach einiger Zeit erkannte er in ihm den Leiter der politischen Abteilung und schlich schleunigst wieder zurück ins Haus.

Wan war die unbeliebteste Schülerin der Klasse. Sie war nicht nur die älteste und dickste, sondern auch als einzige verheiratet, und das noch dazu mit einem Offizier der Armee. Nur dank dieser Ehe war sie, obwohl sie nur zwei Klassen Grundschule besucht hatte, in die Kommunistische Arbeitsschule aufgenommen und sogleich zur Klassensprecherin gewählt geworden.

Eines Abends versteckten wir uns hinter Sträuchern, von denen aus man die Tür zu den Schlafsälen gut sehen konnte. Es war schon fast Mitternacht, da hörten wir plötzlich Geräusche aus einem der Schlafsäle. Es war jedoch nicht Wan, sondern eine Schülerin aus der Barfußdoktorenklasse, die sich nicht weit von uns entfernt hinkauerte. Der Urin kam schwallartig und es klang, als würde eine Kuh sich erleichtern, was uns ein fieses Grinsen entlockte. Nach einiger Zeit kam ein Schüler aus dem Gebäude, der direkt vor die Tür des Schlafsaales pinkelte. Nun wussten wir, warum es im Schlafsaal immer so widerwärtig nach Urin stank. Zwei pinkelnde Schüler später kamen Schritte aus dem Gebäudetrakt für Lehrer und Bedienstete. Es war der Leiter der politischen Abteilung und seine gelben Karieszähne leuchteten im Mondlicht. Er bemerkte uns trotz seines nervös suchenden Blickes glücklicherweise nicht und kurz nach ihm tauchte Wan auf. Sie war mit einem kurzen Hemd und Shorts bekleidet und rannte in ein Sesamfeld auf der anderen Seite des Kanals.

Kurz darauf verließen wir unser Versteck und legten uns an der Innenseite des Kanals auf die Lauer. Dort gab es einige Steinplatten knapp über dem Wasserspiegel, wo normalerweise die

Wäsche gewaschen wurde. Von dort aus konnte man Wan und den politischen Leiter recht gut sehen. Er fummelte ein wenig an ihren Brüsten herum und wir lachten lautlos. Aber bald wurde uns langweilig und wir legten uns auf den Rücken und betrachteten den Sternenhimmel. Als wir wieder zu dem Pärchen hinsahen, war der Kopf des politischen Leiters zwischen Wans Beinen verschwunden und langsam begann das Zuschauen auch bei uns Nebenwirkungen zu zeigen. Ich wurde unruhig und bewegte unwillkürlich meine Beine ein wenig. Dabei stieß ich versehentlich einen kleinen Stein ins Wasser, der mit lautem Plop die nächtliche Stille durchbrach. Wir sprangen sofort in den Kanal und wateten zurück. Das machte noch mehr Lärm, außerdem erschreckten wir zahlreiche Frösche, die aufgeregt quakten. Aufgeschreckte Vögel flatterten orientierungslos herum. Plötzlich begannen wir zu lachen und konnten nicht mehr aufhören. Erst bei der nächsten Biegung des Kanals schauten wir zurück, um zu sehen, was aus unserem Pärchen geworden war. Wan hatte sich vom politischen Abteilungsleiter losgerissen und eilte gerade in Richtung Schlafsaal zurück. Sie stürzte in den Kanal, trat in den Kot der anderen Schüler und warf sich schließlich völlig nass und mit verdreckten und stinkenden Schuhen ins Bett.

Am nächsten Morgen nahm Wan nicht an der Morgengymnastik teil. Die Schülerinnen munkelten, dass sie am Abend zuvor einem Gauner oder einem Sittenstrolch begegnet sei und unter Schock stünde. Zum Frühstück tauchte sie verspätet auf und sah sehr mitgenommen aus. Sie hinkte, ihr Gesicht war von einem großen Pflaster teilweise bedeckt und das eine Auge angeschwollen. Nach dem Frühstück begegneten wir auf dem Weg zur Arbeit dem Leiter der politischen Abteilung und einigen ernst wirkenden Beamten der Sicherheitsabteilung. Nach einiger Zeit wurde ein Schild aufgehängt, das alle Schüler mahnte, ihre Wachsamkeit zu verstärken, um zu verhindern, dass Antirevolutionäre und Gauner Schaden anrichteten. Es war eine Unverschämtheit: Der politische Leiter hatte nicht nur gegen

Anstand und Moral verstoßen, sondern wollte die Tat wohl auch noch dem „Klassenfeind" in die Schuhe schieben. Natürlich konnte er nicht sagen, was wirklich geschehen war, weil unerlaubter Geschlechtsverkehr – noch dazu mit einer Frau, die mit einem Angehörigen des Militärs verheiratet war – mit Gefängnis bestraft werden konnte. Jetzt fuhr uns der Schreck doch noch in die Glieder und ich versuchte, dem politischen Leiter künftig aus dem Weg zu gehen.

*

In der folgenden Zeit ging Hu De öfter zum Bauernhof, auf dem Wang Fang arbeitete. Er behauptete, er müsse ihr helfen, sich auf einen besseren Job in der Volkskommune vorzubereiten. Manchmal übernachtete er sogar dort und bat uns, ihn zu decken. Von da an war er häufig bei Zimmerkontrollen oder unerwarteten Aufrufen auf der Toilette. Eines Abends erzählte er uns, dass Wang Fang mit seiner Hilfe einen Job in der Kulturagitationsgruppe bekommen hätte, und als Dank habe sie ihm erlaubt, sie zu küssen und zu berühren. Wir waren natürlich neidisch und taten so, als würden wir ihm kein Wort glauben.
Langsam verbreitete sich in der Schule das Gerücht, dass Wan eine Affäre mit dem Leiter der politischen Abteilung hätte. Sie verdächtigte sofort Hu De, der tatsächlich das Gerücht geschickt ausgestreut hatte. Eines Tages, die Sonne war schon am Horizont angelangt, tauchte plötzlich Wang Fang auf. Sie sah wunderschön aus, grüßte wortlos und verschwand dann mit Hu De für die nächsten zwei Tage. Dieser Zwischenfall wuchs sich zu einem handfesten Skandal aus. Klassensprecherin Wan erzählte alles dem Klassenvorstand und stiftete den Leiter der politischen Abteilung dazu an, den Bericht ein wenig zu verändern. In seiner Version hatte Hu De absichtlich eine Kurtisane eingeladen, welche die anderen Schüler verführen sollte, um die Schule zu sabotieren. So bekamen beide ihre Rache, denn mittlerweile vermutete auch der Leiter in Hu De einen der nächtlichen Störenfriede seiner pikanten Abenteuer.

Und jetzt hatte er die Gelegenheit, sich zu rächen. Er berief eine Sitzung der Klassenfunktionäre ein, um über weitere Schritte zu beraten. Es wurde beschlossen, neuerlich Nachforschungen anzustellen, und nun wurden auch die Leute auf der Farm, auf der die Zhiqing aus Shanghai arbeiteten, befragt. Die Frau des dortigen Produktionsgruppenleiters erzählte bereitwillig, dass Wang Fang nicht nur faul sei, sondern auch mit anderen Jugendlichen intime Kontakte gehabt hätte. Außerdem bestätigte sie, dass Hu De mehrmals bei ihr übernachtet hatte. Als Hu De zurückkehrte, wurde er vom Leiter der politischen Abteilung in eine kleine Kammer gesperrt, wo er seine Aussage niederschreiben sollte. Zwei Tage später hielt man eine weitere Klassensitzung ab, an der auch der Leiter der Schule und Hu Des größerer Bruder, mein ehemaliger Klassenvorstand, teilnahmen. Hu De nahm die ganze Angelegenheit nicht besonders ernst und brach immer wieder in Lachen aus, wenn Anschuldigungen gegen ihn vorgebracht wurden. Das erzürnte den Leiter der politischen Abteilung noch mehr und schließlich verkündete er das Urteil: „Hu De wurde durch den schlechten Einfluss von Kapitalisten verdorben. Seine Ideologie ist unsauber, sein Lebensstil unsittlich, in seinen Augen gibt es keine Gesetze und Regeln und damit übt er einen überaus schlechten Einfluss auf die Schule aus. Die nächsten zwei Monate wird er unter Beobachtung gestellt und umerzogen werden. Sein künftiges Verhalten wird der endgültigen Entscheidung als Grundlage dienen.“ Alle verstummten erschrocken. Niemand hatte mit einer so schweren Anschuldigung gerechnet. Hu De starrte den Leiter der politischen Abteilung entrüstet an und verließ das Klassenzimmer. In den nächsten Tagen wirkte er abwesend und bedrückt. Wir anderen fürchteten uns davor, mit ihm gesehen zu werden. Zu sehr waren uns noch die Menschen in Erinnerung, die während der Kulturrevolution oft wegen geringerer Vergehen ins Gefängnis gewandert waren.

*

1950

Grundreform: Viele Grundbesitzer, meist Bauern mit etwas größerem Besitz, werden nach der Annektierung ihres Besitzes durch die Kommunisten von den übrigen Dorfbewohnern „vor Gericht" gestellt, verurteilt und erschossen.

1950

Mutter (links), Vater (hinten) und eine Tante (rechts) von Shaoxiang nach dem Abschluss an einer Universität, die den Nachkommen revolutionärer Märtyrer vorbehalten war. Danach wurden die drei als junge Kader ins Land geschickt, um an der „Grundreform" teilzunehmen. Das Foto entstand kurz vor ihrer Abreise.

1952

Oktober. Hochzeitsfoto der Eltern Shaoxiangs.

1957

Dezember. Shaoxiangs Mutter und Großmutter mütterlicherseits einen Monat nach dessen Geburt. Kurz danach wurde Shaoxiangs Vater zum Anhänger der Rechten erklärt und vom Dienst suspendiert.

1958

Frühling. Shaoxiangs Mutter mit dem fünf Monate alten Shaoxiang.

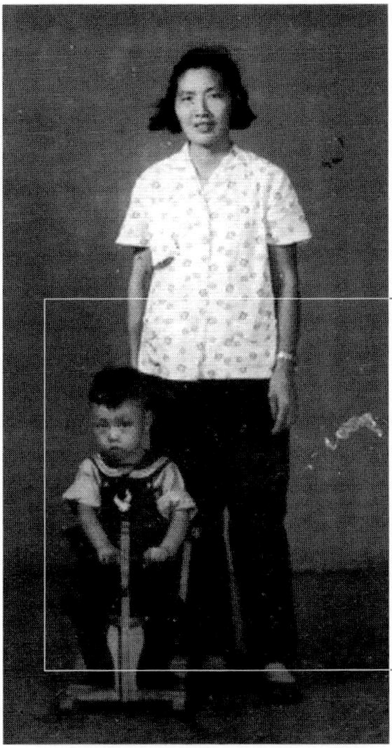

1962

Sommer. Shaoxiang mit seiner Mutter gegen Ende der „drei Hungerjahre," in denen über 40 Millionen Menschen starben. Diese durch menschliches und politisches Versagen der Regierung verursachten Hungerjahre werden von der Kommunistischen Partei bis heute als Naturkatastrophe dargestellt.

1966

Vor Ausbruch der Kulturrevolution: Shaoxiang (links) mit seinen zwei Brüdern und seiner Großmutter väterlicherseits

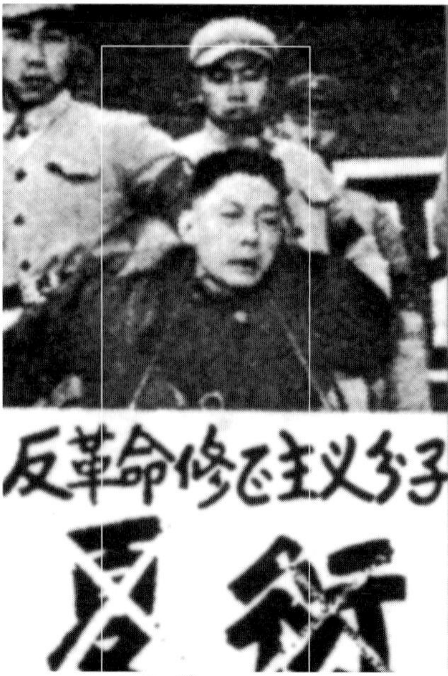

1967 Die Rote Garde verurteilt einen Schriftsteller.

1967
Sommer, Höhepunkt der Kulturrevolution. Shaoxiang (hinten, links) in seiner Zeit als Straßenkind mit einem Cousin und einer Cousine.

1970 Um die Produktivität zu erhöhen, studieren junge Bauern und Zhiqing aus einer Produktionsgruppe während der Erntezeit auf einem Feld die Werte Maos.

1972
Shaoxiang mit Mitschülern der Kommunistischen Arbeitsuniversität. Rechts: Shaoxiang, Mitte: Yu Jin.

1974
Nanchang.
Erstes Frühlingsfest gemeinsam mit dem Vater nach dessen Entlassung aus dem Arbeitslager. Shaoxiang (vorne links) mit seinem Vater und seinen beiden jüngeren Brüdern

1976

18. September. Am Platz des Himmlischen Friedens findet eine der offiziellen Trauerfeiern anlässlich des Todes von Mao Tse-tung statt, an der über eine Million Menschen teilnehmen. In ganz China werden zur gleichen Zeit ähnliche Zeremonien abgehalten.

1976

Nanchang. Shaoxiang (links) mit Arbeitskollegen auf einem Holzfloß am Gan-Fluss.

Eines der populärsten Propagandakunstwerke aus der Zeit der Kulturrevolution, dessen Stil landesweit kopiert und für Wandmalereien und Tafelzeitungen verwendet werden sollte.

1977

Sommer, Nanchang. Shaoxiang als Arbeitermaler beim Studium in der örtlichen Holzfabrik.

1977

November. Shaoxiang als Leiharbeiter im Provinzmuseum von Jiangxi.

1978

19. September. Arbeitskollegen aus dem Forstwirtschaftsbetrieb in Nanchang mit Wu Shaoxiang (Mitte, hinten) nach dessen Aufnahme an der Hochschule.

1978 Jingdezhen, Oktober 1978. Foto aller männlichen Studenten der Bildhauerklasse des Jahrgangs 1978 an der Keramikhochschule in Jingdezhen. Shaoxiang ist der Vierte von links.

Shaoxiangs dritter Großvater, der Maler Professor Youshan.

1980

Jingdezhen. Shaoxiang mit seiner ersten Studienarbeit nach weiblichen Aktmodellen. Fotos von Figuren wie der gezeigten galten damals als Pornografie und durften nicht gesammelt werden.

1980

Eine der Aktzeichnungen Shaoxiangs. Nur den Bildhauerstudenten war es erlaubt, mit Nacktmodellen zu arbeiten.

1985

Frühling, Beijing. Shaoxiang (links) nach der Aufnahme in den Postgraduierten-Lehrgang mit einem Cousin (Mitte) und seinem Freund Li Yi.

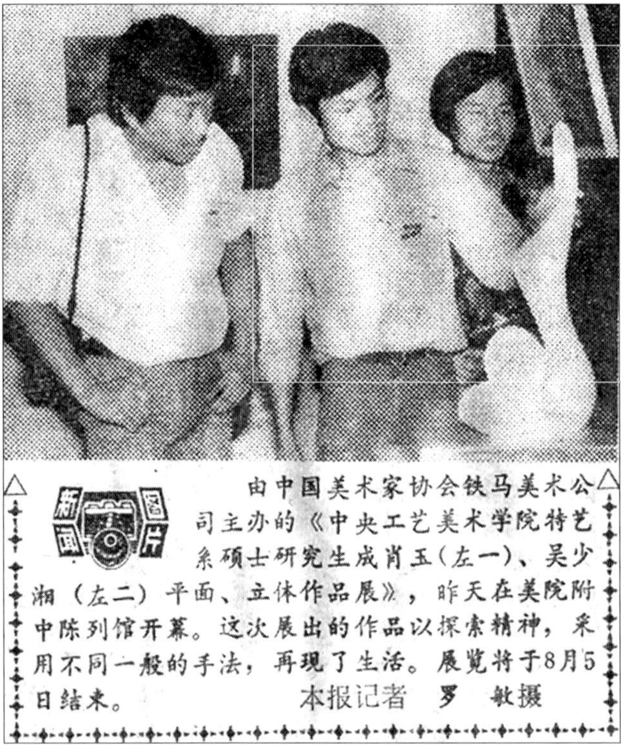

由中国美术家协会铁马美术公司主办的《中央工艺美术学院特艺系硕士研究生成肖玉（左一）、吴少湘（左二）平面、立体作品展》，昨天在美院附中陈列馆开幕。这次展出的作品以探索精神，采用不同一般的手法，再现了生活。展览将于8月5日结束。

本报记者　罗　敏摄

1985

In der Abendausgabe der „Beijing Wan bao“ vom 26. Juli erscheint ein Bericht über die erste Ausstellung von Wu Shaoxiang und einem seiner Freunde.

1985

Heiratsurkunde von Wu Shaoxiang und Jiang Shuo, datiert mit 8. Februar 1985. Damals mussten junge Ehepaare auf Reisen die Heiratsurkunde immer bei sich tragen, da sie sonst kein Doppelzimmer erhielten.

京朝建字第63号

吴少湘 (男) 28 岁

蒋朔 (女) 27 岁

自愿结婚，经审查合于中华人民共和国婚姻法关于结婚的规定，发给此证。

结婚人像片

发证机关：北京市朝阳区人民政府

1985年2月8日

图为将要安装于新近建成的中国文联活动中心正门外墙的大型青铜透雕《喜怒哀乐》。是中央工艺美术学院青年雕塑家吴少湘参加由中国文联、中国美协举办的设计投标的中标作品。喜怒哀乐是对人的生活的总概括，而对人的表现是文艺的主要内容。作品通过对正面、侧面面具形象的造型并结合日、月、树木、花朵等自然物，综合地表现了这一主题。作品汲取现代雕塑的某些手法，又不失中国文化的趣味，大度而有力。

（文　君）

1987

4. November. Titelseite der Kulturzeitung „WenYi Bao“ mit jenem Kunstwerk, mit dem Shaoxiang bei dem vom Allchinesischen Bund der Literatur- und Kunstschaffenden, der höchsten Autorität Chinas für alle Kunstschaffenden, veranstalteten Wettbewerb den 1. Preis erringen sollte.

1987

In der letzten Ausgabe des Jahres 1987 von „Fine Arts in China“ wird auf der Titelseite ein Artikel Wu Shaoxiangs unter einem Pseudonym abgedruckt, in dem dieser den Skandal im Zusammenhang mit dem Ersten nationalen Wettbewerb für urbane Skulpturen aufdeckt.

中國美術報

FINE ARTS IN CHINA 1987第52期 （代号1—113）

编者按：国画、油画界艺术创作的生机勃勃，与其不回避实质问题的热烈争论有关；而城雕迈步缓慢，则与争鸣的欲言又止有关。

既然大家对城雕评奖私下里议论纷纷，不如摆出来公开论争——这就是我们刊发此文的动机。我们欢迎各种不同观点的文章，只要是摆事实讲道理的。

评奖还是分奖

● 木目 ●

全国首届城市雕塑的评奖是一件大事，它既是对我国城雕艺术现状的全面地检查，又对今后我国的雕塑与环境艺术的发展起着引导与推动作用。然而，留心读过中国美术报1987年第29期的获奖名单与评委名单，不由得疑团顿结。

第一、获奖作品、作者与评委会委员们的名字令人惊讶地过于同一，9件最佳奖全部被评委们囊括。不少评委，包括主任委员刘开渠在内，除拿了一个最佳奖外，还得了优秀奖。其中潘鹤、叶毓山、田金铎、郭其祥各获一最佳奖、还取二个优秀奖。刘开渠、曾竹韶、杨美应、各获一个最佳奖、还得一个优秀奖，尹积昌得二个优秀奖。评委中的雕塑家除钱绍武等极少二三人外全部都夺得奖牌与奖金（金额不详）。其他获奖者多为各级城雕、美院、系及雕塑创作部门的领导。这或许可解释为这些人本来就是中国雕塑的中坚与权威，获奖理当如此。诚然，在全国近二千件城雕作品中，这批权威们的某些作品相对来说或许在某些方面优于其它作品，但作为专家的评委们明知自己要获奖为什么不回避一下？何况评委们获奖的作品大多风格手法雷同，构思陈旧，不少雕塑只是架上雕塑的放大，与环境极不谐调。其中一部分是肖像雕塑，难道说名雕塑家做的名人、伟人像就能变成优秀的城市雕塑吗？如果这个疑问能成立，加上上面的数字对比，那我们的评委们很有可能不是在评奖，而是在分奖了。

第二、评委雕塑家之间感情色彩太重。他们多是亲密的师生及上下级，而且在学术观点上，艺术趣味上一致，几乎没有学术上的异己力量存在，这必将影响评比的正常进行。平时，雕塑界就不同程度地存在着雕塑权威们互相捧场，利用手中的权力、学术地位与名望为各自承揽城雕任务、推销设计方案开方便之门的实情，致使不少劣作问世。这次评奖，评委及其亲友、子弟大量分奖，难道与这种风气无关吗？

第三、评委会的雕塑家委员多为60岁以上，少数“青年”也是五十年代的骄子。由于历史上文化条件的限制，使他们的知识结构及能力受到极大局限。在城市雕塑与环境艺术这一新领域，他们与今天的后生是同步探索、研究。那么他们还有可能在学识与能力上领先、做指导我国现代城市雕塑艺术发展的权威吗？如果回答是否定的，那么我们是否应从大局出发，做一些真正调查研究，真正以党的“双百”方针来评价我们这么多年的雕塑作品，而不是从某种学术观点和某些权威人士的爱好出发呢？

1988

Februar, Beijing. Shaoxiang bei seiner Ausstellung im Nationalen Kunstmuseum.

Der Bildhauer Professor Zhen Ke, Shaoxiangs Mentor.

1988

Frühling. Beijing. Shaoxiang im Atelier in der Zentralen Akademie für Kunst und Design.

1989

13. Februar: Kurz nach Ankunft der österreichischen Rockgruppe „Blues Breakers“ am Internationalen Flughafen von Beijing. Über die Band wird sogar in den Hauptnachrichten berichtet. Dritter von links: Wu Shaoxiang.

Six Austrian rock 'n' rollers threw 8,000 Chinese fans into a frenzy on Wednesday night at the Beijing's Workers Stadium. Prize-winning pop singer Dieter Themel and his Blues Breakers band performed both Austrian and American songs and managed to sing a top Chinese hit "Nothing I have" which brought the house down. The Austrians responded to the enthusiastic audience by waving and shouting: "You're all very lovely." Accompanying the Blues Breakers' is a painting exhibition by Austrian artist Bernd Svetnik on show in the lounge. *China Daily photo by Li Taihang*

Cultural notes

1989

17. Februar. Die „China Daily" berichtet über das Konzert der österreichischen Band „Blues Breakers", das diese am Abend zuvor im Arbeiterstadion von Beijing gegeben hat.

1989

4. Mai. Am Tag der Jugend, an dem der kommunistischen Studentenbewegungen gedacht wird, setzen ausgerechnet die Kommunisten die Exekutive in Bewegung, um Protestmärsche von Studenten zu unterbinden.

1989

14. Mai, Beijing. Shaoxiang und Shuo am Platz des Himmlischen Friedens beim Besuch hungerstreikender Studenten.

1989 Anfang Juni. Eine aus Bussen errichtete Straßensperre in Beijing wird von Soldaten durchbrochen.

1989

5. Juni. Am frühen Morgen versucht ein Jugendlicher in einem heroischen Akt, unbewaffnet eine Panzerkolonne aufzuhalten.

1993

März, Italien.
Shaoxiang mit seiner Familie auf Urlaub in Rimini.

1999

Juni, Hong Kong.
Shaoxiang bei seiner Ausstellung zum 10-jährigen Gedenken an das Massaker am Platz des Himmlischen Friedens.

Eines Tages spielte ich gerade mit Yu Jin Tischtennis, als ich gerufen wurde. Der Leiter der politischen Abteilung forderte mich auf, meine Sachen zu packen und mit Hu De Dienst im Kornspeicher zu tun. Der Klassenvorstand begleitete uns dahin und schärfte uns ein, dass wir den Kornspeicher nicht verlassen dürften. Auch das Essen in der Messe dürfe jeweils nur einer holen. Uns kam das alles sehr seltsam vor, aber wir wagten nicht zu fragen, was eigentlich los sei. Im Kornspeicher war es sehr ruhig. Normalerweise diente der Dachboden der Barfußdoktorenklasse als Schlafsaal. Nun war das gesamte Bettzeug aufgerollt und in zwei Reihen geschlichtet worden. Ich freute mich, endlich wieder einmal mit Hu De zusammen sein zu können. Er hatte sich ernsthaft in Wang Fang verliebt und schon bald redeten wir nur mehr über sie. Hu De erzählte mir, dass er ihr bei den Formalitäten für den Wechsel des Wohnsitzes und ihren Umzug zu seiner Familie geholfen hatte. Dass dies der Leiter der politischen Abteilung so ausnützen würde, damit hatte er einfach nicht gerechnet. Schon bald wurden wir hungrig, obwohl wir nur geplaudert hatten. Lange bevor zum Essen geläutet wurde, ging ich mit zwei großen Schüsseln zur Messe und hoffte, diesmal am Anfang der langen Schlange zu stehen. Als ich vor dem Speisesaal ankam, sah ich etwas Ungewöhnliches: Die Lehrer und Schüler saßen vor den Klassenzimmern und hielten eine offensichtlich wichtige Versammlung ab. Jemand schien etwas vorzulesen und merkwürdigerweise waren Beamte der Sicherheitsabteilung und bewaffnete Angehörige der Volksmiliz anwesend. Ich wollte gerade weitergehen, als einer der Beamten mich aufhielt, mir die Schüsseln abnahm und uns das Essen besorgte. Offensichtlich wollte man Hu Des und meine Teilnahme an der Versammlung verhindern. Ich war tief gekränkt.
Am Abend errichteten wir mit den Decken eine Wand um uns. Wir zündeten zwei Petroleumlampen an und hängten sie auf Holzsäulen. Um mich von meinen Gedanken abzulenken, begann ich zu zeichnen. Da zeigte mir Hu De ein Foto von

Wang Fang und fragte mich, ob ich nach der Vorlage ein Porträt malen könnte. Er war voll auf das Bild konzentriert. Ich bemerkte, dass er einen eigenartig konzentrierten Gesichtsausdruck bekam und merkwürdige Bewegungen mit seiner Hand unter der Bettdecke machte. Diese Handbewegungen wurden immer schneller und schneller und schließlich trat er die Decke mit den Beinen weg, legte sich auf die Seite und stieß einen kleinen Schrei der Erleichterung aus. Auch ich dachte an Wang Fang. Ich erinnerte mich daran, wie wir die Hühner gekocht hatten und ich in ihren Ausschnitt sehen konnte. Dann fiel mir die Frau ein, die ich in dem Film „Die Wellen der Donau" gesehen hatte. Im Traum tanzte sie auf mich zu und presste sich mit ihrem ganzen Körper an mich. Mir wurde heiß und heißer und bald schien es mir, als würde ich brennen.

Plötzlich wachte ich auf. Rund um mich herrschte Dunkelheit und ich versuchte, den Traum abzuschütteln. Irgendetwas hinter mir verursachte mir Schmerzen. Ich drehte mich um und bemerkte in der Decke, die ich als Kissen verwendet hatte, ein rotes, glimmendes Loch. Entsetzt sprang ich auf und versuchte gemeinsam mit Hu De die Glut auszutreten. Doch das Feuer entfachte sich wie von Geisterhand immer wieder neu. Bei all dem Holz und dem trockenen Reis im Speicher war es nur eine Frage von Minuten, bis alles in Flammen stehen würde. Deshalb warfen wir die Decke aus dem Fenster. Nun wuchs das Feuer draußen weiter, weil es plötzlich genug Sauerstoff zur Verfügung hatte. Ich lief hinaus und zerrte die Decke möglichst weit vom Kornspeicher weg. Inzwischen hatte Hu De einen Kübel mit Wasser geholt und goss es über das Feuer. Die Flammen zischten kurz auf und erloschen dann. Wir hetzten sofort zurück und schauten, ob wir nicht irgendwelche Glutnester übersehen hatten. Wahrscheinlich war ein Funke von den ungelöschten Petroleumlampen übergesprungen, zu unserem Glück hatte das Feuer keinen größeren Schaden angerichtet. Wir verzichteten darauf, den Brand zu melden, was uns wahrscheinlich viel Ärger ersparte.

Am nächsten Tag wachte ich erst in der Abenddämmerung wieder auf. Hu De war verschwunden und ich nahm an, dass er Essen holen gegangen war. Kurz darauf kam er zurück und brachte Wang Fang und einen Zhiqing namens Klein Liu mit. Wir teilten unser Abendessen mit ihnen und fragten, ob sie Brandgeruch wahrnahmen. Wang Fang schnupperte ein bisschen und meinte, dass kaum etwas zu bemerken sei. Dann wollte sie wissen, warum wir beide alleine im Kornspeicher hockten. Wir erzählten von der geheimen Sitzung und Klein Liu, der Mitglied der Volksmiliz war, sagte unbekümmert, dass er uns den Gesprächsinhalt verraten könne: Lin Biao sei gestorben. Sein Militärputsch sei nicht erfolgreich gewesen und er sei auf der Flucht in der Mongolei erschossen worden. Außerdem seien auch seine Familie und sein Sekretär hingerichtet und viele der höchsten militärischen Offiziere verhaftet worden. Diese Nachricht traf uns völlig unerwartet, denn immerhin war Lin Biao als Mao Tse-tungs engster Kampfgefährte und Stellvertreter der Kommunistischen Partei dessen legitimer Nachfolger gewesen. Klein Liu erzählte auch, dass die obersten Politiker fürchteten, die UdSSR würde die angespannte Lage nutzen, um eine Invasion zu starten. Außerdem hatte er gehört, dass sich die Lage in China nun vielleicht bessern würde, denn Lin Biao war einer der größten Befürworter der Kulturrevolution gewesen. Nun würde Premier Zhou Enlai, der als gemäßigt galt, stellvertretender Vorsitzender der Kommunistischen Partei werden. Uns dröhnte der Kopf von den Neuigkeiten. Ich interessierte mich für Politik, litt aber unter ständigem Informationsmangel. Nun musste ich mich fragen, warum Maos engster Kampfgefährte zum Antirevolutionär geworden war. Und wo lag nun der Unterschied zwischen Menschen wie mir, die in diese Klasse hineingeboren worden waren, und solchen, die zu Antirevolutionären wurden? Wie üblich fand ich keine Antwort.

Nach einer Woche durften auch wir an den Sitzungen teilnehmen. Der Leiter der politischen Abteilung sprach sehr ernst über die Verbrechen von Lin Biao. Bei jeder Erwähnung des Namens wurde er lauter und legte einen Hauch der Empörung in seine Stimme. Dabei hatte noch bis vor kurzem ein Bild von Lin Biao in seinem Büro gehangen.

*

Einige Tage später wurde ich vom Leiter der politischen Abteilung in sein Büro gebeten. Er ließ mich einige Minuten warten und sagte schließlich: „Ich möchte, dass du uns alles über Hu De erzählst." Und dann deutete er an, dass ich an der Zeitung mitarbeiten könnte, wenn ich mich als loyal erwiese. Das war wirklich niederträchtig, denn ich wusste von einigen Zeitungsmitarbeitern, dass er höchstpersönlich genau das verhindert hatte. Also lehnte ich sein Angebot ab und machte mich sofort auf die Suche nach Hu De. Aber er war nirgends zu finden. Dafür stand vor dem Eingang zur Messe eine überaus glückliche Klassensprecherin Wan, die die Bekanntmachung über den Ausschluss von Hu De an die Wand klebte:

Hu De, Schüler der Landwirtschaftsklasse 71,
achtzehn Jahre alt, hat sich schuldig gemacht in
folgenden Punkten:

Er hat eine unsittliche Ideologie und Moral.
Er hat keine Gesetze und Regeln befolgt.
Er hat mehrfachen Geschlechtsverkehr mit einer nichtsnutzigen Gaunerin gehabt.
Er hat nach wiederholten Mahnungen keine Besserung gezeigt.
Er hat sich der öffentlichen Kritik widersetzt.
Er hat sich geweigert, seine Fehler anzuerkennen.

Um wieder Ordnung einkehren zu lassen, hat das revolutionäre Komitee der Schule beschlossen, ihn von der Schule zu verweisen.

Geschrieben und bezeugt unter der strahlenden Pracht
der Ideologie von Mao Tse-tung.

Diese blinde Rechtschaffenheit war kaum zu glauben. Ein Funktionär unserer Klasse las die Mitteilung später erfreut vor. Ich drängte mich wutentbrannt vor und versetzte ihm einen Stoß, sodass er sein Essen verschüttete. Das tröstete mich auch nicht darüber hinweg, dass ich plötzlich einen meiner besten Freunde verloren hatte.

*

Silvester 1972 war langweilig und trostlos. Am Sonntag darauf gingen Yu Jin und ich zur Versorgungsgesellschaft, um einige Dinge einzukaufen. Obwohl es schon den ganzen Tag ununterbrochen geregnet hatte, waren auf der Straße viele Reisende unterwegs. Plötzlich klatschte jemand auf unseren Regenschirm. Als wir hochsahen, bemerkten wir Klein Liu, der Vorbereitungen für die Tournee einer revolutionären Musteroper, die durch alle Gemeinden führen sollte, traf. Er erzählte, dass auch Wang Fang in seiner Gruppe sei. Sie würde Hu De nur selten sehen, da es ihm nicht gut ginge. Außerdem wusste er uns eine interessante Geschichte zu berichten: In einer Produktionsbrigade gab es einen Zhiqing, der von schlechter Familienherkunft war. Da er aber gut zeichnen konnte, wurde er ausnahmsweise in die Armee aufgenommen. Und er wurde kein normaler Infanterist, der ständig durch den Dreck robben musste, sondern ein künstlerischer Soldat, der sich die ganze Zeit seiner Kunst widmen durfte. Das beeindruckte uns sehr. Soldaten durften nach dem abgeleisteten Militärdienst nicht nur in der Stadt leben, sie bekamen auch die besten Arbeitsplätze zugewiesen und waren bei allen Mädchen heiß begehrt. Überall in China wurden ehemalige Soldaten als Vertrauenspersonen angesehen und genossen zahlreiche Vorteile. Doch das Militär stellte hohe Anforderungen. Man musste eine tadellose Familienherkunft haben und vollkommen gesund sein. Jeder Bezirk durfte nur eine begrenzte Anzahl an Soldaten stellen und so nutzten Jugendliche, die die Grundbedingungen erfüllten, jede Beziehung und jede Bekanntschaft, um in die

Armee aufgenommen zu werden. Manche gingen sogar so weit, mit ihrem eigenen Blut an die Partei zu schreiben, um ihre Loyalität zu beweisen.

Die Geschichte vom Zhiqing, der trotz schlechter Familienherkunft Soldat wurde, machte plötzlich auch mir wieder Hoffnung. Und so war mein Interesse an der Kunst schlagartig wieder erwacht.

Suche nach der Hintertür

Der Zug fuhr langsam in die Stadt Nanchang ein und im Waggon ging es laut zu. Die Leute zankten sich darum, wer als Erster sein Gepäck herunterholen durfte. Die meisten waren Zhiqing oder Städter, die als Hilfsarbeiter aufs Land geschickt worden waren. Manche waren früher Mitglieder der Roten Garde gewesen. Doch die Zeiten hatten sich geändert. Nun stritt man sich um jede noch so erniedrigende Arbeit, sei es bei der Straßenreinigung oder der Kanalisation. Denn der Gestank und der Dreck waren auszuhalten, wenn man dafür seinen offiziellen Wohnsitz in der Stadt anmelden konnte. Mittlerweile kehrten auch immer mehr entmachtete Kader und Intellektuelle in die Städte zurück, darunter auch einige Verwandte meiner Mutter. Eine ihrer Schwestern war in das revolutionäre Komitee von Jiangxi versetzt worden und hatte vorgeschlagen, meine Mutter und ich sollten versuchen, eine Arbeit in der Stadt zu finden. Die Kommunistische Arbeitsuniversität hatte ich beendet. Fortuna hatte uns diesmal alle im Stich gelassen, keiner der Absolventen hatte einen Arbeitsplatz in einem städtischen Betrieb zugeteilt bekommen. Die Schule hatte die Verantwortung für mich wieder meiner Mutter übergeben, da ich mit meinen sechzehn Jahren noch zu jung für den Arbeitseinsatz auf einem Bauernhof war. Wir wussten, dass es für meine Mutter nicht leicht werden würde, in Nanchang Arbeit zu finden. Aber da nach dem Gesetz Minderjährige den gleichen

Wohnsitz wie ihre Mutter haben mussten, konnte ich unter diesen Umständen nur eine Schule besuchen oder eine Lehre anfangen.
Wir hatten also beschlossen, alle unsere Kontakte auszunützen, um unser Ziel zu erreichen. Das chinesische Volk war schon immer recht pragmatisch gewesen und das hatte sich auch während der Kulturrevolution kaum geändert. Oberflächlich betrachtet schien der Großteil der Bevölkerung der Partei treu ergeben zu sein. Doch wenn man genauer hinsah, bemerkte man, dass der Schein trog. Die meisten wollten lieber in einer Großstadt als in den viel gepriesenen ländlichen Regionen leben. Macht und Reichtum waren noch immer wichtiger als die kommunistischen Ideale. Spätestens seit der Kulturrevolution war es schwer möglich, diese Ziele legal zu erreichen. Doch es fanden sich schnell neue Mittel und Wege. Man versuchte, Kontakte mit einflussreichen Leuten zu knüpfen, und nützte sie schamlos aus. Geld oder Warengeschenke aller Art öffneten so manche Tür. So war auch der ganze Zug voller Waren, die in der Stadt streng limitiert und daher umso begehrter waren. Hühner, Enten, Fisch, Eier, getrockneter Tofu, Glasnudeln, Bambussprossen, frisches Gemüse, Obst und guter Reis waren beliebte Bestechungsgeschenke. „Zou Hou Men“ bedeutet „durch die Hintertüren gehen“, wo weniger Hürden lauern.
Der Zug hatte über drei Stunden Verspätung. Für die knapp 250 Kilometer Luftweg zwischen Daqiao und Nanchang hatte er acht Stunden gebraucht. Es war ungewöhnlich heiß und die Hitze staute sich unerträglich. Alle Fenster waren geöffnet, um den Gestank nach Schweiß, verbrannter Haut und gegrilltem Fisch abziehen zu lassen. Dadurch drang allerdings der Rauch der Dampflokomotive ins Abteil. Das weiße Hemd, das ich vor Beginn der Reise angezogen hatte, war davon schon dunkel gefärbt. Meine Mutter saß mir gegenüber und sah gedankenverloren aus dem Fenster. Von der vielen Arbeit im Freien war ihre Haut gebräunt. Ihre Hände waren kräftig und von dicken

Schwielen übersät. Nur ihre Gestik und ihre Kleidung verrieten noch die Intellektuelle.

Der Zug hielt kurz vor dem Bahnhof an und im Abteil wurde es noch unruhiger. Einige arrogant wirkende, recht korpulente Leute in dunkelblauen Anzügen, die Militäruniformen ähnelten, betraten den Zug und forderten uns auf, unsere Papiere vorzuweisen. Unser Sitznachbar flüsterte uns zu, dass sie zur neuen Polizeigruppe gehörten, zu der „bewaffneten Arbeitertruppe", die äußerst rigoros vorging. Unsere Papiere waren in Ordnung, aber hinter uns wurde ein älterer Mann aus dem Zug geschafft. Nach kurzer Zeit setzten wir uns wieder in Bewegung und wir sahen, dass draußen rund zehn Leute in einer Reihe knieten, als warteten sie auf ihre Exekution.

Im Zug wurde es wieder lebhaft, denn alle waren mit den Vorbereitungen für das Aussteigen beschäftigt. Ich schulterte unser Gepäck und nahm den Hühnerkäfig. Jeder im Zug hatte so viele Waren bei sich, dass wir beim Aussteigen wie ein Trupp von Siedlern wirkten. Vor dem Eingang des Bahnhofes warteten Freunde und von allen Seiten ertönten Freudenrufe. Ich bemühte mich, unsere Verwandten in der Menge zu entdecken und gleichzeitig die Waren nicht zu verlieren. Es war heiß und schwül und die Hühner bewegten sich unruhig in ihrem Käfig. Endlich entdeckte ich den ältesten Sohn meiner Tante. Klein Fan winkte uns zu, nahm uns die Taschen ab und lud sie auf sein Fahrrad. Ich war überrascht, dass es unter dem Gewicht nicht zusammenbrach. Klein Fan und ich waren gemeinsam bei meiner Großmutter mütterlicherseits aufgewachsen und er sah immer noch so aus wie bei unserem letzten Zusammentreffen. Allerdings wirkte er noch selbstbewusster, denn er hatte einen Arbeitsplatz in einer Glasfabrik bekommen und war jetzt Teil der städtischen Arbeiterklasse. Während er sein Fahrrad neben sich herschob, erzählte er von den Veränderungen in der Stadt. Vor allem die qualmenden dreirädrigen Autos hatten es ihm angetan. Diese Wagen waren ein Projekt von General Cheng Shiqing, dem Vorsitzenden des revolutionären Komitees der Provinz. Jährlich sollten in Nanchang über zehntausend Stück produziert werden. Klein Fan erzählte uns auch, dass die im Ausland spielenden chinesischen Tischtennismeisterinnen den Minirock in Mode gebrachte hätten, und zeigte uns stolz seine weißen Basketballschuhe, die zu dieser Zeit in Nanchang sehr populär waren und die er nur unter Ausnutzung all seiner Beziehungen erhalten hatte.

Schließlich erreichten wir den „Wohnhof des revolutionären Komitees der Provinz“, wo meine Tante lebte. Er war von hohen Mauern und einem Stacheldraht umgeben, der unter Strom stand. Im Wohnhof befanden sich auch Büros von verschiedenen Ministerien und Ämtern der Provinzregierung, außerdem Kaufhäuser, Restaurants, ein Theater, ein Kino, ein Friseur, ein Thermalbad, Sportplätze, ein Wald, Grünflächen und eine eigene Gärtnerei. Normalen Bürgern war das Betreten dieser kleinen Stadt mitten in Nanchang verboten. Das Eingangstor wurde von Soldaten der Befreiungsarmee bewacht und konnte nur mit einem Ausweis passiert werden. Die Familie meiner Tante war erst vor kurzer Zeit in eine Wohnung gezogen, die aus zwei Schlafzimmern, einer Küche, einem kleinen Esszimmer mit einem Ecksofa und einem Badezimmer bestand.

Am Abend kam mein Vater zu Besuch. Er war erst vor kurzem aus dem Arbeitslager entlassen und in einen Forstwirtschaftsbetrieb in Nanchang versetzt worden. Die ständige Arbeit in der Sonne hatte seine Haut fast gegerbt. Dadurch wirkte er noch schlanker, als er ohnehin schon war. Die schweren Jahre hatten ihm zugesetzt. Er litt sehr darunter, dass er sich von ungebildeten Fabriksarbeitern und Bauern herumkommandieren lassen musste. Da er sich nicht wehren konnte, ließ er seine Frustration an seiner Familie aus und war daher kein gern gesehener Gast. Außerdem fühlten sich mein Cousin und meine Cousine aufgrund seiner schlechten Familienherkunft in seiner Gegenwart unwohl. Früher einmal war mein Vater Direktor eines Kultur- und Unterrichtsamtes gewesen und viele Menschen verdankten ihm ihren guten Arbeitsplatz. Später dann, als er als „Anhänger der Rechten“ in ein Arbeitslager gesteckt wurde, setzte sich niemand für ihn ein. Und obwohl er sogar dort noch bemüht war, sich anzupassen und gut zu arbeiten, bekam er absichtlich die schlechteste Arbeitsbewertung, was ihm den Hohn der gesamten Umgebung einbrachte. Und Hunger, denn in den Produktionsgruppen wurden Getreide, Reis, Lebensmittel und Gehalt nach den erhaltenen Arbeitspunkten verteilt. Ein Bauer mit guter Familienherkunft bekam rund zehn Punkte pro Tag, mein Vater jedoch gerade zwei. Genauso viele wurden einem Volksschüler, der während der Hochsaison aushalf, zugesprochen. Damals hatten zwei Arbeitspunkte den Wert von etwa einem Jiao, für den man höchstens ein Hühnerei kaufen konnte. Und dabei war er die einzige Person in der immerhin zehntausend Mann starken Volkskommune mit einem Universitätsabschluss.

Eine Versorgung der Familie durch ihn war somit ausgeschlossen. Zwar erhielt er zwei Jahre später mit Hilfe meiner Tante einen Arbeitsplatz als Lagerarbeiter in einem städtischen Betrieb, aber auch das reichte gerade, dass er sich selbst über Wasser halten konnte. Meine Brüder und ich waren daher auf unsere Mutter angewiesen, was im patriarchalisch dominierten China ungewöhnlich war. Viele meiner Verwandten mütterlicherseits hielten meinen Vater für einen Schandfleck und wollten, dass meine Mutter sich von ihm trennte. Ich selbst empfand zwiespältige Gefühle. Einerseits war er mein Vater und ich wusste, dass er nie eine Wahl gehabt hatte. Andererseits war er seinen familiären Pflichten kaum nachgekommen. Ich hatte ihn meist nur in den Ferien und während des chinesischen Frühlingsfestes getroffen und nie wirklich vermisst. Ich dachte immer nur an ihn, wenn ich nach ihm gefragt wurde oder irgendwelche Formulare ausfüllen musste. Und da hätte ich lieber einen Vater mit einer besseren Familienherkunft gehabt. Meistens reagierte ich nervös, schrieb schnell seinen Namen und den politischen Status in die dafür vorgesehenen

Felder und verdeckte dann beim Abgeben die Stellen mit der Hand.
Bei unserem Wiedersehen in Nanchang fuhr mir mein Vater mit seiner abgemagerten Hand durch das Haar und sagte leise, dass ich seit unserer letzten Begegnung gewachsen sei. Seine Augenwinkel waren nass, als würde er weinen. Solche Gefühle hatte er mir gegenüber zuvor erst einmal gezeigt.

*

Vier Jahre zuvor, während des Mondfestes in Nanchang, erhielt ich bei meiner Tante eine Notiz, die von einem Verwandten vorbeigebracht worden war. Ich sollte am nächsten Tag um ein Uhr mittags im „Wissenschaftsinstitut für Fischerei und Wasserkulturenprodukte" meinen Vater treffen, der dort arbeitete. Die Kulturrevolution hatte gerade ihren Höhepunkt erreicht und die Verfolgung von Leuten mit schlechter Familienherkunft war an der Tagesordnung. Überall in den Straßen konnte man sie an den lächerlichen kegelförmigen Papierhüten erkennen und an den großen, schwarzen Holzschildern, die sie um den Hals tragen mussten. Ich wusste bereits, dass mein Vater verurteilt worden war, und fuhr am nächsten Tag sehr früh mit dem Bus zu seinem Institut, das in der östlichen Vorstadt lag. Das Leben in den Straßen hatte mich gestählt und es fiel mir leicht, ohne Fahrkarte dorthin zu kommen. Die Busbegleiterinnen waren alle zu faul, um nach meiner Fahrkarte zu fragen oder sich mit meinem rüpelhaften Benehmen auseinander zu setzen. Das Wissenschaftsinstitut lag weit von der Endstation des Busses entfernt. Auf dem Weg dorthin begegnete ich immer wieder Lastwagen, auf denen die angeblich schlechten sozialen „Elemente" deportiert wurden. Meine Nervosität steigerte sich zunehmend und meine Arroganz wich einer ängstlichen Besorgtheit. Meine schlechte Familienherkunft hatte mich eingeholt.
Meinen Vater hatte ich zum Glück auf keinem der Lastwagen entdeckt. Vor dem Tor des Instituts wurde ich von einem

Wache schiebenden Rebellen aufgehalten. Nachdem ich beinahe flüsternd den Grund meines Besuches und den Namen meines Vaters genannt hatte, wies er mir unwillig den Weg und mahnte mich, dass ich nur etwa eine Stunde lang Zeit hätte. Ich erreichte eine Halle, in der man alle Antirevolutionäre der Umgebung zusammenpfercht hatte. Sie sollten um ein Uhr in ein Arbeitslager in einem benachbarten Kreis gebracht werden. Man hatte ihnen allen entweder Vollglatzen oder so genannte Yin-Yang-Frisuren, bei denen eine Kopfhälfte kahl rasiert und die andere den Launen des natürlichen Haarwuchses überlassen wurde, verpasst. Bei manchen wucherte das Haar wie Unkraut auf dem Kopf, weil man ihnen nicht gestattete, es zu schneiden. Die kegelförmigen Papierhüte und die Holzplatten flößten mir noch zusätzliche Angst ein. Ich fragte eine Frau mit einem recht freundlichen Gesicht nach meinem Vater. Sie sah sich nervös um und wies mir danach den Weg zur Toilette. Mein Vater hätte sich durch Selbstmord der Strafe entzogen, murmelte sie noch, bevor sie eiligst verschwand. Mein Herz setzte kurz aus. Zitternd schlich ich zur Toilette und öffnete die kaputte Tür. Vor Schreck wäre ich fast umgefallen, denn vor meinen Augen baumelte eine blasse, stinkende Leiche mit einer weit heraushängenden Zunge. Nach ein paar Sekunden erkannte ich aber an Haaren und Kleidung, dass es unmöglich mein Vater sein konnte. Da entdeckte ich auch die Tafel, auf der geschrieben stand, dass sich der Antirevolutionär Wu Jiaozhong durch Selbstmord der Strafe entzogen hätte. Der Name meines Vater aber lautete Wu Jiangzau. Ich verfluchte die Frau, der ich diesen Schrecken und das grauenvolle Erlebnis zu verdanken hatte.

Bis ich in der Halle endlich meinen Vater gefunden hatte, waren die Rebellen und Soldaten schon dabei, die Antirevolutionäre auf Lastwagen zu bringen. Mein Vater hatte einen alten, graublauen Anzug an, wie ihn auch Mao Tse-tung oft getragen hatte. Neben ihm lagen eine aufgerollte Decke und ein hoher, kegelförmiger Papierhut. Mein Vater versuchte, ihn vor mir zu verbergen, und strich mir liebevoll über die Haare. Er wollte etwas sagen, ließ es dann aber sein und gab mir etwas Geld und einen Mondkeks. Diese überaus beliebte süße Nascherei gab es damals nur während des Mondfestes. Dann schickte er mich wieder heim. Ich bemerkte, dass er geweint hatte. Dies war das erste Mal, dass er mir seine Zuneigung zeigte.

*

Wir besuchten zunächst Professor Ouyang, den ich schon von der Kommunistischen Arbeitsuniversität her kannte. Er war an ein Gymnasium in Nanchang versetzt worden und hatte meiner Mutter und mir versprochen, uns nach Möglichkeit zu helfen. Wir fanden die Familie von Ouyang in einem zweistöckigen Haus. In den Gängen standen Küchengeräte herum, Wäsche war zum Trocknen aufgehängt und alte Möbel zwangen uns zu einer Art Slalomlauf. Alle Wohnungsinhaber waren Professoren, die erst kurz zuvor in die Stadt zurückbeordert worden waren. Da jede Familie nur ein kleines Zimmer erhalten hatte, wussten viele nicht, was sie mit den überflüssigen Möbeln und Geräten machen sollten. Ouyang zeigte uns leicht beschämt seine kleine, überfüllte Kammer. Von ihm erfuhren wir viele Details über die für die Arbeitsversetzung zuständigen Personen, Ämter und Institutionen. Meine Mutter war ihm unendlich dankbar, aber als ich ihm eine Henne schenken wollte, lehnte er zuerst ab. Schließlich nahm er das Geschenk doch an und nach dem Abschied meinte meine Mutter, dass Ouyang uns damit seine hohe Wertschätzung bewiesen hätte.

Die nächsten Tage waren wir damit beschäftigt, die von Ouyang empfohlenen Leute aufzusuchen. Wir hatten immer die gleiche Bitte: uns bei der Arbeitsversetzung in die Stadt zu helfen. Wir wurden von allen, die wir sehen wollten, empfangen. Alle nahmen unsere Geschenke an und alle sagten uns ihre Hilfe zu. Meine Mutter schöpfte endlich ein bisschen Hoffnung und auch meine Tante meinte, dass unsere Situation durchaus nicht schlecht wäre. Sie ließ meine Mutter darüber hinaus einen Brief an den Vizeparteisekretär der Provinz schreiben, der ein früherer Bekannter meiner Mutter war. Er war in der Roten Armee Soldat unter dem Kommando ihres Vaters gewesen und hatte nun sehr viel Einfluss.

Schließlich kehrte meine Mutter nach Daqiao zurück, während ich bei meiner Tante blieb. Sie ließ praktisch den Großteil ihrer Ersparnisse für meine Verpflegung und anfallende Bestechungsgeschenke zurück. Die Ferien vergingen und wir hatten noch immer keine Fortschritte gemacht. Die Leute nahmen bereitwillig unsere Geschenke an und vergaßen uns danach. Es war auch nicht möglich, herauszufinden, ob der Vizeparteisekretär der Provinz den Brief meiner Mutter tatsächlich erhalten hatte. Die Arbeitsversetzung schien plötzlich wieder in weite Ferne gerückt und meine Tante vermutete traurig, dass unsere Kontakte zu unbedeutend und unsere Geschenke wohl zu minder waren. Dabei reduzierte meine Mutter ihre Lebenshaltungskosten auf ein Minimum und mein Vater versuchte, mit dem Rauchen aufzuhören, um noch mehr Geld zu sparen. Ich begann mich zu langweilen. Denn ich konnte weder eine Schule besuchen noch arbeiten, solange ich nicht offiziell in der Stadt gemeldet war.

Eines Tages bekam meine Tante Besuch von einem ehemaligen Arbeitskollegen und seiner Tochter Fugui. Als sie von unseren Problemen erzählte, schlug Fugui vor, dass ich bei ihrem Gatten Klein Zhu als Maurerlehrling anfangen sollte. Meine Tante war hoch erfreut, denn das Baugeschäft blühte und endlich würde ich selbst ein wenig Geld verdienen können. Außerdem waren die Zukunftsaussichten gut, denn für Maurer gab es immer Arbeit und der Lohn eines Meisters war sogar höher als der eines normalen Beamten.

In meiner frühen Kindheit, als auch ich noch in Nanchang wohnte, lebte Fugui bei meiner Tante und half ihr im Haushalt. Wasserleitungen gab es damals noch keine und während eines heißen Sommers wurde aufgrund der Trockenheit das Wasser nur zu bestimmten Zeiten kurz nach Feierabend verkauft. Ich stellte mich mit den Kübeln an und Klein Zhu übernahm den Transport. Dabei ließ er seine Muskeln spielen und die anderen Kinder beneideten mich um meine Freundschaft mit ihm.

Inzwischen war Klein Zhu kein einfacher Maurer mehr, sondern ein selbstständiger Kleingewerbeunternehmer. Schon sein Vater und sein Großvater waren Maurer gewesen. Während der Kulturrevolution war er nicht auf das Land geschickt worden, denn seine Familie galt als kommunistische Musterfamilie. Sie kam aus dem Großbezirk Fuzhou, der schon zuvor Maurer hervorgebracht hatte, die in allen Teilen Chinas erfolgreich arbeiteten. Fast alle älteren Baumeister in Nanchang stammten von dort und viele von ihnen hatte Klein Zhus Vater ausgebildet. In China war die Beziehung zwischen Lehrling und Meister fast wie eine Vater-Sohn-Beziehung, die auf gegenseitigem Respekt und der Dankbarkeit des Schülers basierte. Und so war Klein Zhu ein wichtiger Teil eines Beziehungsgeflechtes, in dem die Leute einander halfen und unterstützten. Dieses Netz glich allerdings manchmal einem Verbrecherkartell, denn Probleme wurden gerne mehr oder weniger gewaltsam beiseite geräumt, wobei niemand Angst vor Polizei oder Behörden zu haben schien. Deshalb kontrollierte auch das Einwohnerkomitee selten die Papiere der Bauarbeiter, was zur Folge hatte, dass sich viele Maurer illegal in der Stadt aufhielten.

Am nächsten Tag ließ Klein Zhu mir ausrichten, dass er mich als Lehrling akzeptierte, und übermittelte mir die Richtlinien für die dreijährige Maurerlehre: Im ersten Jahr musste der Lehrling für sich selbst sorgen, im zweiten sorgte der Meister für das Essen und erst im dritten Jahr gab es Lohn.

Mein Vater war nicht sonderlich begeistert davon, dass ich eine Lehre machen wollte. Als Akademiker sah er noch immer auf die einfachen Arbeiter herab. Aber auch er erkannte die Vorteile für mich und willigte schließlich widerstrebend ein. So wurde ich Maurerlehrling bei Klein Zhu.

Duell auf Leben und Tod

Zu Beginn meiner Lehrlingszeit bekam ich meinen Meister nie zu Gesicht. Er verließ das Haus sehr früh, um seine Baustellen zu besuchen. Ich selbst ging nach dem Frühstück zu Fuß zu seiner Mutter, die bei ihm wohnte und deren Aufträge ich auszuführen hatte. Sie war zwar noch nicht sehr alt, hatte aber schlohweißes Haar, viele Falten und gelbe Zähne. Weil sie nur sehr selten lachte, wirkte sie Furcht einflößend auf mich. Mein Arbeitstag begann damit, dass ich die Wohnung und die Terrasse fegte. Danach machte ich Feuer im Kohlenherd und kochte Wasser, das ich in fünf verschiedene Thermosflaschen umfüllte. Das Wasser wurde zum Waschen und Kochen benutzt. Außerdem musste ich auf die beiden Töchter von Klein Zhu aufpassen. Die Mädchen waren zwei und vier Jahre alt und sehr verwöhnt. Wenn ich ihnen einen Wunsch abschlug, fingen sie an zu brüllen, sodass mich die Großmutter oft mit ihnen auf die Straße schickte.

Nach drei Wochen traf ich morgens überraschenderweise Klein Zhu. Er aß gerade sein Frühstück und kündigte an, mich auf die Baustelle mitzunehmen. Danach zog er sich um, während ich den Tisch abräumte und das Geschirr wusch. Er schlüpfte in einen Arbeitsanzug, dessen Oberteil offen stand, sodass man das ärmellose Basketballhemd und seine stark entwickelten Brustmuskeln sehen konnte.

Im Hof warteten zwei Mädchen auf uns, die mich schon öfter ausgelacht hatten, weil ich den Babysitter für zwei Kleinkinder machen musste. Es stellte sich heraus, dass sie Hilfsarbeiterinnen auf der Baustelle von Klein Zhu waren, und ich vermutete, dass ich es mit „Vögeln“ zu tun hatte, wie man in Nanchang heimliche Prostituierte nannte. Es gab dutzende dieser Mädchen, die sich Straßengangs anschlossen und nebenbei als Hilfsarbeiterinnen ein bisschen Geld verdienten.

Die neue Baustelle lag bei einer Lederfabrik, die früher nur eine kleine Werkstatt gewesen war und in den letzten Jahren

stark expandiert hatte. Klein Zhu hatte den Auftrag für einen Zubau bekommen. Wir mussten durch das Hauptgebäude, um zur Baustelle zu gelangen. In einem großen Saal arbeiteten nur Frauen und Klein Zhu blieb hin und wieder stehen und scherzte mit ihnen. Die meisten waren behindert, denn die Fabrik war ein staatliches Fürsorgeunternehmen. Aber es gab auch einige gesunde Kinder von Kadern, die sich mit Hilfe von gefälschten Dokumenten einen Arbeitsplatz erschwindelt hatten. Es gab nur drei Männer in der Belegschaft: den Direktor, der nur mehr ein Auge hatte und Gesichter ab einer Entfernung von drei Metern nicht mehr erkennen konnte, und zwei Schlosser, die für Wartungsarbeiten und Reparaturen an den Nähmaschinen verantwortlich waren. Einer von ihnen hatte verschieden lange Beine, der andere einen Buckel. Kein Wunder, dass alle bewundernden Blicke und sehnsüchtigen Seufzer dem durchtrainierten Klein Zhu galten.
Auf der Baustelle wurden wir von zwei jungen Männern empfangen. Der Größere hieß mit Familiennamen Tang und war Klein Zhus Neffe, die Mädchen nannten ihn Kommandeur Tang. Eine Messernarbe, die seine linke Gesichtshälfte entstellte, gab ihm ein leicht beängstigendes Aussehen. Der andere war Tangs Assistent. Meine Aufgabe bestand zunächst darin, gemeinsam mit den anderen Hilfsarbeitern Flusssand und Kalktünche zu Maurermörtel zu vermischen. Außerdem musste ich Ziegel herbeischleppen und aufschlichten, wo sie gerade gebraucht wurden. Beim ersten Mal geriet mir der Mörtel zu dünnflüssig und Klein Zhu rief mich zu sich, strich etwas Mörtel mit seiner Maurerkelle auf die roten Tonziegel und sagte: „Siehst du, dass er seine Form nicht behält?“ Danach legte er zwei Ziegelsteine in den Eimer. Ich begriff erst, was er da machte, als er die mit Flüssigkeit voll gesogenen Steine wieder herausnahm und zwei neue, trockene hineinlegte. Nachdem er auch diese wieder herausgenommen hatte, rührte er ein wenig mit der Maurerkelle im Mörtel herum und drückte sie mir dann in die Hand. Sie war aus einem dicken Eisenbolzen

geschmiedet und fühlte sich unangenehm an. Ich rührte ein bisschen und schaffte es nicht nur, den von Klein Zhu schon abgeschabten Eimerrand wieder zu verdrecken, sondern auch mein Gesicht voll zu spritzen. Alle lachten. Ich fühlte mich wie ein Idiot und schwor mir, die Maurerarbeit schnell zu lernen. Schon beim nächsten Eimer hatte der Mörtel eine gute Konsistenz und behielt seine Form.

Zu Mittag läutete eine große Messingglocke die Pause ein. Ich hatte weder Geld noch Marken mitgenommen, da ich nicht damit gerechnet hatte, dass ich auf der Baustelle arbeiten würde. Klein Zhu handelte mit der Küchenbediensteten aus, dass ich erst am nächsten Tag zahlen müsse. Er riet mir, mich einfach an der Schlange vorbeizudrängen. Das gefiel mir, denn hier herrschte endlich einmal das Recht des Stärkeren und nicht jenes der Familienherkunft.

Nach dem Mittagessen lud der Direktor Klein Zhu ein, in seinem Büro ein Verdauungsschläfchen zu halten. Wir anderen schoben zu diesem Zweck die Tische der Kantine zusammen und legten uns darauf. Mittags war die ganze Stadt still, denn Nanchang gilt als „heißer Ofen" Chinas und der frühe Herbst ist die heißeste Jahreszeit und wird deshalb auch „Herbsttiger" genannt. Ich konnte nicht einschlafen, denn mir war bewusst geworden, dass es neben den offiziellen Regeln auch noch andere gab. Hier hatte Politik keine Bedeutung, hier zählten Talent und Mut. Mit Klein Zhu an meiner Seite brauchte ich keine Angst mehr vor Diskriminierung zu haben, sondern plötzlich hatten die anderen Respekt vor mir und würden mich kaum mehr nach meiner Familienherkunft, nach dem Status meines Vaters oder nach meinem offiziellen Wohnsitz fragen.

*

Ich lernte schnell und als wir begannen, die Innenmauern des Stockwerkes hochzuziehen, wies Klein Zhu mir ein fünf Meter langes Stück ohne Tür- und Fensteröffnungen zu. Normalerweise durften Lehrlinge erst nach fünf Monaten selbstständig arbeiten und da ich erst einen Monat auf der Baustelle war, spornte mich das zusätzlich an. Wasserwaagen gab es noch keine, sondern wir benutzten altmodische Lote, mit denen ich nicht besonders gut zurechtkam. Als ich wieder einmal festzustellen versuchte, ob meine Mauer gerade war, klopfte mir jemand auf den Rücken. Ich wollte mich gerade über die Störung beschweren, da meinte eine hübsche junge Frau hinter mir: „Du bist doch Shaoxiang, oder? Du hast dich nicht sehr verändert. Ich bin Lian Hung, die ältere Schwester von Nan." Mit Nan hatte ich die Volksschule besucht. Er war ein Jahr älter als ich und der Nachbar meiner Großmutter mütterlicherseits. Zu Beginn der Kulturrevolution wurde seine Mutter von der Roten Garde eingesperrt, weil sie vor der „Befreiung" Chinas Tänzerin gewesen war. Danach lebte ich mit Nan in den Straßen der Stadt und gemeinsam schlugen wir viele Fenster ein und verkauften die Scheiben als Altglas. Einmal sah ich seiner Schwester sogar beim Baden zu. Damals wollte ich mit ein paar Freunden Nan besuchen, aber das Haus war abgesperrt. Da hörten wir ein Plätschern und schlichen zur hölzernen Rückseite, wo wir durch ein Astloch Lian Hung in der Badewanne beobachten konnten.

Ich war glücklich über das Wiedersehen, schämte mich aber für meine dreckige Kleidung. Ich wollte ihr von meiner Lehre erzählen, aber sie kam mir zuvor. Sie brauchte die Hilfe von Klein Zhu. Lian Hung war auf das Land verschickt worden und gerade illegal in die Stadt zurückgekehrt, wo sie sich einer Straßengang als „Vogel" angeschlossen hatte. Der Anführer einer anderen Gruppe mit dem Spitznamen „Weißer Tiger" hatte ein Auge auf sie geworfen und es war zu Kämpfen zwischen den Gruppen gekommen. Nun hatte er zusätzliche Schläger angeheuert und Lian Hungs Gruppe schriftlich zum Kampf herausgefordert. In zwei Tagen sollte abends an der Fu He-Brücke ein Entscheidungskampf stattfinden. Lian Hung wusste, dass der „Weiße Tiger" früher gemeinsam mit Klein Zhu trainiert hatte. Sie hatten aus Granit „Vorhängeschlösser" gemeißelt und diese als Hantelersatz für das Training verwendet. Ich sollte nun Klein Zhu überreden, Frieden zwischen den Gruppen zu schlichten und damit Blutvergießen zu vermeiden. Ich kannte mich mit solchen Dingen nicht aus und hatte auch nie damit zu tun gehabt. Ich wusste zwar, dass Klein Zhu als großer und populärer Lohan* immer wieder in illegale Aktivitäten verwickelt war. Mich hatte er aber bisher stets herausgehalten. Trotzdem wollte ich Lian Hung vor dem Mittagsschläfchen mit Klein Zhu bekannt machen. Er fühlte sich durch Lian Hungs Anliegen geschmeichelt, zu mir aber meinte er: „Shaoxiang, du sollst das Maurerhandwerk lernen und dich von allem anderen fern halten. Sonst wird mir deine Tante alles in die Schuhe schieben. Schließlich kommst du aus einer Familie von Intellektuellen, die nicht so ungebildet ist wie meine." Ich machte mich also aus dem Staub und ließ die beiden im Direktorszimmer alleine. Mit Klein Zhus Hilfe konnte schließlich der Kampf auf der Fu He-Brücke abgewendet werden und Lian Hungs Gruppe bedankte sich mit einem Festmahl in einem kleinen Restaurant.

*

Nach einem halben Jahr hatte ich mit Klein Zhu auf fünf verschiedenen Baustellen gearbeitet und war nicht nur ein recht guter Maurer geworden, sondern hatte auch meine anfängliche Höhenangst überwunden. Eines Tages stand ich nach dem Mittagessen auf einem Bambusgerüst. Unsere neueste Baustelle lag bei einem Krankenhaus und ich war gerade dabei, eine der Stützen vor dem Eingang des Gebäudes fertig zu stellen. Wir hatten bereits Winter, aber trotzdem war es in Nanchang noch ziemlich warm. Von meinem Arbeitsplatz aus konnte ich eine große Straße, den Eingang des Krankenhauses und auch den Anmeldeschalter überblicken. Plötzlich sah ich Polizeiwagen auf das Krankenhaus zurasen. Klein Zhu und die anderen

* Lohan: kämpfende Jünger Buddhas; auch „Wunderheiler", die vor rund 1.000 Jahren in China wirkten; hier in der Bedeutung als Anführer einer Gang.

Maurer spielten gerade in einem Zelt Poker – natürlich um Geld, was verboten war. Ich rannte sofort zu ihnen, um sie zu warnen. In dem Zelt lag viel schmutziges Papiergeld auf einem Tisch und Klein Zhu steckte es rasch in einen Pullover, den er mir übergab. Während er mit den anderen weiterspielte, als hätte es sich nie um etwas anderes gehandelt als um ein harmloses Vergnügen in der Mittagspause, versteckte ich den Pullover hinter einem Schornstein auf dem Dach und hetzte zurück an meinen Arbeitsplatz. Die Polizisten betraten das Zelt, kurz nachdem ich es verlassen hatte. Nach einiger Zeit kamen sie fluchend heraus, denn sie hatten keine Beute vorgefunden, von der sie ein bisschen etwas abzweigen hätten können.

Ich wollte gerade vom Gerüst steigen, um das Geld zurückzubringen, da sah ich, dass ein Polizist mit einem großen, schlanken Mann plauderte, in dem ich einen der Berater des „Weißen Tigers" erkannte. Klein Zhu fluchte wütend, als ich ihm davon erzählte. Er stellte Nachforschungen an und fand heraus, dass der „Weiße Tiger" sich die Sache mit Lian Hung sehr zu Herzen genommen und das Poker-Spiel an die Polizei verraten hatte. Klein Zhu war über diesen Verrat so zornig, dass er den „Weißen Tiger" zu einem Kampf auf Leben und Tod herausforderte. Solche Duelle ähnelten denen aus Wildwest-Filmen, allerdings waren dabei keine Waffen erlaubt. Klein Zhu lud alle Lohan ein zuzuschauen, denn er wollte die Gelegenheit nutzen ihnen mitzuteilen, dass der „Weiße Tiger" mit der Polizei kollaborierte. Egal wie der Kampf ausgehen würde, sein Ruf wäre damit endgültig ruiniert.

Das Duell fand an einem Sonntag um acht Uhr abends auf einem großen Damm hinter dem Krankenhaus statt. Es war bereits dunkel, doch das Licht der Laternen auf dem Damm erhellte die Umgebung. Die Nachricht von dem Duell hatte sich wie ein Lauffeuer verbreitet und die Häuser in der Nähe waren daher alle verschlossen. Die Mutigeren unter den Schaulustigen stellten sich hinter die Lohan, um besser sehen zu können. Klein Zhu trug an diesem Abend Sportkleidung mit einem breiten schwarzen Gürtel und seine Hände waren mit weißen Bändern umwickelt. Ich war sehr aufgeregt, denn ich wurde das erste Mal Zeuge eines solchen Schauspiels. Ich stand hinter Klein Zhu, der mit ungefähr zehn Maurern aus Fuzhou erschienen war. Kommandeur Tang war mit einer großen Nagelkeule bewaffnet. Der „Weiße Tiger" hingegen kam mit einer etwas größeren Gruppe aus kleinen, aber völlig furchtlosen Schlägern.

Der älteste und mächtigste Lohan von Nanchang hieß „Eisenstock-Fang". Er war über vierzig Jahre alt und hatte zu Beginn der Kulturrevolution bei einem Scharmützel mit der Polizei sein Bein beinahe zur Gänze verloren. Als Gehhilfe benutzte er zwei massive Eisenstöcke. Er sollte an diesem Abend als Schiedsrichter fungieren. Deshalb trat er zwischen die Duellgegner und winkte beide zu sich. Im Abstand von einem Meter stoppten sie. Fang hob einen seiner Stöcke waagrecht zwischen die Duellanten und humpelte zurück. Danach klopfte er die Stöcke zusammen und die beiden stürzten aufeinander los. Man sah nur mehr wilde Hand- und Fußbewegungen, Angriff und Verteidigung wechselten ständig, aber nach nicht einmal zwei Minuten lag der „Weiße Tiger" auf dem Boden. Klein Zhu hielt ihn mit den Knien nieder und schlug unter dem stürmischen Beifall der Zuseher auf ihn ein. Plötzlich hob er seinen rechten Oberarm hoch, zeigte Fang eine blutende Schnittwunde und schrie: „Der Scheißer benutzt unerlaubte Waffen!" Sofort brach Unruhe aus. Die unbeteiligten Zuschauer flüchteten und auch der „Weiße Tiger" und seine Kumpanen wollten sich aus dem Staub machen. Kommandeur Tang stürmte ihnen nach und streckte zwei der Gegner mit seiner Nagelkeule nieder. Danach setzte er mit einem gezielten Hieb den Kampfberater des „Weißen Tigers" außer Gefecht, der den Damm hinunterkullerte. Fangs Leute hatten in der Zwischenzeit den „Weißen Tiger" gefasst und brachten ihn zu Fang. Dieser nahm dem „Weißen Tiger" die unerlaubte Waffe ab und übergab sie Klein Zhu, der mit dem stumpfen Messer das

Gesicht seines Gegners zerschnitt. Fang selbst teilte noch ein wenig mit seinen Eisenkrücken aus und Klein Zhu bedankte sich, seine Schmerzen verbergend, beim Schiedsrichter.
Drei Tage später wurden Klein Zhu und Kommandeur Tang verhaftet und so sollte ich meine Lehre nicht mehr beenden können. Denn Klein Zhu wurde zwar nach einer Woche wieder auf freien Fuß gesetzt, musste jedoch eine hohe Strafe zahlen und ein Jahr lang Zwangsarbeit verrichten. Kommandeur Tang hingegen wartete ein halbes Jahr im Gefängnis auf seinen Prozess und wurde dann zu zwei Jahren Haft verurteilt.

Ärger mit dem Hundepenis

Nach Klein Zhus Verhaftung lebte ich weiterhin im Haus meiner Tante als Illegaler und hatte das Gefühl, dass sich jeder Tag wie ein Jahr dahinzog. Ich wollte endlich irgendwo einen offiziellen Arbeitsplatz und bat daher meine Mutter in einem Brief, mir einen solchen zu suchen. Überraschenderweise konnte sie mir helfen. Der Ehemann einer ihrer Freundinnen war zum Vizeregimentskommandeur eines Produktions- und Aufbaukorps befördert worden. Um das zu feiern, hatten er und seine Frau Liu meine Mutter zum Essen eingeladen. Liu war vor der Revolution eine Kinderbraut – eine junge Frau, die schon vor der Hochzeit in der Familie des Bäutigams lebte – gewesen. Ihr Vater schuldete einem Großgrundbesitzer in Yujiang Geld und so überließ er ihm seine Tochter als Pfand. Sie wurde bald die Ehefrau des sechsjährigen, halbseitig gelähmten Sohnes der Familie. Die sechzehnjährige Liu – dem Namen nach Schwiegertochter der Familie – wurde in Wirklichkeit wie eine Sklavin behandelt. Zur Zeit der Grundreform kam meine Mutter mit ihrer Arbeitsgruppe in ihr Dorf, lehrte sie das Lesen und ermöglichte ihr auch eine Anstellung als Regierungskader. So konnte sie sich von ihrer Familie befreien. Liu vergaß das meiner Mutter nie. Als die beiden nun beim Essen über mich sprachen, schlug sie vor, dass ihr Ehemann Gui

mich in das Produktions- und Aufbaukorps aufnehmen und ich unter seinem Regiment als Maurer in der Konstruktionskompanie arbeiten sollte. Das Angebot war sehr großzügig, denn Arbeiter des Produktions- und Aufbaukorps hatten Anspruch auf einen monatlichen Garantielohn, freie medizinische Versorgung und Pension. Außerdem betrug die Arbeitszeit nur acht Stunden täglich und Sonn- und Feiertage waren frei.
Nach dem Essen rief meine Mutter sofort meine Tante an und noch im März 1975 fuhr ich mit dem Zug nach Yujiang. Doch diesmal stieg ich nicht in einem kleinen Ort wie Daqiao aus, sondern in einer Kreisstadt und diesmal sollte ich offiziell in ein Produktions- und Aufbaukorps aufgenommen werden. Dieses Korps diente dem Militär als Versorgungseinheit und die Kader, die über dem Kompanieführer standen, waren daher Soldaten. Kurz zuvor hatte die Zentralregierung allerdings beschlossen, das Produktions- und Aufbaukorps von Jiangxi in einen staatlichen Bauernhof umzuwandeln und es der Provinzregierung zu unterstellen. Gui sollte als neuer ziviler Leiter die Produktionsgruppe übernehmen. Für viele Zhiqing, die schon dort gearbeitet hatten, war das Korps die Hölle, doch für mich war es der lang ersehnte Neuanfang. Für Gui war es nicht leicht, mich unterzubringen. Jeder im Korps wollte in die Konstruktionskompanie wechseln und man musste entweder einen guten Familienhintergrund, gute Kontakte oder ausgezeichnete Arbeit in der Agrarkompanie vorweisen, um dort aufgenommen zu werden. Doch Gui behauptete einfach, dass meine Tante eine Leiterin des Agraramtes sei, dem das Korps bald offiziell unterstellt werden würde. Da niemand es wagte, den künftigen Oberboss zu verärgern, erreichte er beim Personalabteilungsleiter einen Kompromiss. Ich wurde zwar nicht in die Konstruktionskompanie aufgenommen, aber immerhin kam ich in die Molkerei des Regiments und musste nicht wie die anderen Zhiqing in den Reisfeldern arbeiten.
Am Bahnhof wurde ich von einer herzlichen Zhiqing empfangen. Wei Hung war zweiunddreißig Jahre alt und seit drei

Jahren im Produktions- und Aufbaukorps, wo sie mittlerweile die Molkerei leitete. Die meisten nannten sie wegen ihrer Brille „Augenglas". Wir brauchten über eine Stunde bis zum Hauptquartier auf dem „Drachenhügel". Es bestand aus einem Gebäudekomplex, der parallel zu einer Straße aus Sandstein errichtet worden war. In einem Gebäude waren Büros und das Kompaniehauptquartier untergebracht, in den anderen die Wohnstätten. Die Messe erinnerte an jene in Gaogungzai. Es gab sogar ein Schienenstück als Glockenersatz und dazu einen Sportplatz. Ein zweiter Gebäudekomplex befand sich auf dem Nordhang des größeren Hügels und bestand aus einem länglichen Bungalow und der Molkerei. Südlich der Straße erstreckten sich riesige Reisfelder, nur durch eine Reihe von Pappeln unterbrochen. Dort verliefen die Eisenbahnschienen. So weit das Auge reichte, gab es nichts als nackte, rote Hügel. So eine eintönige, trostlose Landschaft hatte ich nicht erwartet.

„Augenglas" brachte mich lächelnd in ein Büro im Hauptquartier. Auf dem nackten Lehmboden standen zwei rot lackierte Schreibtische und zwei Einzelbetten mit dicken Reisstrohmatratzen. An der Wand hingen Siegesfahnen, Verdiensturkunden und ein Porträt von Mao Tse-tung. „Augenglas" bat mich zu warten und verschwand im nächsten Augenblick. Ich setzte mich auf das sauberere der beiden Betten und wartete und wartete. Irgendwann schlief ich ein und wurde von einer hell klingenden Glocke geweckt. Draußen war es schon dunkel geworden und mein Magen sagte mir, dass es höchste Zeit für das Abendessen war. Vor der Messe hatte sich schon eine kleine Menschengruppe eingefunden. Ich stellte mich ans Ende der Schlange und ignorierte die neugierigen Blicke. Ich versuchte mir eine Strategie zu überlegen, wie ich den Koch dazu bringen könnte, mir Essen zu geben, obwohl ich noch keine Marken hatte. Noch dazu musste ich mir Schüssel und Besteck ausleihen, weil sich mein eigenes Geschirr in der Reisetasche befand. Ein junger Mann in einer blauen Polizeiuniform kam mit seinem Essen auf mich zu. Er stellte sich als Li vor und erzählte

mir, dass er vor zwei Monaten hier angekommen sei. Er sei ein Kader des Kommunistischen Jugendverbandes und würde mir gerne helfen, Essen zu bekommen. Außerdem könnte ich bei ihm übernachten. Dann sagte er: „Ich habe gehört, dass du für den Milchstall eingeteilt worden bist. Du hast wirklich großes Glück." In dem Moment öffnete sich der Nebeneingang der Molkerei und ein schlanker, kleiner Zhiqing mit einem spitzen Kopf kam heraus. Er hatte einige Zeitschriften unter den Arm geklemmt und sperrte die Holztür ab. Er nickte uns zu, ohne eine Miene zu verziehen, und ging hastig in Richtung des Hauptquartiers davon. Li erzählte mir, dass der Spitzname des Mannes „Xiong Diao" sei. Das stammte aus einer bekannten revolutionären Musteroper und bedeutete soviel wie „Schlauer Bär". Da er von Geburt an schwächlich und kleinwüchsig gewesen sei, habe sich Xiong Diao oft krank gemeldet und irgendwann habe ihn der Kompanieführer in die Molkerei gesteckt. Li warnte mich davor, mich von ihm beeinflussen zu lassen, denn seine rückständigen Ideen hätten keine Zukunft.
Li wohnte mit drei anderen Zhiqing in einem Zimmer. Jeder hatte ein Stockbett und nutzte den oberen Stock als Lager und den unteren zum Schlafen. Li schuf für mich Platz und wusste nicht so recht, wohin er nun mit seinen Sachen sollte. Keiner der anderen wollte den Lagerplatz mit ihm teilen und sie begannen zu streiten. Li blieb ruhig, sprach von Gerechtigkeit, revolutionärer Freundschaft und gegenseitiger Hilfe. Schließlich gaben die anderen nach. Am nächsten Morgen war Li bereits weg, als ich erwachte. Ich hatte ein bisschen Angst vor den anderen, weil ich ihnen Umstände gemacht hatte. Überraschenderweise waren sie sehr freundlich zu mir. Ein großer Zhiqing, der Li am Vorabend fast geschlagen hätte, erklärte mir, dass es bei dem Streit nicht um mich gegangen sei. Aber Li würde sich überall einschmeicheln, um schneller Mitglied der Partei zu werden. Er wusste natürlich, dass das Agraramt, in dem meine Tante saß, bald das Produktions- und Aufbaukorps übernehmen würde. Vielleicht war er aus diesem Grund

mir gegenüber so freundlich. Ich beschloss, schleunigst das Zimmer zu wechseln. Leider war der politische Instrukteur, der für das Personal zuständig war, noch immer nicht zurückgekehrt. Der Kompanieführer sagte mir nur, ich solle mich erholen, die Leute kennen lernen und mich langsam eingewöhnen. Ich schlenderte also zwei Tage umher und schaute mir die Schnapsfabrik, den Orangengarten und das Hauptquartier an, wo es ein Buffet, ein Kaufhaus, ein Postamt und eine Klinik gab. Vor der Kliniktür traf ich „Schlauer Bär", der mich grüßte und sagte: „Die Klinik hat gerade ein neues Medikament bekommen. Ich habe meine teuren Freunde gebeten, mir etwas abzugeben." „Bist du krank?", fragte ich. Er schnitt eine Grimasse und als er merkte, dass ich ihn nicht verstand, öffnete er seine Tasche und flüsterte: „Das sind Vitamintabletten, Traubenzucker und Hustensäfte. Ich bin nicht krank, sondern man kann sie als Nährpräparate benutzen." Ich sah auf seinen bis auf die Knochen abgemagerten Körper und wünschte ihm von Herzen, dass er kräftiger und stärker werden würde. Plötzlich sagte er: „Ich habe in allen Kompanien Freunde, in den Kaufhäusern, den Kliniken, den Transportstationen, den Schnapsfabriken und den Orangengärten. Wenn du einmal Hilfe brauchst, musst du es mir nur sagen." Und als ob er erraten hätte, was Li über ihn erzählte, setzte er hinzu: „Hör nicht auf das, was die Leute in unserer Kompanie über mich sagen. Das sind alles Dummköpfe. Du solltest einmal sehen, wie sie täglich bis zur Erschöpfung auf den Feldern arbeiten. Dabei kontrollieren sie einander ständig gegenseitig und wenn jemand beim Scheißen einige Minuten länger hockt, muss er sich die Vorwürfe der anderen anhören. Ich werde zwar von niemandem gelobt, aber auch nicht kritisiert und ich schwitze höchstens an heißen Tagen, wenn ich die Kühe hinaustreibe. Trotzdem verdiene ich keine Münze weniger als die anderen Schwachköpfe." Wir gingen gemeinsam zurück zum Drachenhügel, plauderten und schlossen einander mehr und mehr ins Herz. Plötzlich sagte er: „Du bist als Kind eines Kaders der

Provinzregierung sofort in die Milchkuhgruppe versetzt worden, während die anderen neu angekommenen Zhiqing in den Reisfeldern arbeiten müssen. Niemand hier scheint so gute Beziehungen zu haben wie du." Er sah, dass ich ihm nicht recht glaubte, und meinte: „Ich habe gehört, dass deine Familie eine besondere Beziehung zu Vizeregimentskommandeur Gui hat. In einigen Monaten, wenn die Umwandlung unseres Regiments in einen städtischen Bauernhof abgeschlossen ist, wird Gui wohl der oberste Chef hier werden. Er wird sich um dich kümmern und wer sollte dir dann noch Schwierigkeiten machen? Später werde ich vielleicht irgendwann deine Hilfe brauchen." Ich freute mich über seine offenen Worte. Niemand hier schien die Wahrheit zu kennen, plötzlich hatte ich einen starken politischen Hintergrund. Diese Meinung wurde am Nachmittag, als ich mich endlich im Büro der Kompanie anmelden konnte, bestätigt. Der hoch gewachsene politische Instrukteur Zhen wartete schon auf mich und erklärte mir höflich, dass er ein paar Tage an einer Sitzung im Regimentshauptquartier hatte teilnehmen müssen, aber Vizeregimentskommandeur Gui hätte schon mit ihm über mich gesprochen. Plötzlich spürte ich die Blicke der anderen auf mir. Nachdem der politische Instrukteur meine Papiere unterschrieben hatte, fragte er mich plötzlich: „Wie geht es deinem Vater?" und erklärte mir, dass er ihn kennen gelernt hatte, als er Grundschullehrer war und mein Vater das Kultur- und Erziehungsamt des Kreises Yujiang geleitet hatte. Mein Vater, den er seinen „alten Vorgesetzten" nannte, schickte ihn auf die pädagogische Akademie. Ich spürte, dass ich in der Achtung von Li, der mich begleitet hatte, und dem extra herbeizitierten Milchkuhgruppenleiter Ye weiter gestiegen war. Auch „Schlauer Bär" war mitgekommen. Er bot mir an, mit ihm das Zimmer zu teilen, weil sich dies sicher günstig auf unsere Zusammenarbeit auswirken würde. Noch am selben Tag zog ich zu ihm.

Am nächsten Tag weckte mich „Schlauer Bär" sehr früh, weil der Stall ausgemistet werden musste. Wir mussten die Kühe vorher auf die Weide treiben, damit die Leute der Agrargruppe ungestört arbeiten konnten. Er schickte mich frühstücken, dann sollte ich ihm sein Essen auf die Weide nachbringen. Ich trank eilig meine Reissuppe und rannte mit einem großen Becher voll Suppe den Hang hinunter. Li schaufelte schon mit hochgekrempelten Hosenbeinen den Mist auf den Ochsenkarren, als die anderen herbeischlenderten. Einer der Zhiqing rief mit lauter Stimme: „Li, mach kein Theater! Die Partei ist gerade dabei, dich zu prüfen." Alle lachten laut und machten sich dann an die schmutzige und mühsame Arbeit. Ich bemerkte ihre neidischen Blicke und lief schnell weiter auf den Hügel zu „Schlauer Bär". Er lag gemütlich in der Sonne. Eine große, weiß-schwarz gefleckte Kuh muhte mir zu, als wollte sie mich begrüßen. Die Szene erinnerte mich an ausländische Filme und an eine französische Landschaftsmalerei, die mir mein Großvater einmal gezeigt hatte. In China fand man überall Wasserbüffel und Hausrinder, aber das waren Arbeitstiere. Nur sehr selten sah man Milchkühe auf einer Weide und ich fühlte mich, als sei ich in eine Wunderwelt versetzt worden.

*

In der Molkerei wohnte ein seltsamer alter Mann, der von allen „Großvater Zeng" genannt wurde. Er war schon seit langem im Ruhestand und wusste selbst nicht so genau, wie alt er war. Sein Gesicht war mit bronzefarbenen Falten überzogen, die aussahen, als seien sie hineingeschnitzt worden. Außerdem fehlte ihm ein Auge. Es kursierte das Gerücht, dass die Japaner es ihm mit einem Bajonett ausgestochen hätten. Nach dem Ende des Krieges hatte ein Arzt in Shanghai Zeng ein gläsernes Auge beschafft. Während der Kulturrevolution suchten ihn Angehörige der Roten Garde an der Medizinischen Fakultät Shanghai auf und baten ihn, den Arzt, der mittlerweile Professor der Akademie geworden war, als Spion zu denunzieren. Zeng zeigte ihn an und gab einem der Angehörigen der Roten Garde das Glasauge als Beweisstück mit. Den anderen erzählte er heimlich, dass ihm das Auge lästig geworden sei, da er es morgens, obwohl er oft nicht einmal sein Gesicht wusch, mit Salzwasser reinigen musste, und das hielt er für kapitalistisch. Da er kein Zuhause und auch keine Verwandten hatte, die ihn hätten aufnehmen können, durfte er hier auf die Kühe aufpassen. Er reinigte täglich den Stall und wusch die Milchkannen. Dafür konnte er in einem Häuschen beim Eingang des Kuhstalles wohnen. Sein Essen bereitete er sich auf einem kleinen Herd zu, den er in der Stallküche aus einigen Ziegelsteinen errichtet hatte. Meistens kochte er einen großen Topf dickflüssiger Kürbissuppe, süße Kartoffeln oder Reis. Er hatte auf allen Seiten des Stalles Löcher gegraben, mit Mist gedüngt und dort seine Kürbisse gepflanzt. Jedes Jahr konnte er sich über eine große Ernte freuen und einen Teil davon verschenkte er an die Messe unserer Kompanie.

Außer Zeng, „Schlauer Bär" und mir waren alle anderen Arbeiter im Milchstall weiblich. Zwei der Frauen waren mit Zugführern unserer Kompanie verheiratet und kümmerten sich vor allem um das Fressen für die Kühe. Sie betrieben Gemüseanbau und sammelten kräftiges Gras. Eine war die Frau eines Schnapsfabrikanten. Doch obwohl die Fabrik kaum einen halben Kilometer vom Kuhstall entfernt war, erschien sie nur selten zur Arbeit. Es hieß, dass sie schwer krank sei. Die Vierte hieß Xiang Dung und war wie „Augenglas" eine Zhiqing aus Shanghai. Aufgrund ihrer Größe von fast 1,75 Meter wurde sie von allen „Bambusstab" genannt. Sie hatte als erste Städterin im Produktions- und Aufbaukorps einen örtlichen Bauern geheiratet und damit für solches Aufsehen gesorgt, dass darüber sogar ein Artikel in der Zeitung erschien. Ihr Mann war Traktorfahrer. Der Traktor wurde nur zur Hochsaison auf den Feldern genutzt, die restliche Zeit diente er als Transportmittel. Da viele Leute mit dem Mann von „Bambusstab" mitfahren wollten, genoss er hohes Ansehen und deshalb wurde seine Frau in die Molkerei versetzt. Gemeinsam mit „Augenglas" molk sie jeden Morgen die Kühe und „raffinierte" nachmittags die Milch. Dazu wurde ein großer Topf voll Milch auf den Herd gestellt und weißer Zucker hinzugefügt, bis die Milch dickflüssig wurde. Dann wurde sie in Glasflaschen abgefüllt und mit Aufklebern versehen. Alle drei Tage mussten „Augenglas“ und „Bambusstab“ mit dem Pferdewagen in die Kreisstadt Yujiang fahren und im Regimentshauptquartier die Milch abliefern. Diese Zeit nutzten sie, um durch die Kaufhäuser zu bummeln oder ins Kino zu gehen. In den Augen der Mitglieder der Agrarkompanie entsprach das schon dem Leben von Fabriksarbeitern. Die Arbeit in der Molkerei hatte aber noch einen anderen Vorteil: Nach dem Raffinieren blieb im Topf eine dicke Schicht süßer Milch zurück. Wenn man sie mit ein bisschen frischem Wasser aufgoss, erhielt man ein wohlschmeckendes Getränk, wenn man den Rest aber über dem Feuer briet, bekam man einen köstlichen Flachkuchen. Beides war sehr nahrhaft und angeblich auch der Grund, weshalb die Haut der beiden Frauen an Porzellan erinnerte und sie mit nur einer Mahlzeit am Tag auskamen. „Schlauer Bär“ versuchte so oft wie möglich etwas von dem Milchwasser zu schnorren und jedes Mal, wenn er davon getrunken hatte, war er so aufgeregt, dass er Purzelbäume schlug.

Eines Nachmittags sollte ich „Bambusstab“ in die Kreisstadt begleiten und für die Messe ein Fass Sojasoße, einige Bündel Seegras und weitere Lebensmittel besorgen. Wir lieferten mit dem Wagen der Molkerei die Milch in der Genossenschaft ab und kauften die Lebensmittel ein. Danach hatten wir noch Zeit, um durch die Kaufhäuser zu bummeln. Plötzlich sprach mich jemand von hinten im Dialekt von Yujiang an. Als ich mich umdrehte, sah ich meine zwei früheren Schulkollegen Yu Jin und Deng Jun. Wir fingen sofort aufgeregt an zu plaudern und was ich hörte, erstaunte mich über alle Maßen. Die beiden waren nach den Abschlussprüfungen an der Kommunistischen Arbeitsuniversität in ihre Heimatdörfer zurückgeschickt worden und hatten dort als Bauern gearbeitet. Auf dem Hof hatten sie einen Kadermaler des Kulturhauses getroffen. Bauernmalerei und Bauerndichtung waren in China gerade sehr populär und der Kadermaler fand Gefallen an den beiden Jugendlichen, die sich nie zuvor für Kunst interessiert hatten. Möglicherweise lag es daran, dass Yu Jins Schwager der Parteisekretär der Produktionsbrigade war, oder daran, dass die beiden die Kommunistische Arbeitsuniversität absolviert hatten, die mittlerweile als Vorzeigeeinrichtung für die chinesische Ausbildungsreform galt. Jedenfalls hatte der Maler des Kulturhauses Yu Jin beigebracht, wie man ein Bild malt. Eines davon zeigte einen Absolventen der Kommunistischen Arbeitsuniversität, der in einem Versuchsfeld steht, in einer Hand ein Buch von Mao Tse-tung, die andere Hand auf einen fast mannshohen Kürbis gestützt. Das Bild erregte so großes Aufsehen, dass er und Deng Jun zwei Monate lang im Kulturhaus als Bauernmaler ausgebildet wurden. Yu Jin, der früher nicht einmal einen Kreis ohne Zirkel zeichnen konnte, malte dann das Bild nochmals, der Kadermaler gab dem Werk den letzten Schliff und schließlich wurde es in der Bauernkunstausstellung in Nanchang gezeigt. Das Bild wurde sogar in einer Tageszeitung der Provinz veröffentlicht. Nachdem er mir seine erstaunliche Geschichte erzählt hatte, lud er mich ein, mit ihm das Kulturhaus zu besuchen. „Bambusstab" blieb beim Wagen, während Yu Jin mich in ein großes, helles Zimmer führte, das als Atelier diente. In der Mitte waren vier Schulbänke zusammengestellt, auf denen sich einige Farbtöpfe und Pinsel befanden. An den Wänden hingen Skizzen und Plakate, darunter Yu Jins Bild, das bei der Ausstellung gezeigt worden war. Es ähnelte dem Bild, das ich in der Kommunistischen Arbeitsuniversität für die Tafelzeitung gemacht hatte und war in starken Kontrasten gehalten. Auch ein Bild von Deng Jun hing dort, es war ein mit Pinsel und Farbe kopierter Holzschnitt.

Noch am gleichen Abend suchte ich einige Blatt Papier zusammen, um ein Skizzenheft herzustellen. Am nächsten Tag, als wir die Kühe wieder auf den Hügel trieben, nahm ich das Heft und meinen Bleistift mit. Ich wollte „Schlauer Bär", der im

Gras lag, zeichnen. Aber dieser sprang sofort auf und meinte: „Bitte nicht, ich bin nicht schön genug." Also musste ich mich an die Kühe halten. Obwohl sie eigentlich langsame Tiere sind, änderten sie so oft ihre Position, dass ich nichts Rechtes zustande brachte. Nach dem Mittagessen suchte ich den alten Zeng. Er saß gerade auf einer Bank und rauchte Pfeffertabak. Erst wollte auch er sich nicht zeichnen lassen, aber „Schlauer Bär" redete ihm gut zu und meinte, mir sei die Aufgabe zugeteilt worden, alte Arbeitshelden zu porträtieren. Nachdem ich Zeng versprochen hatte, die Seite mit dem fehlenden Auge nicht zu zeichnen, gab er schließlich nach. Ich arbeitete mit großem Enthusiasmus. „Schlauer Bär" schaute mir zu, lobte die Ähnlichkeit mit dem Original und riet dem alten Zeng lachend, mit dem Bild eine Frau für sich zu suchen. In den folgenden Tagen machte ich noch sechs oder sieben weitere Zeichnungen von Zeng. Später dienten mir auch „Augenglas" und „Bambusstab" als Modelle. Die beiden gaben sich völlig ungezwungen. Es war das erste Mal, dass ich Frauen zeichnete, und ihnen dabei so genau ins Gesicht zu schauen, machte mich verlegen. Ich wollte einerseits, dass die Bilder dem Original ähnlich waren, andererseits sollten die Frauen auch schön ausschauen. Ich korrigierte daher immer wieder und keines der Bilder gelang mir wirklich.

Eines Tages ging ich nach dem Frühstück mit Li und zwei weiblichen Zhiqing in die Kreisstadt. Wir nahmen eine Abkürzung durch einige Reisfelder und Dörfer, bevor wir mit einem Boot über den Xing-Fluss setzten. Die zwei Zhiqing hatten sich schön gemacht, aber die Haut- und Haarcreme, die sie benutzten, reizte meine Nase. Das korpulentere Mädchen hieß mit Familiennamen Tan und ihr Vater war Leiter der Versorgungsabteilung der Division. Sie trug eine dunkelblaue Polizeiuniform und darunter eine pinkfarbene Dacron-Bluse, die mit roten Blumen bestickt war. In der Kompanie hatte sie den Ruf, geizig und immer auf den eigenen Vorteil bedacht zu sein. So hatte sie etwa keine Hemmungen, sich die am besten gefüllte

Speiseschüssel herauszusuchen, obwohl man immer die nächste Schüssel in der Reihe nehmen sollte. Auf dem Boot zeigte ich den anderen meine Skizzen, mit denen ich im Kulturhaus vorsprechen wollte. Yu Jin und Deng Jun warteten schon im Hafen auf uns und brachten mich sofort zu dem Kunstmaler, der Yu Jin entdeckt hatte und der von allen „Lehrer Hua" genannt wurde. Ich überreichte ihm die Skizzen und war sehr verlegen, weil ich wusste, dass sie nicht gut waren. Er zeigte mir einige Proportions- und Strukturprobleme, dann nahm er das Porträt von „Bambusstab" und lobte die Art, wie ich den Kopf gestaltet hatte. Danach ließ er mich ein dickes Buch durchblättern, in dem viele Bilder und Fotos zu sehen waren, die er aus Magazinen herausgeschnitten hatte. Das Wichtigste, so schärfte er mir ein, sei nicht das Talent, sondern das passende kommunistische Thema. An den Malkursen konnte ich aber nicht teilnehmen, weil mein Produktions- und Aufbaukorps keine direkte Verbindung zur Kreisverwaltung hatte. Lehrer Hua riet mir, mit der Propagandaabteilung meines Korps zu sprechen. Das wirkte wie eine kalte Dusche auf mich, denn die Propagandaabteilung gehörte zur politischen Abteilung. Die Leute dort würden bestimmt meine Akte studieren und am Drachenhügel würde man vielleicht herausfinden, dass ich doch nicht der Sohn eines Kaders war. Einige Tage lang hatte ich keinen Appetit und schlief schlecht. Schließlich ging ich in das Büro der Kompanie und suchte mir die alten Zeitungen der letzten Monate zusammen. Ich schaute mir alle Bilder von Soldaten und Bauern genau an und bemerkte, dass es eigentlich nur wenige Themen gab: Entweder studierte jemand die Werke Maos, kritisierte die Kapitalisten oder ging mit großem Elan an die Arbeit. Ich begann ein Bild, auf dem eine lächelnde Zhiqing im Reisfeld einen Brief nach Hause schreibt. Neben ihr war ein Buch von Mao Tse-tung zu sehen. Das Bild hatte eine einfache Komposition und ich musste nur eine einzige Person malen. Am nächsten Tag bat ich „Bambusstab" nach dem Mittagessen, für mich Modell zu stehen. Sie setzte sich auf ein großes Baumstück, krempelte ihre Hosenbeine hoch, legte ein Blatt auf ihren Oberschenkel und tat so, als würde sie schreiben. Schon nach kurzer Zeit bekam sie einen Lachkrampf. Ich hatte sie kaum beruhigt, da sagte sie, dass ihr Fuß eingeschlafen sei. Sie stand auf, schüttelte ihr Bein aus, blickte kurz auf meine Zeichnung, befand, dass hier menschliche Züge zu erkennen seien, und setzte sich wieder. Doch schon nach kurzer Zeit war sie wieder müde und ich musste aufgeben. In den folgenden drei Nächten bastelte ich an der Zeichnung, zog die Zeitungen zu Rate und experimentierte herum. Schließlich nagelte ich den Entwurf an die Wand und immer, wenn ich Zeit hatte, versuchte ich ihn zu verbessern.

Eines Sonntags ging ich sehr früh in die Kreisstadt, um Lehrer Hua den Entwurf zu zeigen. Er befand das Thema für gut, aber das Buch von Mao Tse-tung müsse noch deutlicher neben der Figur zu sehen sein. Er schlug vor, das Bild im Stile eines Holzschnittes zu malen und die Zeichnung dann an die Provinzzeitung zu schicken, die öfter solche Bilder zu Dekorationszwecken abdruckte. Also malte ich den Entwurf auf weiße Pappe, die mir Yu Jin geschenkt hatte. Bald sah die Zeichnung von weitem wie ein echter Holzschnitt aus. Ich zeigte sie „Bambusstab" und „Schlauer Bär" und beide waren begeistert. Dann packte ich das Blatt in eine Bambusrolle und schickte es an die Kulturredaktion der Jiangxi Tageszeitung. Ich hatte das Bild weder Lehrer Hua gezeigt noch ein Wort darüber zum Kompanieführer gesagt und bald kamen mir Zweifel, ob ich richtig gehandelt hatte. Was, wenn die Zeitung über mich berichten und dann der Schwindel mit meiner Herkunft auffliegen würde?

*

Langsam nahte das Fest des ersten Mai. Wir waren mitten in der Hochsaison für die Frühjahrsbestellung der Felder und die Leute der Agrargruppe pflanzten noch immer die Reissetzlinge. Ich wurde während dieser Zeit in die Messe eingeteilt, um beim Kochen zu helfen. Während der Hochsaison wurden drei Mahlzeiten serviert. Wenn es weder Fleisch noch Fisch gab, musste zumindest Rührei auf dem Speiseplan stehen. Lin, einer meiner Freunde unter den Zhiqing, musste ebenfalls in der Küche helfen, weil er sich einen Fuß an einem Stein aufgeschnitten hatte. Wir holten frisches Wasser von der Quelle und wuschen das Gemüse und das Geschirr. Außerdem brachten wir den Reisarbeitern Tee auf die Felder. Am Abend des 29. April vergiftete ein fremder Bauer den großen gelben Kompaniehund, weil dieser immer grundlos Passanten angefallen hatte. Lin und ich mussten helfen, den Hund auszunehmen. Wir häuteten ihn und räumten seinen Bauch aus. Seine Innereien vergruben wir neben dem Gemüsebeet. Wir waren guter Dinge, weil jetzt Hundefleisch auf den Tisch kam. Der Kompanieführer aber trauerte um seinen vierbeinigen Freund und wollte das Fell behalten. Wir putzten es sauber, spannten es über Bambusstäbe und stellten es zum Trocknen auf die Weide.

Der Hund war ziemlich abgemagert und schon acht Jahre alt gewesen. Seinen Penis, der dem Hals eines Hahnes glich, warf ich weg. Lin hob ihn wieder auf, hackte ihn in zwei Teile und warf ihn in den Topf mit dem Hundefleisch. Als der Koch den Topf öffnete, holte er ihn sofort heraus und erklärte uns, dass man Penisse von alten Hunden nicht weich kriegte. Lin lachte und meinte: „Aber wenn man den Penis einfach als Zusatz in eine Schüssel gibt, streitet sich sicher jemand darum." Wir wollten wissen, wie er das meinte, und er sagte: „Wenn Tan sieht, dass in einer Schüssel mehr Fleisch ist, wird sie danach greifen." Wir lachten und beschlossen, ihr einen Streich zu spielen. Am nächsten Morgen waren alle von der Aussicht auf Hundefleisch begeistert. In der Arbeitspause kamen viele in die Messe, um an den Töpfen zu schnuppern. Wegen des 1. Mai hatte unsere Kompanie schon am 30. April den Nachmittag frei bekommen. So konnten alle in Ruhe ihr Hundefleisch genießen, das wir fast acht Stunden lang gedünstet hatten. Der Koch verteilte es gleichmäßig in die Porzellanschüsseln, die wir ordentlich auf einer großen Bank in der Messe aufstellten. In einer Portion versteckten wir den Hundepenis und stellten die Schüssel in eine Ecke, wo sie nicht so auffiel. Tan begutachtete die Portionen und ihre Blicke stoppten bei der für sie präparierten Schüssel. Aber sie musste sich erst noch Reis kaufen. Mit Argusaugen beobachtete sie jeden, der vor ihr an der Reihe war. Gott sei Dank hielten sich die anderen an die Regeln. Tan dagegen ging zur Bank und nahm sich die große Portion. Ihr Gesicht wirkte normal, aber wir wussten, dass sie innerlich jubelte. Sie verließ die Messe und ging mit ihrer Portion direkt in ihr Zimmer. Während Lin allen in der Messe die Geschichte erzählte, lachten wir, bis uns die Tränen kamen. Jeder wollte wissen, wie Tan der Penis geschmeckt hatte. Also tat Lin so, als ob er in seinem Zimmer etwas holen müsste, und schaute auch bei ihr vorbei. Aber sie lobte das Fleisch und irritiert überlegten wir, ob der Penis vielleicht weich gekocht gewesen war und sie tatsächlich einen Vorteil ergattert hatte.

Am nächsten Tag wurden wegen des Feiertages nur zwei Mahlzeiten serviert, deshalb wurde ich nicht benötigt. Lin und ich spielten gerade auf dem Sportplatz Basketball und warteten auf das Abendessen, als Tan mit verweintem Gesicht an uns vorbeirannte und „Rowdy, Rowdy, Scheißkerl" rief. Wir liefen zur Messe, wo sich schon einige Zhiqing vor Lachen bogen. Tan hatte den Koch gerade gefragt, warum in ihrer Portion zwei Stück Hundefleisch gewesen waren, die sie nicht durchbeißen hatte können. Sie hatte sie extra mit ihrem kleinen Benzinkocher nochmals gekocht, dann aber trotzdem wegwerfen müssen. Als der Koch ihr die Wahrheit sagte, war sie wütend davongerannt. Die Geschichte verbreitete sich bald bis hinauf zum Kompanieführer und alle lachten. Von diesem Tag an hasste Tan Lin aus vollem Herzen.

*

Einige Monate später stürmte mir „Schlauer Bär" entgegen und rief erfreut: „Du hast Post von der Zeitung bekommen."

Ich öffnete das Kuvert und las: „Genosse Wu Shaoxiang. Danke für den Entwurf, den Sie uns geschickt haben. Weil unserer Zeitung viele Zeichnungen zugesandt werden, der Platz aber begrenzt ist, haben wir leider keine Möglichkeit, Ihre Arbeit abzudrucken. Wir hoffen, dass Sie Ihre Anstrengungen verdoppeln und sich weiter bemühen. Sie sind jederzeit herzlich eingeladen, uns Entwürfe zuzuschicken. Die Kulturredaktion der Tageszeitung von Jiangxi." „Schlauer Bär" klopfte mir auf die Schultern und sagte: „Großartig. Unsere Kompanie hat ein neues Talent." Ich freute mich sehr über die freundlichen Zeilen. Einige Jahre später traf ich den Redakteur, der den Brief geschrieben hatte. Er erzählte mir, dass mein Entwurf damals zwar als Bauernmalerei, nicht aber als Bild eines Zhiqing gut genug gewesen sei. Aber da er erkannt hatte, dass es ein erster Versuch war, hatte er mich ermutigen wollen.

Nach der Herbsternte wurde das Produktions- und Aufbaukorps endgültig in einen staatlichen Bauernhof umgewandelt und gehörte nun zum Agraramt der Provinzregierung. Gui wurde der neue zivile Chef und gleichzeitig Parteisekretär des Bauernhofes und inspizierte daher alle Zweigstellen. Auf dem Drachenhügel nahm er sich extra ein paar Minuten Zeit, um mit mir zu plaudern, und danach munkelte man, dass ich wohl nicht mehr lange hier bleiben würde. Nach der Herbsternte gab es normalerweise nicht viel zu tun. Doch nun nutzten die örtlichen Parteikader die Zeit, um Kanäle zuschütten zu lassen. Straßen mussten gebaut, Hügel eingeebnet und Dämme errichtet werden. Keiner wusste, wer auf den verrückten Einfall gekommen war, hunderttausende Arbeitskräfte zu mobilisieren, um im Xin-Fluss neben der Kreisstadt den Damm zu verstärken. Wir mussten ebenfalls antreten und bekamen rund dreihundert Meter des Deiches zugewiesen. Morgens gingen die achtzig Arbeitskräfte unserer Kompanie mit roten Fahnen und geschulterten Schaufeln zum Deich. Jeder, egal ob Mann oder Frau, musste über fünfzig Kilogramm schwere Säcke mit Erde zum Deich bringen, um ihn aufzuschütten. Bald hatte ich Blasen an Händen und Füßen. Mit Lautsprechern wurden die Arbeiter angetrieben und alle Kader und Kompanieführer standen auf den höchsten Punkten der Dämme und achteten darauf, dass niemand faulenzte. Außerdem gab es keinen Ort, wo man ungestört austreten konnte. Es gab keine Bäume und das Reisfeld neben dem Damm war abgeerntet. Die Männer konnten hinter ein paar kleinen Sträuchern pinkeln, aber wer ein großes Geschäft zu erledigen hatte, musste ungefähr einen halben Kilometer bis zur Toilette marschieren. Aufgrund der vielen Arbeiter, die im Einsatz waren, musste man sich manchmal bis zu einer Stunde anstellen. Andererseits bot es Gelegenheit, sich von den Strapazen zu erholen. Nach einigen Tagen ging fast jeder je einmal vor- und nachmittags auf das stille Örtchen. Eines Tages bat Lin um Erlaubnis, die Toilette aufsuchen zu dürfen, und nahm seine Tasche mit. Als er nach einer Stunde noch nicht zurück war, erstattete Li beim Kompanieführer Bericht. Der wurde sofort wütend, denn er konnte Lin nicht ausstehen, und ging ihn suchen. Als er ihn nirgends fand, wurde er noch zorniger. Erst in der nächsten Pause kam Lin zurück, wurde vom Kompanieführer ausgeschimpft und aufgefordert, am Abend in der Kompaniesitzung Selbstkritik zu üben. Bei Sonnenuntergang konnten wir endlich unsere Schaufeln schultern und ins Quartier zurückkehren. Jeder wollte in seinem Zimmer sein, bevor es finster wurde, und die Füße in warmes Wasser halten, während man das Abendessen verspeiste. Ich wollte gerade heißes Wasser holen, als ich am Kompaniebüro vorbeiging. Ich sah durch das Fenster, dass Li und Tan dem Kompanieführer und dem politischen Instrukteur etwas berichteten. Als ich zurückkam, bemerkte ich im Zimmer von Li und Lin eine Ansammlung von Leuten: Als Li von der Arbeit am Deich zurückgekehrt war, hatte er bemerkt, dass jemand aus seiner Kleiderkiste zehn Yuan gestohlen hatte. Tan, der wegen ihrer Menstruation eine leichte Arbeit zugeteilt worden war, hatte sich gerade in der Messe ans Kochen gemacht, als sie Lin in sein Zimmer gehen sah. Gemeinsam mit

Li zeigte sie Lin im Kompaniebüro an. Lin wies die Anschuldigungen energisch von sich. Der Kompanieführer befahl ihm, seine Kiste zu öffnen, und da lagen zehn Yuan mehr, als Lin angegeben hatte. Der Kompanieführer wurde so wütend, dass die Adern auf seiner Stirn anschwollen, und schrie: „Ich hatte dich nur für leichtfertig gehalten, dabei bist du auch noch ein kleiner Dieb." Er ließ Lin festnehmen und ordnete an, dass wir um acht Uhr abends an einer Kompaniesitzung teilzunehmen hatten.

Wir saßen alle nebeneinander auf den Betten und Holzbänken im Kompaniebüro. In der Mitte, unter der großen Glühbirne, stand Lin mit gekrümmtem Körper und sagte kein Wort. Li und Tan brachten ihre Anschuldigungen vor und sprachen auch über seine angeblichen anderen Laster wie Rückständigkeit, Faulheit und Sarkasmus. Lin ließ noch immer den Kopf hängen und reagierte nicht. Von diesem Abend an hielt er sich von den anderen fern. Nie wieder machte er lustige Witze, wie er es früher getan hatte. Einige Wochen später schloss das Komitee des Kommunistischen Jugendverbandes Lin offiziell wegen Diebstahls aus dem Verband aus. Lin wurde zum einsamsten Zhiqing in der ganzen Kompanie. Ich glaubte ihm, dass er das Geld nicht gestohlen hatte, obwohl es bei ihm gefunden worden war. Wie ich waren viele andere Zhiqing davon überzeugt, dass dies Tans Rache für den Hundepenis-Streich war.

Vom Floß zur Trauerfeier

Am 4. Januar 1976 saß ich im Zug nach Nanchang. Ich war dort als Arbeiter angeworben worden und selbst überrascht von meinem Glück. Die Zentralregierung hatte den Forstwirtschaftsbetrieben erlaubt, neue Arbeiter aufzunehmen. Um das möglichst schnell und unkompliziert über die Bühne bringen zu können, durften die Angestellten dieser Betriebe jeweils ein eigenes Kind empfehlen, das mindestens achtzehn Jahre alt war.

Der Betrieb, in dem mein Vater arbeitete, lag in Nanchang und die Plätze dort waren sehr begehrt.
Wir waren über zweihundert Neuzugänge und wurden einen Monat lang eingeschult. In einem riesigen, extra für uns errichteten Zelt waren auf zwei langen Reihen aus Holzplatten provisorische Strohmatratzen aufgelegt worden und jedem von uns wurde ein Schlafplatz zugewiesen. In diesem Zelt wurde auch gegessen und wir verbrachten hier unsere Freizeit. Viele der neuen Arbeiter waren vom Land geholte Zhiqing und solche Bedingungen schon gewohnt. Alle redeten aufgeregt durcheinander, denn die meisten kannten sich schon von früher, weil ihre Eltern im gleichen Betrieb angestellt waren.
Hier wusste jeder, wer mein Vater war. Trotzdem fand ich schnell einige nette Freunde, die mein Interesse an Kunst und Literatur teilten. Der Leiter unseres Trainingslagers, ein Referent der politischen Abteilung, hieß Lui und war einer der wenigen Akademiker des Betriebes. Er nutzte jede freie Sekunde, um mit meinem Vater über Literatur und Geschichte zu diskutieren. Als er erfuhr, dass ich die Kalligrafie recht gut beherrschte, bat er mich, ihm bei der Wandzeitung des Trainingslagers zu helfen. Anders als auf dem Land, wo man einfach auf eine Tafel malte, gab es hier weißes Papier und Gouache-Farben, mit denen man ein dauerhaftes Titelbild herstellen konnte.

*

In der Morgendämmerung des 9. Januar erschallte Trauermusik. Über einen Lautsprecher wurde verkündet, dass Zhou Enlai gestorben sei. Der Premierminister hatte als einziger Staatsführer während der ganzen Zeit der Kulturrevolution fest im Sattel gesessen und war nach dem Tod von Lin Biao zum mächtigsten Politiker nach Mao Tse-tung aufgestiegen. Sein persönlicher Stil und sein moderates politisches Auftreten hatten ihn zum Hoffnungsträger für das ganze Volk werden lassen. Unter der Bevölkerung war das Gerücht umgegangen, dass Zhou Enlai kaum Sympathien für Politiker wie Maos Frau hatte.

Referent Lui stoppte die Morgengymnastik und gab mir Anweisung, die Wandzeitung zu einer Gedenktafel für Zhou Enlai umzugestalten. Ich suchte historische Fotos heraus, schnitt die offiziellen Nachrufe aus den Tageszeitungen und sammelte die Trauerartikel, die von den Arbeitern geschrieben worden waren. Ich klebte alles schön geordnet an die Wand. Einige der neuen Arbeiterinnen stellten aus weißem Papier Blumen in verschiedenen Größen und Formen her. Aus den Wäldern holten sie grüne Kiefernnadeln, die Unsterblichkeit symbolisierten, beides, seit die Kommunisten die Macht übernommen hatten, Symbol für die Trauer um Märtyrer und revolutionäre Führer. Die aus der Stadt gekommenen Arbeiter erzählten Referent Lui, dass dort schon schwarze Trauerbinden am linken Arm und auf der linken Brust kleine weiße Blumen getragen wurden. Lui, für den Zhou Enlai das Herz des Volkes repräsentierte, entschied, dass einige der neuen Arbeiterinnen schwarze Seide kaufen und für die Leute vom Trainingslager Trauerbänder herstellen sollten. Vor dem Mittagessen kam Lui zu einer letzten Kontrolle der Wandtafel. Nachdem er sie gründlich angesehen hatte, zog er ein schwarzes Seidenarmband und eine weiße Papierblume aus der Tasche und hieß mich, die beiden Dinge zu tragen. Mir kamen die Tränen, denn das erste Mal seit langer Zeit wurde ich politisch gleich behandelt wie die anderen. In China hatte die Teilnahme an Traueraktivitäten eine ähnliche Bedeutung wie die Teilnahme an einer politischen Feier. Die anderen beachteten meine roten Augen nicht weiter, wohl weil sie dachten, ich würde um Zhou Enlai trauern.

Die Trauerfeiern dauerten über eine Woche. Auf dem Platz vor der Gedenkhalle für revolutionäre Märtyrer in Nanchang wurden tausende Kränze, Blumenkörbe und Gedichte als Zeichen der Verehrung für den großen politischen Führer niedergelegt. Wir bauten im Trainingslager auf einem Bambusgerüst einen riesigen Kranz, den wir mit einem Lastwagen zur Gedenkhalle transportieren mussten. Am 11. Januar standen die Einwohner von Beijing, ob Greis oder Baby, trotz eiskalten Windes an der Changan-Straße und verabschiedeten Zhou Enlai, der im Leichenwagen zur Einäscherung gefahren wurde. Am 15. Januar fand die offizielle Trauerfeier in der Volkskongresshalle in Beijing statt. Im Trainingslager organisierten wir eine Gedenkfeier und alle Arbeiter des Betriebes kamen auf den Festplatz. Über die Lautsprecher, die auf die Frequenz des zentralen Volksradios eingestellt wurden, verfolgten wir die Geschehnisse in der Hauptstadt, danach fand unsere eigene Feier statt. In diesen paar Tagen berichteten Zeitung, Radio und Fernsehen rund um die Uhr von den Traueraktivitäten. Als gezeigt wurde, dass Maos Frau Jiang Qing beim Verabschieden der Leiche ihre Mütze nicht abgenommen hatte, reagierten viele zornig. Die schon lange schwelende Empörung über Jiang Qing und ihre Anhänger, die man für die Kulturrevolution verantwortlich machte, bekam plötzlich deutliche Konturen. Einen Monat lang wurde in Kinos ein Dokumentarfilm über Zhou Enlai gezeigt und die Szene, bei der Jiang Qing ihre Mütze aufbehielt, sorgte unter den Besuchern regelmäßig für Wutausbrüche. Trotzdem aber waren Mao Tse-tung, Jiang Qing und ihre Anhänger zu dieser Zeit mächtiger als je zuvor.

*

Nach einem Monat Einschulung wurde ich mit dreißig anderen Neulingen im zweiten Arbeitsbezirk einem Betrieb zugeteilt, der sich im Nordwesten der Stadt auf einer kleinen Insel im Fluss Fu befand. Mit der Innenstadt war diese Insel, die „Lotusblatt-Berg“ genannt wurde, durch Holzboote verbunden. Mein Vater war ebenfalls hier tätig. Da er nicht mehr besonders kräftig war, war er bei den Fähren eingeteilt. Der zweite Arbeitsbezirk versorgte die Industrie der Stadt mit dem nötigen Holz. Jedes Jahr wurden während der Regenzeit auf dem Gan-Fluss Holz und Bambus nach Nanchang gebracht. Dieses Material wurde zu Flößen gebunden, die mit Dampfern stromabwärts zum „Lotusblatt-Berg“ gezogen und im Umkreis der Insel gelagert wurden. Dann wurden die Flöße zerlegt und das Material ans Ufer geschleppt, wo es vermessen und verkauft wurde. Unser Betrieb wurde durch einen staatlichen Plan gesteuert und das Holz mittels Planziffer den Firmen im Umkreis zugewiesen.

Als wir neuen Arbeiter ankamen, erwartete uns ein großes Festessen. Der Tisch bog sich unter acht verschiedenen Speisen, außerdem gab es Suppe, Schnaps, süßen Wein, Erdnüsse und getrocknete Wassermelonenkerne. Danach wurden wir den Arbeitsgruppen zugeteilt. Die meisten Frauen kamen in die Vermessungsgruppe und waren überglücklich, denn anstatt im Wasser nass zu werden, konnten sie mit Maßband und Stift hantieren. Gemeinsam mit sieben anderen Arbeitern wurde ich einer Flößergruppe zugewiesen. Die meisten unserer neuen Kollegen waren über fünfzig Jahre alt und hatten aufgrund der Arbeit bei Wind, Regen und Sonne gegerbte Gesichter und Hände voller Schwielen. Deshalb trugen wir bei jedem Wetter lange Hosen, Hemden und große Strohhüte. Schließlich waren wir alle noch jung und auf Partnersuche und keiner wollte wie ein ungelernter Landarbeiter wirken. Nach der Einteilung in die Arbeitsgruppen bekamen wir neue Anzüge, Schuhe, Regenmäntel und Stiefel. Am meisten freuten wir uns über die blauen Anzüge. Weil sie nur an städtische Fabriksarbeiter ausgegeben wurden, waren sie auch um viel Geld nicht im Handel erhältlich. Deshalb trugen sie die meisten nicht während der Arbeit, sondern in der Freizeit. Ich tauschte sie allerdings gegen eine grüne Armeejacke, denn die Soldaten standen in der Gesellschaftsordnung noch über den städtischen Arbeitern. Außerdem bekam ich den Anzug meines Vaters, der lieber Zhungshang-Kleidung trug, wie sie unter den Intellektuellen üblich war und wie sie auch Mao bevorzugte.

Alle neuen Arbeiter wurden nach geltendem Standard in die fünfte Lohnklasse eingeteilt und bekamen 36 Yuan pro Monat. Das war für mich mehr als ausreichend, andere mussten davon oft eine ganze Familie ernähren.

Für die Floßarbeit brauchte man keine besonderen Kenntnisse, nur schwimmen musste man können. In der ersten Woche fiel jeder von uns mindestens zweimal ins Wasser. Die Luft- und Wassertemperaturen lagen zwischen winterlichen fünf und zehn Grad und oft konnte man bei jenen, die ein unfreiwilliges Bad nahmen, die Zähne klappern hören. In den ersten Arbeitstagen blieb ich davon verschont, aber schließlich wurde ich übermütig. Ich sah, dass die erfahrenen Arbeiter über das auf dem Wasser treibende Holz liefen, und wollte es auch ausprobieren. Schon der zweite Baumstamm rollte unter mir weg und ich fiel ins Wasser. Nachdem mich die anderen herausgefischt hatten, zitterte ich am ganzen Körper. Mir war so kalt, dass ich nicht einmal merkte, dass mein Bein aufgeschürft war. Erst im Zimmer, als ich neben dem Feuer saß, spürte ich die Schmerzen. Am nächsten Tag hatte ich eine schwere Erkältung und hohes Fieber.

*

Gemeinsam mit einem Teil der neuen Arbeiter wohnte ich in dem Wohnheim am „Lotusblatt-Berg", wo auch mein Vater untergebracht war. Dieser wurde, kurz nachdem ich dort zu arbeiten angefangen hatte, in die Messe versetzt und fungierte dort als Hilfsarbeiter und andererseits als Buchhalter für den Verkauf der Essensmarken. Die Zeiten waren für Intellektuelle wieder ein bisschen besser geworden. Sie wurden nicht mehr wie Verbrecher behandelt, sondern ihnen wurde zumindest ein kleiner Freiraum gewährt. Auch die guten Kontakte zu Referent Lui waren für meinen Vater von Vorteil: Er durfte in dem Büro, in dem vorher die Essensmarken verkauft worden waren, wohnen. Während sich normalerweise drei bis vier Leute ein Zimmer teilten, hatte er den ganzen Raum für sich alleine. Elektrizität gab es allerdings auch dort ebensowenig wie Unterhaltung und Abwechslung. Meistens saßen die Arbeiter während der Freizeit in der Messe und spielten Poker oder Schach. Ich vertrieb mir die Zeit damit, dass ich jeden Abend einen

Arbeiter bat, mir Modell zu stehen. Die älteren Kollegen weigerten sich, weil sie glaubten, dass das Porträt ihnen einen Teil ihrer Seele rauben würde. Aber die jungen Arbeiter stellten sich gerne zur Verfügung. Wenn ich einige Porträts fertig hatte, fuhr ich zu meinem dritten Großvater Youshan und ließ mir von ihm meine Fehler erklären.
Youshan war der Onkel meiner Mutter und früher Professor an der Pädagogischen Universität von Jiangxi gewesen. Zudem war er einer der berühmtesten Maler der Provinz. Sein früheres Zuhause war in meiner Erinnerung ein Ort voller Bilder, aber auch voller Kataloge und Comics. Er war der jüngste Bruder meines Großvaters, der starb, als meine Mutter vier Jahre alt war. Danach hatte Youshan die Pflichten eines Familienoberhauptes übernommen und sein Bestes versucht, sich um meine Mutter, ihre Schwester und meine Großmutter zu kümmern. Er selbst hatte erst sehr spät geheiratet und weil er keine Enkelkinder besaß, freute er sich darüber, dass wir ihn Großvater nannten. Während der Kulturrevolution musste er in einem Arbeitslager als Bauer arbeiten. Erst vor kurzem war er zurückgekehrt und hatte eine Zweizimmerwohnung in einem Bungalow der Pädagogischen Universität bezogen. Da die Ehefrau von Mao Tse-tung zu der Zeit gerade mehr Soldatenkunst forderte, rissen sich viele Einheiten um junge Künstler und die Nachfrage nach Lehrern in diesem Bereich war enorm. Daher konnte mein dritter Großvater endlich wieder unterrichten.

*

Bald durfte ich an der offiziellen Wandzeitung der Fabrik mitarbeiten. Die Texte wurden vom Parteizellensekretär aus den verschiedenen Arbeitsgruppen organisiert und von meinem Vater mit Pinsel und Tusche übertragen. Er besaß nicht nur die schönste Schrift, sondern auch Stilgefühl und er verbesserte die sprachlichen Fehler. Ich bekam die Aufgabe, die Wandzeitung zu dekorieren, und überlegte mir sofort ein besonderes Titelbild. Ich kopierte eine Zeichnung aus einem Bilderbuch und ersetzte dabei die Anzüge der abgebildeten Figuren durch jene von Floß- und Messearbeitern. In den Hintergrund malte ich Holzflöße und Kräne. Das Bild erregte Aufmerksamkeit und mittags setzte sich plötzlich eine junge Vermessungsarbeiterin, die von allen Klein Zhong genannt wurde, neben mich. Sie war sehr klein, aber wohlproportioniert und mit ihren großen schwarzen Augen und dem dicken Haarzopf sah sie sehr hübsch aus. Ihre Familie wohnte in einem Haus mit Garten, das die Regierung für ihren Vater errichtet hatte, der zu Lebzeiten der Kader mit dem höchsten Dienstalter gewesen war. Während sie sich setzte, lobte sie mich: „Klein Wu, dein Bild ist nicht schlecht." Wir hatten vorher noch nie miteinander gesprochen und ich war begeistert von ihrer melodischen Stimme. Wir redeten über Kunst und Literatur und sie erzählte mir, dass sie gerade Unterricht im Ziehharmonika-Spielen nahm. Außerdem versprach sie, mir ihre Wohnungsgenossin, die Malerei studierte, vorzustellen. Eine Woche später bat sie mich, von ihr ein Porträt zu zeichnen, und ich bemerkte das erste Mal ihre wunderschönen Wimpern.

Klein Zhong fing an, mir Romane zu leihen. Der Großteil davon war während der Kulturrevolution verboten und ich hatte keine Ahnung, wie sie an die Bücher herankam. Jedes Mal, wenn sie mir eines in die Hand drückte, sagte sie mir, bis wann sie es zurückgeben müsste. Ich war nicht der Einzige, den sie mit Lesestoff versorgte. Manchmal war das Buch in einzelne Kapitel zerlegt, sodass es mehrere gleichzeitig lesen konnten. Mittags diskutierte ich mit Klein Zhong über die Handlung und die Protagonisten der Bücher. Unsere Freundschaft erregte Aufsehen, weil wir von so unterschiedlicher Familienherkunft waren. Einige gingen sogar zum Parteizellensekretär und beschwerten sich darüber, dass der Sohn eines Anhängers der Rechten eine Beziehung mit der Tochter eines revolutionären Soldaten habe. Der Parteizellensekretär war ein guter Beobachter und wusste, dass zwischen uns nur eine platonische Freundschaft bestand. Trotzdem mahnte er Klein

Zhong, zu mir mehr Distanz zu halten, um negative Folgen für sich selbst zu vermeiden. Also schlug sie vor, dass wir uns künftig nach der Arbeit und an den Wochenenden treffen sollten, um weniger Aufsehen zu erregen.

Unglücklich verliebt

Ein Bote teilte mir mit, dass Referent Lui, der wieder an seinen früheren Arbeitsplatz zurückgekehrt war, mich im Hauptquartier des Betriebes sprechen wollte. Lui war für die Propaganda der politischen Abteilung des Betriebes zuständig und er erzählte mir, dass die Behörden von Nanchang eine Arbeiterkunstausstellung planten. Noch nie hatte der Mitarbeiter eines Forstwirtschaftsbetriebes an einer städtischen Ausstellung teilgenommen und Referent Lui schlug vor, dass ich es mit einem Bild über Forstarbeiter versuchen sollte. Da ich nur mehr zwei Monate Zeit hatte, brachte er mich zum Sekretär des Parteikomitees, der mich vom Dienst befreite. Ich war begeistert, denn nun konnte ich mich zwei Monate lang meiner Kunst widmen und erhielt trotzdem den normalen Lohn. Aber der Parteizellensekretär unseres Arbeitsbezirkes war alles andere als glücklich über den offiziellen Befehl. Noch verärgerter war sein Stellvertreter, der das Gesicht eines Affen hatte und von uns auch so genannt wurde. Er hasste alle Intellektuellen, weil er selbst nicht mit viel Verstand gesegnet war. Außerdem war er der Ansicht, dass ich aufgrund meiner Familienherkunft nicht würdig sei, Propagandaarbeiten zu übernehmen. Auch einige Arbeiter beschwerten sich im Büro: „Man darf nicht zulassen, dass Kinder von Anhängern der Rechten unsere Arbeiterklasse repräsentieren!“ Die Folge war, dass der Parteizellensekretär mich bat, wieder meinen Dienst aufzunehmen und auf die Entscheidung des Arbeitsbezirkes zu warten. Und dann versuchte er im Hauptquartier die politische Abteilung zu bewegen, meine Freistellung zu überdenken. Da der Parteizellensekretär Referent Lui gleichgestellt war, einigten sie sich schließlich auf einen Kompromiss, der beiden erlaubte, ihr Gesicht zu wahren: Ich wurde nur eineinhalb Monate vom Dienst befreit.

Das alles erfuhr ich von Referent Lui, als ich um Geld für das Material ansuchte. Ich beschloss, mir besondere Mühe zu geben, schließlich sollte er sich nicht umsonst für mich eingesetzt haben. Außerdem wollte ich den anderen unbedingt beweisen, dass Familienherkunft und Talent nichts miteinander zu tun hatten. Aber ich spürte den Druck, denn ich war noch nie gezwungen gewesen, so streng thematisch zu arbeiten. Die einzige Erfahrung, die ich aufweisen konnte, war das Bild, das ich während meiner Zeit beim Produktions- und Aufbaukorps für die Zeitung geschaffen hatte. Immerhin hatte ich meinen dritten Großvater einige Male beobachtet und wusste, wie ich vorgehen musste: Informationsmaterial sammeln, eine Skizze und dann einen farbigen Entwurf zeichnen und schließlich das Bild malen. Ich wühlte in den Illustrierten und schnitt alle Fotos aus, die mit Forstindustrie zu tun hatten. Einige, die ich für den Hintergrund geeignet hielt, klebte ich an die Wand neben meinem Bett, um sie immer wieder studieren zu können. Zuerst wollte ich zwei Arbeiter malen, die in einem Gebirgsbach Holzflöße steuerten, und das atemberaubende Gefühl einfangen, das sich einstellt, wenn man durch reißende Wassermassen fährt und links und rechts die Felsen hochragen. Ein dazupassendes Schwarzweiß-Foto hatte ich schon gefunden und ich machte einen Rohentwurf. Referent Lui gefiel er ganz gut, aber der politische Abteilungsleiter meinte, dass die Klippen im Hintergrund zu dominant seien. Ich überzeugte ihn, dass dieser Eindruck bei einem Farbbild verschwinden würde. Referent Lui schrieb ein offizielles Empfehlungsschreiben an die Organisatoren der Ausstellung und ich brachte den Rohentwurf zur Malereigruppe des städtischen Kulturzentrums, deren Büro unter der Präsidiumstribüne an der Ostseite des Bayi-Platzes im Stadtzentrum lag. Die Türwache warf einen Blick auf mein Empfehlungsschreiben und ließ mich eintreten. Im Büro ging es zu wie in einem Bienenstock, zehn junge Maler arbeiteten an Holzschnitten und Grafiken, ständig kamen Leute und wollten dem Organisator der Ausstellung, Lehrer Xiao, ihre Arbeiten zeigen. Er öffnete meine Mappe und fragte erstaunt: „Wo hast du gelernt, so zu malen? Warum ist dein Zeichenstil so weich?“ Ich hatte wohl von meinem Großvater den französischen Zeichenstil des neunzehnten Jahrhunderts übernommen, nur leider war der gerade unpopulär. Lehrer Xiao bevorzugte klare und harte Linien und einen kontrastreichen Stil. Auch mein Thema gefiel ihm nicht. Er meinte, dass es zu schwer zu malen sei. Ich hatte mich selbst schon gefragt, ob ich den Klippen, Stromschnellen und stark bewegten Figuren gewachsen sein würde. Lehrer Xiao riet mir, „mich lieber mit dem wirklichen Leben vertraut zu machen“ und nach der Natur zu malen. Die Tage vergingen und ständig bastelte ich an meinem Rohentwurf, ohne wirklich zufrieden zu sein. Ich wurde immer nervöser. Bis zum letzten Abgabetermin hatte ich nur mehr einen halben Monat Zeit. Deshalb suchte ich meinen dritten Großvater auf und er meinte, von all meinen Entwürfen sei der erste auch der beste. Schließlich malte ich einen alten und einen jungen Arbeiter, die auf einem Floß sitzen und ein Buch Maos studieren. Der gesamte Hintergrund bestand aus Holzflößen, nur am Bildrand gab es Wellen und Schaumkronen auf dem Wasser. Diesen Rohentwurf brachte ich ins Kulturzentrum und er fand die Zustimmung von Lehrer Xiao. Eine Woche lang arbeitete ich pausenlos am Bild. Die Arbeiter unseres Bezirkes waren alle neugierig und kamen immer öfter, um mir beim Malen zuzusehen. Dabei diskutierten sie, wem die beiden Arbeiter am ehesten glichen. Klein Zhong wurde zu meiner treuesten Zuschauerin. Jeden Mittag kam sie mit ihrem Essen in mein Zimmer und sah mir zu. In der Zweisamkeit verhielten wir uns immer vertrauter. Mittlerweile wich sie auch meinem Blick nicht mehr aus. Aber meistens wurden wir von jungen, laut diskutierenden Kollegen unterbrochen.

Mein Bild wurde rechtzeitig fertig und in die Arbeiterkunstausstellung der Stadt Nanchang aufgenommen. Unser ganzer Betrieb bekam eine Einladung zur Eröffnung, die Referent Lui dem Sekretär des Parteikomitees überbrachte. Dieser war zwar nicht interessiert an Kunst, aber immerhin erfuhr er so, dass er mich nicht umsonst freigestellt hatte. Das alles war sehr aufregend für mich, aber in meinem eigenen Arbeitsbezirk holte man mich rasch wieder auf den Boden der Realität zurück. Der Parteizellensekretär warf mir allen Ernstes vor, dass ich nur meinen persönlichen Ehrgeiz befriedigen wollte. Ich hätte das Bild nicht mit meinem Namen signieren sollen, weil es dem gesamten Betrieb gehöre.

*

Bald darauf leitete heftiger Regen die Hochwasserzeit ein. Man erzählte sich, dass es in den Berggebieten beim Oberlauf des Gan-Flusses schon zwei Wochen lang geregnet hätte. Die Wasserstände des Gan- und des Fu-Flusses stiegen ständig an und die Wettervorhersage prophezeite weitere starke Regenfälle und ein schlimmes Hochwasser. Der Anlegeplatz der Fähre vom Lotusblatt-Berg zur Stadt war von fünfzig Meter auf fast hundert Meter Breite angeschwollen, der Fluss glich einem riesigen Strom. Am Ufer wurden bereits überall Sandsäcke gestapelt. Alle Arbeiter des zweiten Arbeitsbezirkes mussten vorübergehend am Lotusblatt-Berg wohnen und mithelfen, die Dämme zu verstärken. Plötzlich wurde es hier sehr lebhaft, nachts wurde gepokert oder Schach, Billard und Tischtennis gespielt. Die Messe bereitete extra um 22 Uhr einen kostenlosen nächtlichen Imbiss zu. Es gab gedämpfte Teigbeutel mit Gemüse oder Eiersuppe mit in Streifen geschnittenem Fleisch.
Mein Vater wurde während dieser Zeit ins Hauptquartier versetzt, wo er beim Verfassen eines Artikels helfen sollte. Ich überließ mein Bett einem Freund, der vorübergehend zu uns versetzt worden war, und übernachtete im Zimmer meines Vaters, das in der Nähe der Küche lag. Ich wusste, dass Klein

Zhong an diesem Abend ebenfalls hier war. Ich hatte sie lang nicht mehr gesehen und vermutete, dass „Affe“ ihr nahe gelegt hatte, den Umgang mit mir zu vermeiden. Aber sie fehlte mir. Ich scherzte mit zwei jüngeren Arbeitern, während ich meinen nächtlichen Imbiss holte, aber mit den Augen suchte ich Klein Zhong. Ich sah sie nirgends und enttäuscht kehrte ich in das Zimmer meines Vaters zurück. Dort saß ich niedergedrückt und mutlos vor seinem Schreibtisch und sah mir die Zeitung an. Draußen regnete es heftig. Die Wassertropfen klopften gegen das Fenster, langsam wurde es in der Messe ruhiger. Ich war zu aufgewühlt, um schlafen zu gehen, und wollte ein wenig malen. Mein Vater hatte auf dem Schreibtisch eine Schüssel voll schwarzer Tusche stehen und daneben lagen einige sorgfältig ausgewaschene Pinsel. Ich suchte einige alte Zeitungen und übte Strich für Strich die chinesische Kalligrafie.

Ich war so vertieft, dass ich gar nicht bemerkte, wie die Tür geöffnet und wieder geschlossen wurde. Plötzlich versuchte jemand, mir von hinten den Pinsel wegzunehmen. Es war Klein Zhong, die zu lachen begann und sagte: „Es heißt, dass es unmöglich ist, einem Meister der Kalligrafie den Pinsel aus der Hand zu reißen. Alte Meister sollen so überprüfen, wie gut ihre Schüler sind. Ich wollte nur sehen, wie gut du bist.“ Klein Zhong lachte wieder und auf ihren Wangen erschienen zwei hinreißende Grübchen. Mein Kopf war plötzlich völlig leer. Sie lächelte mich kurz an und ließ sich dann von mir den Pinsel geben. Sie setzte sich auf den Holzstuhl, von dem ich aufgesprungen war, und tauchte den Pinsel in die Tusche. Dann schrieb sie ungeschickt mit dem Pinsel ihren Familiennamen auf das Blatt Papier. Sie hob ihren Kopf, blickte mich an und meinte: „Nicht gut, nicht gut. Ich beherrsche die Kalligrafie nicht, kannst du sie mir beibringen?“ Ich lachte und sie meinte kokett: „Ach, komm schon, komm schon.“ Also stellte ich mich hinter sie und konnte ihren Körper an meinem fühlen. Klein Zhong hob ihren Kopf, ihr Gesicht glich einer Pfirsichblüte. Mit ihren großen Augen sah sie mich ernst an. Da griff

ich nach ihrer rechten Hand und beugte mich über sie. Ihre Haare streichelten mich am Kinn und ich konnte den Duft ihres Halses wahrnehmen. Langsam führte ich ihre Hand, die wie eine Feder in meiner lag und heiß glühte.
Ein plötzliches Klopfen riss uns auseinander. Klein Zhong strich sich schnell ihre Haare glatt und hieß mich dann die Tür aufzumachen. Draußen stand die Sekretärin des Kommunistischen Jugendverbandes, hinter ihr der Parteizellensekretär. Beide schauten nicht gerade aufmunternd drein. „Klein Zhong, hier bist du also. Es ist spät, warum gehst du nicht schlafen?", fragte die Frau. Klein Zhong erwiderte, dass sie lernen wollte, mit dem Pinsel zu schreiben, und zu Hause nie vor Mitternacht zu Bett ginge. „Ist schon gut, ich gehe schon", meinte sie dann und verschwand. Ich schloss die Tür und hörte den Parteizellensekretär sagen: „Klein Zhong, ich muss mit dir reden."
Am nächsten Morgen ging sie mit geschwollenen Augen an meiner Tür vorbei. Leise fragte sie: „Schon aufgestanden?" und ging rasch weiter. Sie hatte offensichtlich Angst, dass jemand ihren Gruß bemerkt hatte. Ich hob den Kopf und sah den Parteizellensekretär neben seiner Bürotür stehen. Er hatte eine Zigarette im Mund und starrte mich an. Mir kam der Verdacht, dass er Klein Zhong jeden weiteren Umgang mit mir verboten hatte. Wütend warf ich die Zimmertür hinter mir zu.
Am nächsten Morgen kam Klein Zhongs Freundin und Zimmergenossin Sung zu mir. Es nieselte und wir standen am Rand des Flusses und beobachteten den Nebel. Sie erzählte, dass Klein Zhong die halbe Nacht geweint habe. Aber sie könne den Druck nicht mehr aushalten. Ihre Geschwister, der Leiter des Betriebes und einige Leute des Arbeitsbezirkes hätten sie aufgefordert, den Kontakt zu mir abzubrechen. Sie habe sich entschieden, den Sohn eines Kampfgefährten ihres Vaters zu heiraten. Die beiden kannten sich schon lange, aber Sung erzählte mir, dass Klein Zhong sich nicht recht für ihn entscheiden hätte können. Sung bat mich in ihrem Namen um Verzeihung, während sie selbst wohl gerade die Formalitäten

für die Arbeitsversetzung ausfüllte. Klein Zhong wollte in die Stadt ziehen, wo ihr zukünftiger Ehemann als Soldat seinen Dienst versah, und hatte beschlossen, dass es besser wäre, mich nie mehr wieder zu sehen.

Große Veränderungen im Drachenjahr

Am 28. August 1976 ereignete sich in der Stadt Tangshan in Zentralchina eines der verheerendsten Erdbeben in der Geschichte Chinas. Das schürte die Angst, dass auch in den südlich gelegenen Provinzen die Erde beben könnte. Das Einzige, was die offiziellen Medien darüber schrieben, waren Kommentare mit dem Inhalt, dass das Erdbeben die alte Welt zerstört und die Geburt einer neuen eingeleitet hätte. Da die Folgen der Katastrophe verschwiegen wurden, waren viele Gerüchte im Umlauf. Tangshan sei völlig zerstört worden, etwa 240.000 Menschen seien tot und weitere 150.000 schwer verletzt. Je mehr Nachrichten über das Erdbeben amtlich gesperrt wurden, desto größer wurde die Hysterie. Der Hauptumschlagplatz für die Gerüchte war der Bayi-Platz. Er hatte in etwa die Größe von vier Fußballfeldern, war dicht mit Gras bewachsen und wurde zu einer Art Campingplatz für alle, die aus Angst vor möglichen Erdbeben nicht mehr in ihren Häusern schlafen wollten. Überall sah man Strohmatten und Bettzeug in den verschiedensten Formen und Größen und hier gab es mit einem Mal keine Klassenunterschiede mehr. Plötzlich konnte man unbeschwert ebenso über Naturkatastrophen wie über das Schicksal der Nation diskutieren. Die Leute munkelten, dass ein Drachenjahr angebrochen sei. Der Drache war das Symbol des Kaisers und von allen Tieren das mächtigste. Man erzählte sich, dass das große Erdbeben in Tangshan eine Folge davon sei, dass der Drache sich unter der Erde häute und dabei vor Schmerzen krümmte. Außerdem symbolisierte die Häutung des Drachen immer auch einen Wechsel der Dynastie. Das erklärte für viele, warum Premierminister Zhou Enlai und der

oberste militärische Kommandant Chu Teh im gleichen Jahr verstorben waren. Dazu kam, dass im chinesischen Tierkreiskalender immer für denjenigen das gefährlichste Jahr anbrach, dessen Tierzeichen gerade an der Reihe war – in diesem Jahr also für einen Kaiser, den es nicht mehr gab. Aber nun war der „Drache" von China der Vorsitzende Mao Tse-tung und plötzlich erwartete man auch den Tod des großen Führers.
Am Nachmittag des 9. September stand ich auf einem Floß, um Holz aufzuladen, als plötzlich Trauermusik ertönte. Sofort wurde spekuliert, dass die „Rote Sonne" untergegangen sei. Und wirklich: Mao Tse-tung war tot. Ich war erschüttert und hatte keine Ahnung, ob das einen guten oder einen schlechten Einfluss auf mein Schicksal haben würde. Ändern würde sich auf jeden Fall einiges. Ich folgte dem Beispiel der anderen, täuschte ein trauriges Gesicht vor, senkte meinen Kopf und nahm den Hut ab, solange die Lautsprecheransage dauerte. Danach folgte ich den anderen zurück auf den Lotusblatt-Berg. Auch dort lief das Radio pausenlos und wir alle versuchten, traurig auszusehen und andächtig zuzuhören. Innerlich aber fragten wir uns, wann endlich Feierabend sein würde. Der Parteizellensekretär brachte einen großen Karton mit schwarzen Armbinden. Plötzlich sahen wir alle aus, als wäre ein Verwandter von uns gestorben. Der Termin für die Trauerfeier wurde auf den Nachmittag des 18. September festgesetzt. Zur Feier auf dem Platz des Himmlischen Friedens in Beijing wurden über eine Million Menschen erwartet. Gleichzeitig organisierte man in allen Provinzen, Städten und Betrieben Gedenkveranstaltungen. Da unser Forstamt zur Provinz gehörte, mussten wir an der Trauerfeier der Provinzregierung am Bayi-Platz teilnehmen. Der offizielle Beginn war auf fünfzehn Uhr festgesetzt, aber alle mussten sich schon um sechs Uhr morgens im Hauptquartier des Betriebes einfinden. Wir trugen unsere dunkelblauen Arbeitsanzüge, ein weißes Hemd und am linken Oberarm die schwarze Armbinde. An die linke Brust hatten wir eine weiße Papierblume gesteckt.

Bevor wir abmarschierten, wurden wir noch eindringlich davor gewarnt, während des Marsches und der Feier zu essen, zu rauchen, Lieder zu singen, Unsinn zu treiben oder Strohhüte zu tragen. Alle Kolonnen wurden unter dem Kommando von Offizieren auf den für sie vorgesehenen Platz geführt. Eine Seite der Rednerbühne war mit grünen Kiefernnadeln und weißen Blumen dekoriert worden. Eine riesige Schriftrolle hing über der Rednerbühne, auf schwarzem Grund stand in weißen Schriftzeichen „Trauerfeier für den Vorsitzenden Mao Tsetung".

Zwischen der Rednerbühne und den Menschenmassen gab es einen freien Raum von ungefähr dreißig Metern Breite, wo bewegungslos Soldaten mit halb automatischen Waffen und Bajonetten standen. Wir waren sehr nah an der Rednerbühne positioniert. Jede Einheit hatte eine Fahne mit und die Leute führten leise Gespräche. Immerhin galt es, noch rund fünf Stunden bis zum Beginn der Trauerfeier herumzubringen. Einige wollten sich auf den Boden setzen und wurden sofort von den Wachen angebrüllt: „Ernsthafter, bitte!" Wir standen uns also die Beine in den Bauch, während es immer heißer wurde. Wir traten von einem Fuß auf den anderen und bissen die Zähne zusammen um durchzuhalten. Niemand wagte mehr zu fragen, ob er sich niedersetzen durfte. Denn das Volk sollte zeigen, dass es dem Führer gegenüber auch im Tod loyal war und den Verlust schmerzlicher empfand als jenen eines Elternteiles.

Zu Mittag begannen die Leute aufgrund der Hitze reihenweise umzufallen. Ein paar Ärzte und Krankenschwestern kümmerten sich um die Hitzeopfer, aber schließlich erlaubte man doch, dass wir uns setzten. Kaum hatten wir die schlimmste Müdigkeit abgeschüttelt, meldeten sich der Magen und die ausgetrocknete Kehle. Wir reckten gerade den Hals, um zu sehen, wie weit der Wasserwagen noch von uns entfernt war, als eine etwa fünfzigjährige Dame wild gestikulierend in Richtung des freien Platzes vor der Rednerbühne lief. Niemand

schien sie besänftigen oder aufhalten zu wollen. Da sich alle langweilten, war das eine willkommene Abwechslung und ein jeder fragte sich, wie die Frau es geschafft hatte, bis zur gesperrten Zone vorzudringen. Plötzlich erkannte jemand in ihr die geisteskranke Ex-Frau von Mao Tse-tung. He Zizhen war eine der berühmtesten Partisanenführerinnen gewesen. Die Nachricht, dass die Wahnsinnige dort vorne He Zizhen war, verbreitete sich wie ein Lauffeuer. Viele standen auf, um sie genauer sehen zu können. Als sie die Aufmerksamkeit der Massen bemerkte, begann sie zu singen. Sie nahm einer Wache die Mütze weg und setzte sie sich auf den Kopf, drehte sich zu dem riesigen, mit weißen Blumen verzierten Bild von Mao und verbeugte sich. Wir fingen an zu lachen – und erschraken. Offenes Gelächter bei einer solchen Trauerfeier würde sicher mit Gefängnis bestraft werden. Auch von den anderen Gesichtern war das Lachen sofort wie weggewischt und machte einer Trauermiene Platz. Die Ex-Frau von Mao wurde von zwei Soldaten zur Rednerbühne gebracht, wo sich eine Gruppe von Parteiführern und hochrangigen Militärs befand, und bald wurde es auf dem Platz wieder ruhig.
Um drei Uhr nachmittags begann die Live-Übertragung von der Trauerfeier in Beijing. Auf dem Bayi-Platz hatte sich eine halbe Million Menschen eingefunden, alle senkten ihre Köpfe tief und gaben keinen Laut von sich. Die Traueransprache pries die Wohltaten, die Mao Tse-tung der chinesischen Gesellschaft erwiesen hatte. Danach las der Leiter der Provinz einen Brief vor, der an Mao Tse-tungs Frau Jiang Qing gerichtet war. Ich gab mir alle Mühe gleichzeitig traurig dreinzuschauen und nicht umzufallen. Mein Magen schmerzte schon vor Hunger und ich sagte mir andauernd vor, dass ich durchhalten musste. Den anderen auf dem Platz erging es ähnlich.

*

Einige Tage nach der Trauerfeier gab es in unserem Arbeitsbezirk plötzlich eine Sitzung, bei der nachgeforscht werden sollte, wer wegen des ungewöhnlichen Verhaltens von Maos Ex-Frau gelacht hatte. Es wurde behauptet, dass der Vorfall von Klassenfeinden absichtlich provoziert worden war. Schlagartig wurden wir uns der Gefahr bewusst, in der wir schwebten, und verteidigten uns damit, dass uns die Stahlarbeiter mit ihrem Gelächter angesteckt hätten. „Affe“ sagte nur: „Es ist egal, ob man angefangen oder nur mitgemacht hat. Wer bei der Trauerfeier für den Vorsitzenden Mao auch nur eine Sekunde heiter war, kann ihm gegenüber nicht loyal gewesen sein.“ Und dann fing er an, jeden zu verhören. Als er bei mir ankam, beschuldigte er mich, mit dem Lachen angefangen zu haben. Ich merkte, dass meine Kollegen unruhig wurden. Insgesamt neun hatten zugegeben, gelacht zu haben, und nun ergriff der Parteizellensekretär das Wort.

Er teilte uns mit, dass wir eine Selbstkritik schreiben und am nächsten Morgen bei ihm abgeben sollten. Die Frage, wer tatsächlich zuerst gelacht hatte, würde von der Polizei näher untersucht werden.

Als ich am nächsten Morgen meine Selbstkritik abgab, meinte der Parteizellensekretär: „Bei deiner Familienherkunft solltest du darauf achten, dass dir kein Fehler passiert, weil das für dich schwerwiegendere Konsequenzen als für andere hat!“ Ich antwortete nicht, vermutete aber, dass das Schlimmste damit ausgestanden war. Denn wenn er mir eine Lektion hätte erteilen wollen, hätte er alle neun bestrafen müssen und damit eventuell selbst wegen schlechter Menschenführung Missfallen erregt. Und als plötzlich bekannt wurde, dass Maos Witwe als Kopf der Viererbande verhaftet worden war, geriet die ganze Sache in Vergessenheit.

*

Das ganze Volk feierte die Nachricht von der Verhaftung der Viererbande als Schlussstrich unter die Kulturrevolution, die viele Menschen Haus, Heim und Leben gekostet hatte. Das Volk hasste Maos Witwe und ihre Linksextremisten zutiefst.

Ironischerweise wurde überall so gefeiert, wie die Viererbande es eingeführt hatte: Alle Wände und Türen wurden mit Slogans beklebt, Wandzeitungen gestaltet und rote Laternen als Symbol der Freude über alle Eingänge gehängt. Nächtelang wurden Feuerwerke abgeschossen und alle Geschäfte in Nanchang verkauften Alkohol, was sonst nur in der Neujahrsnacht üblich war. Unser Betrieb gewährte wie die meisten Firmen drei Tage Urlaub. Mein Vater, der normalerweise keinen Alkohol trank, kaufte eine Flasche Schnaps, die er mit mir teilte.

Die politische Atmosphäre entspannte sich spürbar. Mein dritter Großvater konnte plötzlich wieder als Maler an die Öffentlichkeit treten und die Zeitungen und das Fernsehen fingen an, über ihn zu berichten. Das während der Kulturrevolution verschwundene Lächeln zauberte sich wieder in sein Gesicht. Seine Schüler zeigten jetzt noch mehr Respekt vor ihm und nannten ihn plötzlich „Professor Peng“ anstelle von „Lehrer“, wie es während der Kulturrevolution üblich gewesen war. Einer seiner Schüler stand ihm besonders nahe. Alt Yao war im Museum der Provinz für die Restaurierung alter Kulturgegenstände verantwortlich und wie mein Großvater in Yugan geboren. Ich hatte ihn schon einige Male getroffen und mit ihm einige Worte im Dialekt von Yugan gewechselt.

Eines Tages erzählte er mir, dass das Provinzmuseum gerade eine große Ausstellung vorbereitete. Eigentlich hatte man schon genug Personal dafür, aber er wollte beim Ausstellungsleiter ein gutes Wort für mich einlegen, da er einen Assistenten benötigte. Zufällig war der Kurator der Ausstellung ein bekannter Arbeiterkünstler, den ich schon im Kulturzentrum der Stadt kennen gelernt hatte. Er war gerne bereit, hoffnungsvolle Jugendliche wie mich, die den Sprung vom Arbeiter zum Künstler wagen wollten, zu unterstützten. Und meine Familienherkunft war ihm dabei völlig egal. Im Gegenteil, von den guten Beziehungen zu Alt Yao versprach er sich ebenfalls einige Vorteile, denn er selbst war als Arbeitskraft nur für diese Ausstellung vom Kulturzentrum zur Verfügung gestellt worden. Er verfasste daher ein offizielles Schreiben mit dem Inhalt, dass das Museum mich für die Planung der Ausstellung „Antike chinesische Wissenschaft und Landwirtschaftstechnik" zeitweilig beschäftigen wolle. Leiharbeiter waren während der Kulturrevolution sehr beliebt. Viele Organisationen und Kulturinstitute konnten mit ihrer Hilfe plötzlich geforderte politische Aufgaben schnell und professionell erledigen, ohne sich längerfristig an jemanden binden zu müssen. Die Grundeinheit, bei der angefragt wurde, hatte einen Arbeiter kostenfrei zu verleihen. Ich ging mit diesem offiziellen „Arbeiterausleihdokument" zum Hauptquartier meines Betriebes und suchte Referent Lui auf, der gerade stellvertretender Leiter der politischen Abteilung geworden war. Nachdem er das Dokument überflogen hatte, rief er den Leiter des Personalbüros an und sagte ihm, dass die politische Abteilung einverstanden sei, weil meine Mitarbeit an der Ausstellung dem ganzen Betrieb zur Ehre gereichen würde. Der Abteilungsleiter am anderen Ende des Telefons muss wohl sofort zugestimmt haben, denn Referent Lui blinzelte freudig, holte einen roten runden Stempel aus einer Schublade und drückte ihn mit ganzer Kraft auf das Dokument. Dann schrieb er „Ausleihen genehmigt" auf das Papier, unterzeichnete es und verfasste noch ein offizielles Empfehlungsschreiben für das Museum. Wieder draußen, konnte ich es mir nicht verkneifen, ausgelassen über den Gehsteig zu hüpfen. Ich durfte nun nicht nur ein halbes Jahr lang im Museum arbeiten, sondern würde sogar Kunst studieren. Ich musste mich nicht mehr mit Leuten wie dem „Affen" abgeben und malte mir genüsslich aus, wie zornig er auf die neue Situation reagieren würde.

*

Das Provinzmuseum von Jiangxi lag an der westlichen Seite des Bayi-Platzes im Zentrum der Stadt Nanchang. Es war aus blauen Keramikziegeln erbaut und das große Dach wölbte sich an den Enden nach oben. Rund um das Gebäude verlief ein feiner, handgemachter Zaun aus Schmiedeeisen. Ich war als Grundschüler schon einmal im Provinzmuseum gewesen und erinnerte mich an altes Geschirr aus Bronze und Keramik und das Verbot, im Museum laut zu sprechen. Am nächsten Morgen stand ich sehr früh auf, zog meine besten Kleider an und betrat pünktlich um acht Uhr das Büro des Provinzmuseums, das schon von jungen, hübschen Frauen bevölkert war, die unablässig miteinander plapperten. Der Kurator scherzte gerade mit ihnen, als er mich kommen sah. Er stand auf, schüttelte meine Hand und meinte: „Schon da?" Ohne auf eine Erwiderung zu warten setzte er hinzu: „Du bist aber schnell." Danach stellte er mich den Frauen vor, die für die Führungen im Museum zuständig waren. Sie waren nicht nur hübsch, sondern alle nach der neuesten Mode gekleidet und ich war so verlegen, dass ich mir keinen einzigen Namen merkte. Sie alle hatten dank der guten politischen Verbindungen ihrer Eltern diesen Traumjob ergattert.

Der Großteil des Provinzmuseums war während der Kulturrevolution geschlossen gewesen, weil die gezeigten Exponate von früheren Kaisern oder vom Adel stammten. Viele der berühmtesten Kunstgegenstände, darunter Bronzegeschirr, Porzellan, Gemälde und Kalligrafien, waren während der Kulturrevolution im Keller verstaut worden, denn sie widersprachen Maos Theorie, dass Geschichte von den Proletariern und nicht von reichen Leuten geschrieben wurde. Bis zu diesem Jahr war nur ein kleiner Teil der Ausstellungsräume mit Exponaten über die Geschichte der Provinz Jiangxi für die Öffentlichkeit zugänglich gewesen. Nun war das Museum wieder zu neuem Leben erwacht. Hauptattraktion der nun geplanten Ausstellung über „Antike chinesische Wissenschaft und Landwirtschaftstechnik" sollten Fotos, Gemälde und Schriften sein, die Arbeiter, Bauern und Soldaten zeigten. Dieses Konzept war von der Provinzregierung und dem Kulturministerium bewilligt worden. Alle professionellen Kadermaler wurden in die Ausstellungsvorbereitung eingebunden. Unter ihnen waren die populärsten Künstler der Provinz. Die meisten kannte ich dem Namen nach, aber nun konnte ich ihnen bei der Arbeit zusehen und dabei ihre Techniken studieren. Mein eigenes Niveau war noch nicht so hoch, dass auch ich ein Bild für die Ausstellung hätte beisteuern können. Zuerst ließ man mich also Diagramme malen, die alte chinesische Landwirtschaftsgeräte zeigten. Dann hatte der Kurator eine neue Idee, die er den Museen in Beijing abgeschaut hatte: Er plante eine Gruppe von Tonskulpturen, die in der Eingangshalle des Provinzmuseums stehen sollte. Allerdings gab es in der Künstlergruppe keinen einzigen Bildhauer. Nur ein kleiner, stolzer Mann mit dem Familiennamen Xia fertigte ab und zu Tonfiguren an. Er gehörte zu den wenigen, die eine Ausbildung an einer Kunstakademie genossen hatten, weil er noch vor der Kulturrevolution studiert hatte. Lehrer Xia wurde mit der Aufgabe betraut, forderte allerdings einen Assistenten an. Keiner der jungen Maler wollte den Auftrag übernehmen und so wurde ich ihm als Hilfskraft zugeteilt. Ich hatte nicht die geringste Ahnung von Bildhauerei und war zuerst skeptisch. Alle sagten mir, dass sie das schwierigste Fach im Bereich der bildenden Künste sei und man eine gute Grundausbildung und Anatomiekenntnisse benötigte. Andererseits sollte ich nun direkt mit Kunst zu tun haben, was mich neugierig und stolz zugleich machte. Außerdem dachte ich mir, dass ich damit nicht nur meine Freunde, sondern auch die hübschen Museumsführerinnen beeindrucken würde.

Lehrer Xia war recht freundlich zu mir. Er fragte mich nach meiner Herkunft und wollte dann meine Zeichnungen sehen. Er blätterte sie langsam durch und meinte, dass ich zwar einen Hauch von Kunstgefühl hätte und den Charakter einer Person einfangen könne, aber von Anatomie und Bildkomposition noch sehr wenig Ahnung hätte. Dann begann er mir die Verbindung zwischen menschlichen Knochen und Muskeln zu erklären und ich gratulierte mir dazu, von ihm als Assistent akzeptiert worden zu sein. Alle Künstler arbeiteten im großen, leeren Ausstellungssaal im zweiten Stock des Museums. Jeder hatte sich einen kleinen Platz mit gutem Licht gesucht. Der Trubel ging Lehrer Xia auf die Nerven. Er konnte es auch nicht leiden, dass die Führerinnen ihm bei der Arbeit zuschauten. Außerdem war er sehr stolz und fragte nie die anderen Künstler nach ihrer Meinung. Als der Kurator ihm einmal einen Vorschlag zur Verbesserung der Skulpturen machte, wurde er vor Wut ganz rot. Schon nach wenigen Tagen hieß es, Lehrer Xia sei schwierig. Er selbst meinte nur: „Wenn du deine Arbeit schnell und unbehelligt vollenden willst, musst du Distanz zu den anderen halten."

Die meisten Maler arbeiteten vor allem nach dem Mittagessen, weil es dann nicht so kalt war. Obwohl Nanchang in Südchina liegt, sind im Winter Temperaturen rund um den Gefrierpunkt keine Seltenheit. Die Zentralregierung hatte aber den Gebrauch von Heizungen in Gegenden südlich des Jangtse-Flusses verboten. Ausgenommen waren nur Hotels für Ausländer und die Villen der hohen kommunistischen Führer. Außerdem mussten viele Künstler am Vormittag kochen und einkaufen, weil ihre Ehefrauen um acht Uhr ihren Arbeitsdienst antraten. Lehrer Xia arbeitete daher nur am Morgen an seinen Skulpturen, weil es da ruhig war. Für mich bedeutete das, dass ich nachmittags frei hatte und den anderen bei der Arbeit zusehen und von ihnen lernen konnte.

Als die Skulpturenmodelle fertig waren, brachte man Holz, Eisen, Strohseile und Ton ins Museum. Außerdem forderte Lehrer Xia einen Hilfsarbeiter an, der beim Mischen des Tons helfen sollte. Überraschenderweise war dieser Hilfsarbeiter der frühere Sekretär des Parteikomitees. Als Handlanger der Viererbande hatte er während der Kulturrevolution diesen hohen Posten bekommen. Zur Zeit wartete er gerade in einer Zelle auf seine Verurteilung. Als er zu uns gebracht wurde, trug er immer noch den Anzug eines Kaders sowie Handschellen. Er musste versprechen, uns Gehorsam zu leisten, erst dann wurden ihm die Handschellen abgenommen. Und dann musste der Mann, der noch eine Woche zuvor die Befehlsgewalt über das Provinzmuseum gehabt hatte, den Ton raffinieren. Er hatte wohl noch nie in seinem Leben körperliche Arbeit verrichtet, denn als er mit einem Stück Holz den schon mit Wasser vermischten Ton durchrühren wollte, spritzte er nicht nur sein eigenes Gesicht, sondern auch uns an. Lehrer Xia schrie wütend auf: „Chen Yuan, du Schwachkopf! Wie kann man nur so dumm sein?“ Chinesen riefen sich normalerweise entweder mit dem Amtstitel oder man setzte vor den Namen „Alt“, wenn man Respekt zeigen wollte, oder „Klein“, wenn man mit jemandem vertraut war. Deshalb war es eine ungewöhnliche Demütigung, dass Lehrer Xia den ehemaligen Sekretär mit seinem ganzen Namen anredete. Er dachte wohl an all die Künstler, die während der Kulturrevolution Hab und Gut und manchmal sogar ihr Leben verloren hatten. Chen Yuan setzte ein Lächeln auf und murmelte: „Entschuldigung!“ Lehrer Xia zeigte auf die mit Ton bespritzte Wand und meinte: „Du warst so lange für das Museum verantwortlich, tut dir diese Sauerei gar nicht Leid?“ Chen Yuan zuckte zusammen und meinte: „Alt Xia, es war ja nicht Absicht. Ich habe mich auch schon entschuldigt, du willst mich wohl in Schwierigkeiten bringen.“ Tief im Inneren hatte er seine arrogante Haltung noch immer nicht abgelegt. Da wurde Lehrer Xia noch wütender, warf seine erst zur Hälfte gerauchte Zigarette auf den Boden und schrie: „Denkst du denn, dass du noch immer Sekretär des Parteikomitees bist? Heute bist du mein Hilfsarbeiter und hast zu tun, was ich sage. Und wenn du nicht ordentlich arbeiten willst, gehst du eben in deine Zelle zurück. Ich habe dich nicht angefordert, sondern du wolltest unbedingt hierher. Du hast mir Leid getan, aber du kennst keine Dankbarkeit.“ Chen Yuan senkte den Kopf und sagte demütig: „Alt Xia, Sie wissen ja, dass ich niemals zuvor solche Arbeiten machen musste. Sagen Sie mir doch, was ich tun soll.“ Da herrschte Lehrer Xia ihn an: „Das solltest du eigentlich wissen. Ich musste für die Ausstellung ‚Klassenkämpfe‘ Tonfiguren für dich machen. Hast du da nicht gesehen, wie wir alle barfuß den Ton raffiniert haben?“ Da zog Chen Yuan seine Schuhe und Socken aus, stieg in den Ton und trat ihn mit den Füßen. Zu dieser Zeit hatten wir rund zehn Grad im Saal und das Flusswasser machte den Ton noch kälter. Ich fröstelte, denn plötzlich erinnerte ich mich an die Frühjahrsarbeit in den Wasserfeldern während meiner Zeit in der Kommunistischen Arbeitsuniversität.

Nach einigen Tagen gab es im Kulturkreis der Provinz eine Sitzung, bei der es um die Verurteilung jener Kulturkader ging, die sich der Viererbande angeschlossen hatten. Chen Yuan wurde mit vier anderen auf die Bühne des Provinztheaters gebracht, das voll besetzt mit Schauspielern, Schriftstellern und Malern war, die irgendwann einmal von ihnen kritisiert, verurteilt, verfolgt und bestraft worden waren. Einige waren von ihnen sogar körperlich mißhandelt worden. Die Stimmung war hitzig und als ein kleiner weißhaariger Mann die Bühne betrat und Cheng Yuan eine Ohrfeige verpasste, erreichte die Wut ihren Höhepunkt. Ich erkannte in ihm einen bekannten Maler für Blumen und Vögel. Zur Überraschung der Anwesenden holte er ein kleines Päckchen aus der Brusttasche, öffnete es und nahm einen gelben Zahn heraus. Dann zeigte er auf Chen Yuan und klagte ihn an: „Zu Beginn des Jahres 1967, als Chen Yuan schon Chef der Rebellen in der Kunstschule war, zwang er mich während einer Versammlung, meine Bilder und Kunstgegenstände herauszugeben. Danach nahm er vor meinen Augen ein Zündholz und verbrannte alles. Unter den Werken befand sich auch ein Bild des berühmten Malers Ba Da Shan Ren aus der Qing-Dynastie. Ich konnte nicht mit ansehen, wie das Bild verbrannt wurde, und bat Chen Yuan auf Knien, das Werk zu verschonen. Da schlug er mir grundlos das Gesicht blutig und einen Schneidezahn aus. Ich zeigte meine Schmerzen nicht und ließ den Zahn im Mund, bis die Versammlung vorbei war. Daheim wusch ich den Zahn sauber, wickelte ihn in Papier und hielt ihn versteckt bis zu diesem Augenblick.“ Nun verstand ich auch, warum Lehrer Xia eine so geringe Meinung von Chen Yuan hatte. Es ging dabei nicht um Politik oder Macht, sondern Chen Yuan war schlicht und einfach ein Verbrecher gewesen.

*

Je weiter die Arbeit an den Skulpturen fortschritt, desto mehr wuchs mein Interesse daran. Ich half das Eisen zu biegen, das mit Drähten bespannt wurde. Ein Schweißer fixierte dieses Gerüst, das wir dann mit Strohseilen fest umwickelten. Danach ging ich zur Toilette und als ich zurückkam, hatte ich plötzlich das Gefühl, als würde sich das Gerüst unter den Sonnenstrahlen, die vom Westen her durch die Glaswand schienen, bewegen. Wir hatten eine sehr interessante, abstrakte Figur geschaffen, die eine solche Kraft ausstrahlte, dass mir der Atem stockte. Die Strohseile glänzten golden im Licht und ich glaubte, noch nie etwas so Aufregendes gesehen zu haben. Erst Jahre später, als ich die Kunstwerke von Alberto Giacometti sah, hatte ich wieder ein ähnliches Gefühl.
Nun trug ich den Ton auf und klopfte ihn mit kleinen Holzhämmerchen zurecht. Dann begann Lehrer Xia, aus den von mir geschaffenen Grundformen seine Figuren herzustellen. Er war nun weit besserer Stimmung, weil die Arbeit gut voranschritt, und scherzte sogar mit den jungen Führerinnen. Er bat sie, ihm Modell für eine weibliche Figur zu stehen, die eine Weberin verkörpern sollte. Er studierte die Bewegungen, Gesichtszüge und Gelenke der Frauen und verbesserte so seine Tonfigur. Unter den Mädchen war eines, das Klein Shi genannt wurde. Sie war klein, wohlproportioniert und hatte sehr schöne, runde Brüste. Früher war sie Schülerin einer Tanzgruppe gewesen, die sie verlassen musste, weil sie nicht groß genug war. Vielleicht hatte sie deshalb nur wenig Scheu, in eine Pose nach der anderen zu schlüpfen. Dank der Hilfe von Klein Shi schien die Figur der Weberin bald die lebendigste der ganzen Skulpturengruppe zu werden. Auch für die Figuren eines alten Fischers und eines jungen Mannes, die nur mit einem Feigen-

blatt bekleidet sein sollten, benötigte Lehrer Xia ein Modell. Der Kurator konnte dafür einen starken Soldaten der Wache des Bayi-Platzes gewinnen. In dieser Zeit lernte ich ungeheuer viel. Für Lehrer Xia war, wie für viele Künstler damals, die Arbeit an der Vorderseite einer Skulptur viel wichtiger als jene an der Hinterseite, die er mir überließ. Ich durfte sogar einige unbedeutende Teile der Skulpturengruppe selbstständig fertigen, an denen er dann nur kleine Änderungen vornahm.

Bald wussten alle, dass im Provinzmuseum an einer Ausstellung gearbeitet wurde, und diverse Hobbymaler und Kunstschüler suchten nach einer Möglichkeit, ins Museum zu kommen, um den berühmten Malern bei ihrer Arbeit zusehen zu können. Da das Museum offiziell noch geschlossen war, wandten sich viele an mich. Ich sagte ihnen, sie sollten Besuchsformulare ausfüllen und der Wache erzählen, dass sie mich sehen wollten. Dann führte ich sie durch die Halle und war stolz darauf, von den anderen um meine Arbeit beneidet zu werden.

Eines Vormittags rief mir Klein Shi von der Eingangshalle zu, dass jemand auf mich wartete. Ich reparierte dort gerade einige Sprünge in einer Gruppe von Tonfiguren. Während die Figuren trockneten, kam es oft zu Rissen und man mischte Weihrauchpulver mit Reissuppe, um sie zu flicken. Diese Mischung ergibt einen kraftvollen Kleber, mit dem zu arbeiten ziemlich schwierig ist. Ich wischte mir Reste des Klebers von der Hand und ging zur Eingangshalle des Provinzmuseums. Dort sah ich einen Malerkollegen, den ich zwar einige Male bei Veranstaltungen des Kulturzentrums getroffen hatte, aber nicht besonders gut kannte. Er trug eine Stofftasche in der Hand und wirkte sehr nervös. Neben ihm stand ein vielleicht zehnjähriges Mädchen. Ich ließ sie eintreten und plötzlich flüsterte mir der Mann zu: „Ich bin der Sohn von Chen Yuan. Meine Schwester und ich würden ihn gerne sehen. Bitte, helfen Sie mir!“ Ich war zwar überrascht, aber ich erinnerte mich daran, wie ich meinen Vater vor seiner Deportation im Wissenschaftsinstitut für Wasserprodukte besucht hatte, und sagte: „Sicher, dein

Vater hilft gerade oben.“ Ich brachte die Geschwister zu Chen Yuan, der ebenfalls gerade Sprünge in einer Skulpturengruppe reparierte, und sagte: „Alt Chen, du hast Besuch von deiner Familie und brauchst heute Vormittag nicht mehr weiterzumachen.“ Eigentlich hatte ich nicht das Recht dazu, ihm frei zu geben, aber es war niemand außer uns im Saal. Außerdem durfte er sich vormittags im Museum immer frei bewegen, nachmittags musste er dann wieder in seine Zelle zurück. Ich ließ ihn mit seinen Kindern alleine und konzentrierte mich wieder auf das Reparieren der Sprünge. Trotzdem behielt ich die drei, die leise am Fenster miteinander sprachen, immer im Auge. Nach zwanzig Minuten gingen die Kinder wieder, ohne sich bei mir zu verabschieden. Sie hatten ihrem Vater scheinbar viel mitgebracht, denn die Taschen seiner Kaderuniform waren zum Bersten voll.

Nachmittags gegen drei Uhr stürmte plötzlich ein Maler, der mit Familiennamen Zhang hieß und sich mit Tuschemalereien beschäftigte, in die Halle. In seiner Begleitung waren zwei Sicherheitsbeamte und er sagte gerade: „Diese ausgeliehenen Arbeiter sind sehr nachlässig.“ Dann zeigte er auf mich und fuhr fort: „Der da hat zugelassen, dass Chen Yuans Kinder ihn besucht haben. Ihr solltet herausfinden, welche Beziehung er zu Chen Yuan hat und wer ihn hierher vermittelt hat.“ Der Maler, mit dem ich gerade plauderte, versuchte die Situation zu beruhigen und meinte lächelnd: „Alt Zhang, falls etwas vorgefallen sein sollte, kann man in Ruhe darüber reden. Wieso müssen Sie gleich einen solchen Wirbel machen?“ Doch Zhang gab nicht nach und behauptete, dass ich Chen Yuan absichtlich geholfen hätte. Ich wies alle Schuld von mir, doch die Sicherheitskräfte nahmen mich trotzdem in ihr Büro mit.

Da bekam ich völlig überraschend Schützenhilfe: Klein Shi und ihre Gruppenleiterin setzten sich für mich ein. Da die beiden Frauen gute politische Verbindungen hatten und außerdem im Gegensatz zu mir reguläre Arbeiter des Museums waren, hatten sie keine Konsequenzen zu befürchten. Mich aber retteten sie aus einer üblen Situation und ich war ihnen sehr dankbar. Deshalb suchte ich einen Freund auf, der für ein Kino Werbebilder malte, und bat ihn, mir drei Karten für den gerade angelaufenen Film aus Jugoslawien zu besorgen, der ständig ausverkauft war. Während des Filmes erzählte mir Klein Shi, dass Maler Zhang zornig sei, weil ich immer die Arbeiten seiner berühmteren Kollegen, nie aber seine Werke bewundert hatte.

Später lud Klein Shi mich ein, gemeinsam mit ihr und ihrer Schwester die Aufführung eines Gesang- und Tanzensembles zu besuchen. Erstmals seit meiner unglücklichen Liebe zu Klein Zhong fühlte ich mich wieder zu einer Frau hingezogen. Klein Shis schönes Gesicht und ihre eleganten Bewegungen faszinierten mich. Außerdem war sie mir gegenüber großzügig und freundlich. Trotzdem wusste ich, dass die breite gesellschaftliche Kluft zwischen uns kaum überwindbar war, und hatte Angst, wieder verletzt zu werden. Sie spürte die Distanz, die ich aufbaute, und ihr gerade erst entflammtes Interesse erlosch bald wieder. Schließlich war sie eine schöne junge Frau, der genug Männer den Hof machten. Ich akzeptierte ihr plötzliches Desinteresse und war damit zufrieden, dass wir uns täglich sahen.

Schließlich war die Skulpturengruppe fertig. Wir hatten sie in einer dunkelbraunen Farbe lackiert und ich fand, dass sie so weniger interessant wirkte als damals, als sie aus dem rohen Ton Form annahm. Mir war es egal, denn meine Zeit als Leiharbeiter ging dem Ende zu. Am Tag, bevor ich das Museum verlassen sollte, begegnete ich in der Ausstellungshalle Klein Shi. Neben ihr stand ein großer, gut aussehender Offizier der Befreiungsarmee, den sie mir als ihren zukünftigen Mann vorstellte.

Auf dem Weg zum Ruhm

Im zweiten Anlauf an die Hochschule

Im späten Mai des Jahres 1977 kam aus Beijing die Nachricht, dass Deng Xiaoping wieder den Staatsrat leitete. Das Volk hatte schon lange gehofft, dass sich Deng Xiaoping durchsetzen würde, denn er hatte die Kommunistische Partei vor der Kulturrevolution repräsentiert, als die Zeiten für die meisten viel besser gewesen waren. Mitte August fand der elfte Parteitag statt, bei dem die Kulturrevolution nach elf Jahren offiziell für beendet erklärt wurde. Trotzdem galt Mao Tse-tung weiterhin als „Schutzgott" Chinas. Das Zentralkomitee errichtete auf dem Platz des Himmlischen Friedens ein Mausoleum für ihn. Seine Leiche wurde in einem Kristallsarg aufgebahrt und zur Verehrung freigegeben. Am 19. August wählte der Parteitag Hua Guofeng zum neuen Vorsitzenden der Partei, Deng Xiaoping wurde sein Stellvertreter. In ganz China wurde der neue Parteichef gefeiert und jeder Maler des Landes wollte der Erste sein, der ein Porträt des neuen Vorsitzenden vollendet hatte. Ich wurde vom städtischen Kulturzentrum angemietet, um gemeinsam mit anderen Künstlern Bilder zu malen, die den Vorsitzenden Hua darstellten und anschließend in Ämtern aufgehängt werden sollten.

Ende Oktober kamen aus Beijing abermals aufregende Nachrichten. Das Zentralkomitee hatte entschieden, dass im Dezember erstmals seit Beginn der Kulturrevolution 1966 wieder Aufnahmeprüfungen für die Universitäten stattfinden sollten. Millionen junger Chinesen machten sich plötzlich wieder Hoffnungen, denn egal ob Soldat, Zhiqing, Arbeiter, Bauer oder Arbeitsloser, alle durften sich bewerben.

Die Aufnahmeprüfungen hatten eine lange Tradition: Schon im siebenten Jahrhundert nach Christus, während der Tang-Dynastie, hatte man jährlich im ganzen Land nationale Prüfungen durchgeführt, von denen es abhing, ob man geeignet war, als Beamter oder Offizier dem Kaiser zu dienen. Dieses System half allen späteren Dynastien, ihre Macht zu festigen. Mit der Zeit wurde dieses Auswahlverfahren zu einer der wichtigsten Errungenschaften der chinesischen Kultur. Es gab viele Geschichten über Leute, die erst durch diese Aufnahmeprüfungen berühmt geworden waren.

Seit 1966 hatte keine Schule mehr richtig unterrichtet. Deshalb waren die Leute mit dem höchsten Wissensstand die älteren Zhiqing, die schon vor Beginn der Kulturrevolution eine Schule absolviert hatten. Ich meldete mich für die Aufnahmeprüfung für bildende Kunst an und musste daher Prüfungen in Geschichte und Politik sowie in Kunst ablegen. Mein Chinesisch war nicht schlecht, aber ich hatte nicht einmal die Volksschule beendet und so meldete ich mich in einer der Abendschulen an, die weit blickende Lehrer in angemieteten Klassenzimmern extra für die Vorbereitung auf diese Prüfung eröffnet hatten. Jeden Abend hatte ich drei Stunden Unterricht. Fast alle Schüler übten schon einen Beruf aus, die Altersunterschiede waren sehr groß. Manche waren schon fast vierzig Jahre alt, andere wiederum so jung, dass sie mit den Eltern zum Unterricht erschienen. Trotzdem war der Zusammenhalt sehr groß und es bildeten sich bald Lerngruppen. Der Besuch einer Abendschule wurde so populär, dass sogar auf den Straßen herumstreunende Jugendliche, Gauner und Halbstarke Respekt vor jenen zeigten, die sich diese Mühen antaten. Vor der Schule parkten hunderte Fahrräder, doch nie wurde eines geklaut oder bekam auch nur einen Kratzer ab. Wir erklärten uns das damit, dass auch die Führer von Straßengangs die Abendschulen besuchten.

In meinem Betrieb hatten sich über vierzig junge Arbeiter für die Aufnahmeprüfung angemeldet. Die politische Abteilung genehmigte uns allen einen Monat bezahlten Urlaub für die Prüfungsvorbereitungen. Die Anmeldeformulare hatte ich schon längst abgeschickt. Wer bildende Kunst studieren wollte, konnte sich nicht nur an den Kunstinstituten der Universitäten anmelden, sondern auch an den staatlichen Kunstakademien der verschiedenen Regionen. Bei Letzteren musste man auch einige Arbeiten einreichen, anhand derer ausgesucht wurde, wer an der Aufnahmeprüfung teilnehmen durfte. Ich hatte mich für eine Akademie entschieden, die in der Nähe von Jiangxi lag und wo man Bildhauerei studieren konnte, wurde aber nicht zur Aufnahmeprüfung eingeladen. Das überraschte mich nicht besonders, denn neben den Berufsmalern, die endlich eine ordentliche Ausbildung genießen wollten, gab es unzählige junge Arbeiter und Zhiqing, die gut zeichnen konnten. Außerdem kannte ich einige Jugendliche aus Nanchang, die Arbeiten ihrer Lehrer eingereicht hatten. Zwei davon bekamen tatsächlich eine Teilnahmeerlaubnis.

Zur Aufnahmeprüfung für die Universität wurde ich aber problemlos zugelassen und bekam die Nummer 7,759.730 zugeteilt. Ich lernte vor allem Geschichte, Politik und Chinesisch. Für das Fach Politik musste man die Hintergründe und die Geschichte der Kommunistischen Partei sowie die Theorien von Karl Marx, Lenin und Mao Tse-tung kennen. Das war nicht nur ausgesprochen langweilig, sondern auch kurzlebig, denn in China schienen sich die Antworten auf politische Fragen jährlich zu ändern. Frühmorgens, lange bevor die Sonne aufging, lernte ich bereits und traf auf andere, die ziellos hin und her marschierten und sich dabei auf die Aufnahmeprüfung vorbereiteten. Nach dem Frühstück studierte ich gemeinsam mit Freunden Chinesisch. Wir nahmen an, dass das Interpretieren von Prosa im klassischen Stil und das Schreiben eines Aufsatzes verlangt werden würde. Die chinesische Prosa alten Stiles enthält viele rhetorische Figuren, viele sprichwörtliche Redensarten und Anspielungen auf historische Begebenheiten. Da das Lesen klassischer Literatur lange verboten gewesen war, mussten wir viele dieser

Figuren erst mühsam entschlüsseln. Mein Vater, ein Fachmann für diese Literatur, war mir dabei eine große Hilfe. Am Nachmittag wiederholte ich den Stoff, den ich vormittags gelernt hatte, und abends besuchte ich die Abendschule und setzte mich danach mit Freunden zusammen, die ebenfalls Kunst studieren wollten. Wir vermuteten, dass wir ein Stillleben malen würden, weil jeder Teilnehmer in China die gleiche Aufgabe bekommen sollte. Ich merkte bald, dass ich die meiste Erfahrung hatte und den anderen nützliche Ratschläge geben konnte. Da wir alle den ganzen Tag lernten, waren wir abends oft so müde, dass wir mit dem Zeichenstift in der Hand einschliefen.

*

Schließlich kam der große Tag. Es war sonnig, aber bitter kalt und ich sauste mit meinem Fahrrad zu dem Gymnasium, wo die Prüfung stattfand. Ich kam fast eine Stunde zu früh, das Tor war aber bereits geöffnet. Neben der Tür standen Polizisten, die als Wache fungierten, außerdem gab es dort einen Rettungswagen. Ich holte meine Teilnahmeberechtigung aus der Tasche und reichte sie dem Mann am Eingang. Plötzlich huschte ein fetter Junge an mir vorbei und schrie aufgeregt: „Meine Füllfeder ist leer, ich habe keine Tinte mehr." Zum dritten Mal an diesem Tag kontrollierte ich meine eigenen zwei Füllfedern und den Kugelschreiber. Beruhigt gesellte ich mich zu einigen anderen Prüfungsteilnehmern, die ich bereits kannte. Am Vormittag sollte Chinesisch geprüft werden und wir fingen an, einander Fragen zu stellen. Das nahm uns ein bisschen die Nervosität. Andererseits erfuhren wir, dass alle Klassenzimmer des Gymnasiums, das immerhin 2.000 Leuten Platz bot, überfüllt seien. Alle freien Plätze für bildende Kunst und Musik zusammengerechnet, würden rund fünf Studenten aus Nanchang aufgenommen werden. Wie gut meine Chancen standen, konnte ich mir da auch ohne besondere Mathematikkenntnisse ausrechnen. Als via Lautsprecher verkündet wurde, dass innerhalb von fünf Minuten alle im zugewiesenen Klassenzimmer erscheinen müssten, setzte ein Ansturm auf die Toiletten ein. Auch meine Harnblase fühlte sich an, als würde sie gleich platzen. Doch als ich endlich am Pissoir stand, kam nur ein winziger Tropfen heraus. Ich biss die Zähne zusammen und presste noch einmal. Ich konnte mir nicht erklären, was los war, und schielte vorsichtig nach links und rechts. Allen anderen schien es ähnlich zu gehen.

Als die Schulglocke läutete, saß ich schon auf meinem Platz. In der Klasse war es so still, dass man eine Stecknadel hätte fallen hören können, und wir warteten gespannt auf das Austeilen der Prüfungsbögen. Diese Bögen wurden in verschlossenen Kuverts aufbewahrt und waren extra mit einem Militärflugzeug von einem geheimen Platz aus nach Nanchang transportiert worden, um betrügerische Manipulationen auszuschließen. Der Transport vom Flughafen zu den Prüfungsorten war vom Militär übernommen worden und einige Zeitungen hatten ironisch angemerkt, dass sich der Staat die Sicherheit dieser Prüfungsunterlagen mehr zu Herzen nehmen würde als die Sicherheit des Geldes in den Banken. Endlich erklang das letzte Läuten. Sofort gingen die zwei Prüfungsaufseher – wahrscheinlich Professoren des Gymnasiums – zum Tisch, öffneten die Kuverts, nahmen die Unterlagen heraus und begannen unverzüglich, sie auszuteilen. Ich sah mir den Bogen durch und merkte, dass ich die meisten Lösungen wusste. Deshalb war ich nach der Prüfung optimistisch, dass ich den Großteil der Fragen richtig beantwortet hatte. An der Eingangstür des Gymnasiums drängten sich Eltern und Verwandte der Prüfungsteilnehmer mit Essen, Thermosflaschen und kleinen Öfen. Ich war traurig, dass niemand von meiner Familie gekommen war. Am Nachmittag wurde das Fach Politik geprüft und am nächsten Tag stand das Zeichnen von Stillleben auf dem Plan. Ich versuchte, einen Blick auf die Arbeiten der anderen zu erhaschen und sah bald, dass die meisten wenig Erfahrung im Zeichnen hatten. Dass mein Bild gut gelungen war, bestätigten mir auch die drei Professoren, die die Arbeiten begutachteten.

Sie spazierten durch die Klasse und ihre Blicke schweiften über die Blätter. Als sie bei mir ankamen, blieben sie plötzlich stehen, begutachteten mein Bild und der Älteste lächelte mich kurz an, bevor er weiterging.
Dann kam die Zeit des Wartens. Die Prüfungsbögen wurden in einem Erholungsheim für Kader in den Bergen ausgewertet. Lehrer aus verschiedenen Provinzen kontrollierten die Ergebnisse und durften währenddessen das Erholungsheim nicht verlassen. Außerdem wurde das Gebäude vom Militär bewacht. Da sich aber die Leiter der Aufnahmekomitees und deren Sekretäre und Chauffeure frei bewegen durften, wurden manche Prüfungsergebnisse trotzdem frühzeitig bekannt. Nach der Auswertung wurden die Ergebnisse den Aufnahmekomitees mitgeteilt und weitere Informationen sickerten durch. Bald war mir klar, dass es diesmal wohl nicht geklappt hatte. Sehr viel später erfuhr ich, dass es bei dieser Aufnahmeprüfung im Großen und Ganzen ziemlich gerecht zugegangen war. Besonders die Hochschulen für Naturwissenschaften und Ingenieurwesen beurteilten korrekt, weil es einheitliche Normen gab. Ganz anders war das im Kunstbereich. Zwar standen auf den Zeichnungen nicht die Namen der Teilnehmer, sondern nur die Prüfungsnummern, aber wenn man jemanden kannte, der die Bögen auswertete, konnte man sich vorher absprechen. Man brauchte nur zu beschreiben, wie das Bild aussah. Da es für Kunst keine Standardlösungen gibt, hing die Punktezahl vom Urteil des Lehrers ab. Deshalb waren jene, die diesmal von den Kunsthochschulen aufgenommen wurden, meist Verwandte von Beamten des Aufnahmekomitees. So kam es auch, dass ein ziemlich unbegabter Junge, den ich bei der Arbeit im Provinzmuseum kennen gelernt hatte, von der Kunstabteilung der Pädagogischen Universität als einer von nur zwei Schülern akzeptiert wurde. Sein Vater war einer der höheren Kader im Erziehungskomitee und direkt für die Aufnahme an den Hochschulen zuständig. Als ich den Jungen eines Tages auf der Straße traf, hatte er immerhin den Anstand, rot zu werden.

*

Die neu aufgenommenen Studenten fingen im März 1978 an und waren noch nicht einmal drei Monate an der Universität, da fand schon die nächste Aufnahmeprüfung statt. Denn künftig sollten die Prüfungen im Juli durchgeführt werden, wie es auch früher üblich gewesen war. So konnten die Studenten im September ihr Studium beginnen. Ich trug wieder meinen Namen ein und beantragte einen Monat Urlaub, um mich auf die Prüfung vorzubereiten. Sie war wieder ähnlich feierlich wie die vorangegangene und es nahmen auch wieder ähnlich viele Leute daran teil. Diesmal gab es aber mehr freie Plätze, denn alle Universitäten und Hochschulen hatten die Professoren, die aufs Land verbannt worden waren, zurückgeholt und auch einige früher verbotene Fächer wurden wieder unterrichtet.
In der Provinz Jiangxi gab es die „Jingdezhen Porzellan- und Keramikhochschule“, an der auch Bildhauerei gelehrt wurde. Mein dritter Großvater hatte an dieser Hochschule kurze Zeit unterrichtet und erklärte mir, dass das eine der besten Schulen sei, denn sie nahm Schüler aus ganz China auf. Die Prüfungsteilnehmer konnten sich drei Hochschulen aussuchen und ich beschloss, an erster Stelle die Keramikhochschule zu wählen. Zwar wurden jährlich nur sieben bis acht Bildhauereistudenten aufgenommen, aber jemanden aus der Region würde man sicher bevorzugen. Die Prüfung lief dann auch sehr gut. Diesmal wusste ich auch, wo ich mein Ergebnis erfahren konnte. Ein früherer Arbeitskollege meines Vaters namens Zhen war der Leiter des Parteikomitees einer Maschinenbaufabrik in Nanchang. Eine seiner Mitarbeiterinnen war mit jenem Mann verheiratet, der das Aufnahmekomitee im Bereich bildende Kunst leitete. Außerdem waren die beiden seine Nachbarn. Frau Zhen organisierte ein Treffen mit dem Mann und da ihn der Chef seiner Frau um einen Gefallen bat, war er sehr entgegenkommend. Zwei Tage später erfuhr ich, dass meine Arbeit im Fach Malerei zu den besten gehörte und ich auch in den Grundfächern nicht schlecht abgeschnitten hatte. Jedenfalls reichte die Gesamtpunktezahl und kurz darauf erfuhr ich

dann auch schon, dass ich an der Keramikhochschule angenommen war.
Mein dritter Großvater war sehr stolz, denn keiner seiner Studenten hatte einen Platz an einer Hochschule bekommen. Ich selbst fühlte mich, als hätte man mir einen Platz im Paradies angeboten. Es war Mitte August und ich durfte nicht zu glücklich wirken, weil meine Informationen noch nicht offiziell bekannt waren. Das Aufnahmekomitee und die Hochschulen mussten noch letzte Kontrollen vornehmen und ich hoffte, dass mir mein familiärer Hintergrund nicht noch im letzten Moment einen Strich durch die Rechnung machen würde. Am 9. September bekam ich ein großes gelbes Kuvert mit roter Aufschrift: Die Aufnahmemitteilung, die ich sehnlich erwartet hatte.

*

Die Nachricht von meinem Prüfungsergebnis verbreitete sich sehr schnell in meinem Betrieb. Ich war der einzige Mitarbeiter der Forstwirtschaftsbetriebe in Nanchang, der in diesem Jahr an eine Hochschule aufgenommen wurde. Fast alle Leute, die ich kannte, gratulierten mir und meinem Vater und jeder versuchte der Erste zu sein, der mich auf einen Schnaps einlud. Aber natürlich gab es auch Arbeiter, die mir mein Glück nicht gönnten und die meinten, dass jemand mit meiner Familienherkunft kein Recht hätte, an einer Universität zu studieren. Außerdem hatte ich nicht, wie früher üblich, eine Empfehlung meiner Vorgesetzten gebraucht und der Parteizellensekretär und sein Stellvertreter, mein besonderer Freund „Affe“, sahen darin einen Angriff auf ihre Position. Also beriefen die beiden eine Sitzung der Parteizelle ein, um über mich zu diskutieren. „Affe“ fluchte: „Da haben wir eine Restauration der Kapitalisten. Wir von der Arbeiterklasse werden bald wieder unterdrückt werden und die Klasse der Antirevolutionäre wird an der Macht sein.“ Man beschloss, einen Brief an das Parteikomitee des Betriebes zu schreiben, um meine Aufnahme an der Hochschule zu verhindern. Doch als die Parteizelle davon hörte, dass ich nicht nur von der politischen Abteilung des Betriebes, sondern auch von jener des Forstwirtschaftsamtes unterstützt wurde, zog sie den Brief wieder zurück. In meinem Arbeitsbezirk sprach schon jeder über diese Angelegenheit und viele waren wütend über die gemeine Einmischung. Ein Freund von mir ließ in den nächsten paar Tagen heimlich die Luft aus den Fahrradreifen von „Affe" und ein anderer strich „Qin Lian You", eine scharfe Paste gegen Kopfschmerzen und Müdigkeit, auf den Plastikrand seines Hutes. Als „Affe" ihn aufsetzte, rann ihm die Paste mit seinem Schweiß in die Augen und er musste ständig blinzeln, was unter den Arbeitern großes Gelächter hervorrief.

Um sich zu rächen, schrieben die beiden stellvertretend für die Parteizelle eine negative Bewertung und steckten sie in meine persönliche Akte. Darin behaupteten sie, dass ich von einer kapitalistischen Sucht nach Ruhm beherrscht sei. Außerdem hätte ich auf Mao Tse-tungs Begräbnis Witze erzählt und so meine Geringschätzung für ihn bekundet. Diese persönliche Akte war wie ein Schatten, der einen durch das Leben begleitete. Nur politische Sicherheitsbeamte oder Abteilungsleiter hatten Zugang dazu. Wenn man zu einer neuen Einheit versetzt wurde, begleitete einen die Akte dorthin und diente einer ersten Einstufung, die oft auch die letzte sein konnte. Die beiden wussten genau, dass sie mit dieser Eintragung mein ganzes Leben beeinflussen würden. Sie hassten mich aus tiefstem Herzen, weil ich das Symbol dafür war, dass die ehemals einflussreichen Führer langsam ihre Macht einbüßten.

Am Tag, als ich Nanchang verließ, schien die Sonne. Auf dem Bahnhof wurde ich von Freunden, Mitarbeitern und Kollegen umringt, die sich von mir verabschieden wollten. Mein Gepäck hatte ich bereits verstaut und auch schon einige neue Hochschulkollegen kennen gelernt, die neugierig den Trubel um meine Person beobachteten. Weder der Schaffner noch die Polizisten belästigten uns, obwohl wir viel Lärm machten. Endlich war ich einmal ganz oben angekommen: Die neuen

Hochschulstudenten waren zu dieser Zeit die populärsten Mitglieder der Gesellschaft und zu einem Symbol der neuen Zeiten geworden. Wir nahmen den Platz ein, den früher die Soldaten der Volksbefreiungsarmee innegehabt hatten. China wurde endlich aus seinem Dornröschenschlaf wachgeküsst und begann, Wissen und Talent wieder zu schätzen.

Ein Student des Jahrgangs 1978

Im Nordosten der Provinz Jiangxi liegt am Chang-Fluss die Stadt Jingdezhen mit rund einer halben Million Einwohnern. Keramikarbeiten haben in dieser Stadt eine große Tradition. Schon zweihundert Jahre vor Christus, während der Han-Dynastie, war in diesem Gebiet Porzellan produziert worden. Ab etwa 557 nach Christus blühte dieses Gewerbe richtig auf. Während einiger Jahre der Sung-Dynastie ließ der Kaiser in Jingdezhen einen Brennofen errichten und die hier entstandenen Exponate von eigens dafür abgestellten Beamten kontrollieren. Auch spätere Dynastien ließen in Jingdezhen kaiserliche Brennöfen betreiben. Das Porzellan wurde immer feiner, der Ruhm der Stadt immer größer. Sogar die ausländische Bezeichnung „China" geht auf diese Stadt zurück, denn „China" bedeutet eigentlich „Porzellan". Wenn man in Jingdezhen an einer zufällig ausgewählten Stelle ein Loch graben würde, könnte man sicher sein, auf antike Porzellansplitter zu treffen, die in anderen Ländern der Welt sofort in ein Museum kämen. In dieser Stadt war die einzige Porzellan- und Keramikhochschule der Welt ansässig, an der ich nun studieren sollte.

Der Zug fuhr langsam im Bahnhof ein. Das einstöckige Gebäude erinnerte an ein Lagerhaus und der Bahnsteig war noch nicht gepflastert und bestand aus nackter roter Erde. Wir waren ein wenig enttäuscht von diesem provisorischen Bahnhof. Verglichen mit jenem von Nanchang wirkte er wie die Haltestelle eines Dorfes. Am Bahnsteig warteten junge Leute mit einer Tafel, auf der stand: „Neue Studenten der Porzellanhochschule.“ Wir wurden freundlich empfangen und eine Dame mit Megafon kommandierte uns zu zwei Bussen und einem LKW, auf den unsere Taschen verladen wurden. Sie war Sekretärin des Kommunistischen Jugendverbandes und wurde „Lehrerin Fang“ genannt. Weil ich ungemein neugierig war und mich mehr für meine Umgebung als für den Bus interessierte, bekam ich keinen Platz mehr und musste gemeinsam mit einigen anderen auf dem LKW mitfahren. Wir hielten uns am Holzrand des Wagens fest, genossen die vorbeiziehende Landschaft und taxierten einander vorsichtig. Bald erreichten wir die Schule, wo eine lange Schriftrolle hing, auf der zu lesen stand: „Herzlich Willkommen, neue Studenten des Jahrgangs 78!“ Rundum ertönte ein erfreutes „Ah“.

Die Schule war hell erleuchtet. Die älteren Studenten zeigten uns ein Gebäude, in dem die Abteilung für bildende Kunst untergebracht war. Eine Reihe hoher Bäume umgab das Bauwerk, das selbst in der Dunkelheit recht malerisch aussah. In der Schule warteten einige Professoren der verschiedenen Abteilungen und einige ältere Studentenkader, die uns zu unseren Zimmern brachten. Die Studenten der Bildhauerklasse bekamen einen Raum im zweiten Geschoss eines länglichen Gebäudes zugewiesen, das einer Kaserne ähnelte. Auf rund zwanzig Quadratmetern standen sechs Stockbetten für acht Studenten. Ich erhielt eines der oberen Betten in der Nähe eines Fensters. Ich war froh darüber, denn ein Blick auf den Boden aus dunkelgrauen Ziegeln, die mit Wasser voll gesogen waren, genügte, um zu wissen, dass wir in einem sehr feuchten Raum gelandet waren. Wir luden unser Gepäck auf den frei gebliebenen Betten ab und machten uns miteinander bekannt. Insgesamt bestand die Bildhauerklasse aus vierzehn Studenten, zwei davon waren Mädchen. Sie wohnten mit den anderen Studentinnen der Hochschule im ersten Stock und Lehrerin Fang hatte darauf zu achten, dass kein Mann sich zu den Mädchen schleichen konnte.

Plötzlich stürmte ein Student namens Jiang, der aus der Provinz Fujian stammte, ins Zimmer. Er hatte seine Lebensmittelbons verloren und war sehr aufgeregt, denn ohne diese Marken konnte er keinen Reis kaufen. Wir wollten ihm helfen, verstanden aber kein Wort. Ein anderer Student aus der Region bot sich schließlich an zu dolmetschen und wurde dann gemeinsam mit Jiang in die Stadt gebracht, damit er seinen Eltern telegrafierte. Doch kaum war Jiang zurück, trat schon das nächste Problem auf. Seine Mutter, die gehört hatte, dass das Essen in der Hochschule sehr schlecht sei, hatte ihm ein Glas mit Schweinefett eingepackt und in sein Bettzeug gewickelt. Nun war ausgerechnet sein Gepäck in einer Kurve vom LKW gefallen, das Glas zerbrochen und das Bettzeug unbrauchbar geworden. Wir holten einen Lehrer, der Jiang in einem Gästezimmer der Schule unterbrachte. Nach all dem Rummel konnten wir anderen nicht einschlafen und beschlossen Geld zu sammeln, damit Jiang sich neues Bettzeug kaufen konnte.

Die Hochschule lag auf einem sonnigen Hügel östlich der Stadt, umgeben von einem kleinen Wald. Dahinter erstreckten sich Porzellanfabriken, Dörfer und Reisfelder. Schon bald begannen wir, außerhalb der Schulgebäude Landschaftsbilder zu malen. Von Anfang an gingen wir alle mit großem Selbstvertrauen an die neue Herausforderung heran. Schließlich hatte man uns im Gegensatz zu den höheren Semestern aus tausenden von Bewerbern herausgesiebt. Eines Tages wollte ich gerade mit einigen Kollegen im Wäldchen malen, als wir auf dem Weg dorthin neben dem Basketballplatz einen ungewöhnlich aussehenden Schüler entdeckten, der erst an diesem Morgen angekommen war. Er trug die lange blaue Robe professioneller Künstler, die von oben bis unten mit Farbklecksen beschmiert war, und hatte eine richtige Staffelei vor sich. Wir anderen besaßen nur eine Malmappe aus einer mit Stoff bespannten Holzplatte. Ölfarben, wie dieser Schüler sie benutzte, konnten wir uns ebenfalls nicht leisten. Dank solcher Accessoires war Li bald in der ganzen Schule bekannt. Dazu kam seine auffallende Erscheinung. Er hatte langes Haar, eine flache Nase und ein stark hervorstehendes Kinn. Von der Seite gesehen glich sein Gesicht einem Halbmond und schon bald bekam er den Spitznamen „Alter Mond“. Er war früher professioneller Maler einer großen Kaufhauskette gewesen und hatte sich damit einen gewissen Namen gemacht. Daher bildete er sich ein, der beste Maler unserer Klasse zu sein, und spielte sich gerne als unser Anführer auf. Er machte den Vorschlag, dass jeden Abend Porträts gemalt werden und die Studenten dafür abwechselnd Modell stehen sollten. Ein Schüler namens Liang machte den Anfang. Wir saßen um ihn herum auf Stühlen und Betten und im ganzen Raum war nur das Geräusch der Zeichenkohle auf dem Papier zu hören. Nach einer halben Stunde schlug Alter Mond vor, dass wir unsere Arbeiten auf die Betten stellen und vergleichen sollten. Zu unserer großen Überraschung hatte nicht er das beste Bild gemalt, sondern der Pechvogel Jiang. Alle bestaunten seine Arbeit, die besser war als alles, was ich je im Provinzmuseum gesehen hatte. Mein Porträt war auch ganz gut gelungen, aber Jiang war mir in der Maltechnik um Meilen voraus. Unsere Porträtaktion erregte auch die Neugier der anderen Studenten, die von der Qualität der Arbeiten überrascht waren. Jiangs Bild liehen sie sich sogar für Studienzwecke aus und so erwarb sich die Bildhauerklasse des Jahrganges 78 über Nacht den Ruf, die größten Talente versammelt zu haben. Und die Spendensammlung für Jiang war daraufhin so erfolgreich, dass er sich am nächsten Tag eine Decke kaufen konnte.

Das hohe Niveau der Klasse brachte aber auch Probleme mit sich. Der Professor, der uns unterrichten sollte, stellte uns keine eigenen Arbeiten als Anschauungsmaterial zur Verfügung. Bald wussten wir auch warum: Seine Arbeiten waren lange nicht so gut wie die seiner Schüler. Also konnten wir nur von- und miteinander lernen. Wir versuchten, an gute Zeichnungen zu kommen, indem wir verschiedene Kataloge durchblätterten. Eine Studentin brachte einige Fotos von Zeichnungen und Ölmalereien des russischen Künstlers Repin mit, die wir kopierten. Gemeinsam fotografierten wir die Bilder und entwickelten sie nachts in einem Klassenzimmer. Diese Schwarzweiß-Fotos wurden zu unserem wichtigsten Lernbehelf. Wir fotografierten alle Werke, die wir irgendwo entdeckten, und studierten an ihnen die Maltechnik. Vor allem die Werke sowjetischer Künstler hatten es uns angetan, denn deren realistischer Stil war gerade sehr populär. So erhielten wir uns trotz des niedrigen Niveaus der Professoren die Leidenschaft für die Kunst. Mehr noch: Gerade das spornte uns an, denn wir alle hatten während der Kulturrevolution schlimme Erfahrungen gemacht, die meisten von uns waren als Zhiqing auf das Land geschickt worden und hatten schwere körperliche Arbeit verrichten müssen. Nun wollten wir diese Chance nicht vergeben.

*

In den ersten beiden Jahren gab es praktisch überhaupt keinen Unterricht in Bildhauerei, sondern wir widmeten uns ausschließlich dem Zeichnen. Jeden Morgen standen wir um sechs Uhr auf, machten auf dem Sportplatz unsere Gymnastikübungen, wuschen uns schnell und gingen dann mit den Mappen auf einen Markt in der Nähe, um die Bauern beim Gemüseverkaufen zu zeichnen. Nach dem Mittagessen bildeten wir Gruppen von drei bis fünf Studenten und malten außerhalb des Schulgeländes Landschaftsbilder. Abends trafen wir uns zum Porträtzeichnen, das uns allerdings bald langweilte, denn die Gesichter der Mitstudenten sahen wir sowieso ständig. Also baten wir Arbeiter, die in der Nähe der Hochschule Straßen oder Häuser bauten, für uns Modell zu stehen. Anfangs waren sie so neugierig, dass man leicht jemanden überreden konnte. Die meisten hatten noch nie gesehen, wie ein Porträt entsteht, und da viele von ihnen ihre Familien nicht bei sich hatten, war ihnen abends oft langweilig. Doch später, als immer mehr Studenten an den Porträtsitzungen teilnahmen, wollten sie plötzlich Tabak oder gar Geld haben. Wir bissen die Zähne zusammen, sparten uns ein wenig Geld vom Mund ab und hungerten lieber, als nicht mehr zeichnen zu können. Besser ging es jenen Studenten, die auf Basis eines Arbeitslohnes studierten. Wenn man nämlich fünf Jahre in einem städtischen Betrieb gearbeitet oder in der Armee gedient hatte, bekam man als Student den Lohn weiterbezahlt. Wir anderen konnten um ein Stipendium ansuchen. Unsere Bildhauerklasse wurde anhand des jeweiligen Familieneinkommens in Gruppen eingeteilt: Jene mit den niedrigsten Familieneinkommen bekamen ein Stipendium von zwanzig Yuan, bei einem mittleren Einkommen erhielt man vierzehn Yuan und bei einem hohen acht Yuan. Weil ich im Gegensatz zu den meisten anderen bei den Angaben nicht geschummelt hatte, bekam ich nur acht Yuan. Meine Familie schickte mir monatlich zwanzig Yuan, die gänzlich für das Essen aufgingen. Für das Zimmer und die medizinische Versorgung mussten wir nichts bezahlen, aber ich brauchte Geld für Toilettenartikel, für den Frisör, für die öffentlichen Verkehrsmittel, für Malutensilien und Bücher. Am Ende eines Monats war ich deshalb meistens völlig pleite und konnte mir nicht einmal mehr eine Kinokarte leisten.

*

Es war gerade wieder einmal Monatsende und wir sechs Zimmergenossen hatten gemeinsam nur mehr einen halben Yuan übrig. Das reichte gerade einmal für zwei Kinokarten. Eigentlich konnte man diese leicht fälschen, weil sie in roter Farbe auf Zeitungspapier gedruckt wurden. Wenn man selbst eine malte, zwischen die beiden echten Karten legte und beim Eingang viele Leute standen, kam man meistens problemlos damit durch. Aber mit vier gefälschten Karten würden wir sicher erwischt werden. Während wir das Problem besprachen, bat mich Alter Mond, ihm die Haare zu schneiden.

Das hätte er besser nicht tun sollen, denn ich beschloss, ihm einen Streich zu spielen. Ich nahm den Haarschneider und schor ihm rasch einen kahlen Streifen. Als er bemerkte, was ich machte, sprang er auf und wollte mich fassen, während sich die

Zimmerkollegen vor Lachen bogen. Einer von ihnen feixte: „Alter Mond, diese Frisur steht dir gut, du siehst aus wie ein Ausländer." Das war ein guter Schachzug, denn Alter Mond liebte es, Ausländer zu imitieren. Er besaß als einziger Schüler einen europäischen Frack und spitze Lederschuhe. Also griff er zum Spiegel. Als er seine neue Frisur sah, machte er ein Gesicht, als hätte er in eine Zitrone gebissen – dann lachte er lauthals auf und sagte: „Na los, jetzt mach weiter, was du angefangen hast. Runter mit den Haaren." Ich ließ nur am Hinterkopf und an den Seiten Haare stehen, damit er wie ein ausländischer Geschäftsmann aussah. Ein erst sechzehnjähriger Student, den wir Kleiner Junge nannten, holte aus dem Mädchentrakt Parfüm und Schminke. Alter Mond malte sich die Lippen an und goss sich Parfüm über die Haare. Er sah so fremdländisch aus, dass ich vorschlug, zur Filmvorführung in die Festhalle zu gehen und ihn dort als ausländischen Gast vorzustellen. Die anderen waren begeistert von der Idee. Alter Mond hängte sich noch ein Stofftuch um und setzte eine Sonnenbrille auf. Es nieselte, weshalb ich ihm einen großen roten Schirm über die neue Frisur hielt. Jiang nahm eine schwarze Aktentasche, ging auf der anderen Seite und tat, als sei er der Übersetzer. Kleiner Junge ging voran und schrie immer wieder: „Ein ausländischer Gast ist angekommen. Aus dem Weg!"

Jingdezhen liegt im Herzen Chinas und war damals gerade erst für den Westen geöffnet worden. Man sah nur selten Ausländer in dieser Gegend und so glotzten alle neugierig auf diesen Gast mit der seltsamen Frisur und dem großen, bunten Tuch um die Schultern. Beim Betreten der Festhalle folgte uns schon eine große Horde schaulustiger Studenten. Als die beiden Kontrollore hörten, dass ein ausländischer Gast angekommen sei, ließen sie sofort von einigen Studentenkadern die Wartenden auf die Seite scheuchen, damit der ungewöhnliche Gast ungestört eintreten konnte. Sogar der Vizerektor der Hochschule und seine Frau machten den Weg frei. Die Chinesen hatten schon immer große Ehrfurcht vor Fremden, denn viele dachten, dass

Wirtschaft, Kultur und Wissenschaft außerhalb Chinas viel weiter entwickelt seien. Und so wurden wir höflich in den Festsaal gelassen und konnten den Film gratis sehen.
Aber natürlich hatte das schon am nächsten Tag ein Nachspiel. Während der Unterrichtspause um zehn Uhr kam ein Referent vom Hochschulbüro gemeinsam mit dem Parteizellensekretär der Kunstabteilung in unsere Klasse, um mit Kleiner Junge, Jiang und mir zu sprechen, denn die Keramik- und Porzellanhochschule war noch nicht für Ausländer geöffnet worden. Ich befand mich gerade auf der Toilette, aber Kleiner Junge und Jiang klärten die ganze Sache stotternd auf. Als klar wurde, dass es sich um einen Scherz handelte, wussten die beiden Referenten selbst nicht, ob sie lachen oder uns schelten sollten. Schließlich wurden wir nicht bestraft, aber bei der nächsten Hochschulsitzung öffentlich kritisiert.

*

Am 16. Februar 1979 – die Studenten und Professoren waren gerade erst aus den Winterferien zurückgekehrt – wurde eine Versammlung einberufen. Der Sekretär des Parteikomitees der Hochschule verlas den Befehl von Deng Xiaoping, mit dem er die chinesische Volksbefreiungsarmee in einen Krieg gegen die vietnamesische Armee schickte, die ständig die Grenzen verletzte. Das ganze Volk bekam den Auftrag, diesen Krieg zu unterstützen. Später diskutierten wir in unseren Zimmern leidenschaftlich über diese Wendung. China hatte seit Beginn des Vietnamkrieges den kommunistischen Nachbarn mit Waffen, Soldaten und Nahrungsmitteln gegen die Amerikaner unterstützt. Während bei uns die Menschen hungerten, wurde erstklassiger Reis nach Vietnam geschickt. Und aus Dank griffen sie uns nun mit den von uns bezahlten Waffen an. Die Wut der Studenten richtete sich aber auch gegen die Regierung, die das eigene Volk verarmen ließ, dafür jedoch Dritte-Welt-Länder wie Nordkorea, Kambodscha, Albanien, Sambia oder Tansania großzügig unterstützte. Niemand wagte, die Regierung

direkt beim Namen zu nennen, vielmehr sprachen wir immer von „unserem Staat“. Allerdings wäre auch das noch vor einem Jahr unvorstellbar gewesen.
Der Krieg gegen Vietnam verlief wohl nicht so reibungslos, wie uns die Nachrichten vorgaukeln wollten. Schon nach einer Woche erging an die Hochschulen der Befehl, dass alle Studenten ein militärisches Grundtraining zu absolvieren hatten. Der Unterricht wurde eine Woche lang ausgesetzt und nun übten wir von früh bis spät auf dem Sportplatz Reihen zu bilden und uns auf den Boden zu werfen.
Am letzten Tag des Militärtrainings tauchten plötzlich Polizisten auf dem Schulgelände auf und marschierten mit einigen Kadern des Sicherheitsdienstes geschäftig hin und her. Wir alle waren neugierig, aber keiner wusste, was los war. Nach dem Mittagessen wurden die Studenten des Jahrgangs 1978 in ihr Klassenzimmer gerufen und mussten Wörter, die auf der Tafel standen, dreimal auf einen Zettel schreiben, den sie danach dem Klassenvorstand übergaben. Wir vermuteten sofort, dass jemand einen antirevolutionären Slogan verfasst hatte und die Polizei nun die Schriften vergleichen wollte. Kurz darauf wurde der Täter auch schon verhaftet. Der neunzehnjährige Student, der nie besonders aufgefallen war, hatte im Vorlesungszimmer mit Kugelschreiber auf eine Schreibplatte geschrieben: „Kommunistenpartei gegen Kommunistenpartei. Unser Volk erleidet Unheil. Schlagt die Kommunistenpartei nieder.“ Es hieß, seine Leistungen beim Militärtraining seien so schlecht gewesen, dass er mehrmals alleine hatte trainieren müssen. Die anderen Schüler hatten ihn deshalb ausgelacht und da er offenbar dachte, dass der Krieg an dieser Demütigung schuld sei, hatte er diese Sätze niedergeschrieben. Weil er geständig war, erhielt er Strafermäßigung und wurde nur zu einem Jahr Zwangsarbeit verurteilt. Aus der Schule wurde er natürlich sofort ausgeschlossen.
Seit Kriegsbeginn hatte das Fach „Politik“ wieder mehr Bedeutung bekommen. Jeden Donnerstagnachmittag versammelten sich Studenten und Professoren der Abteilung, um über die

neuesten Entwicklungen zu diskutieren. Jiang, Alter Mond und ich nahmen fast nie an diesen Veranstaltungen teil, weil wir keine Lust hatten, Mitglieder des Kommunistischen Jugendverbandes oder der Partei zu werden. Uns interessierte nur unsere künstlerische Ausbildung und wir hielten jene, die zu diesen Versammlungen gingen, für kleine politische Schaben. Aufgrund unseres Einflusses nahmen immer weniger Studenten unserer Klasse am Fach „Politik“ teil und das erregte schließlich die Aufmerksamkeit des Parteizellensekretärs, der gleichzeitig Professor für Politik war. Er erklärte Politik zum Pflichtfach und verlas nun jedes Mal die Anwesenheitsliste. Deshalb hatten wir keine andere Wahl, als den Donnerstagnachmittag mit absolut nutzlosen, uninteressanten politischen Dokumenten zu verbringen oder Parteizeitungen zu lesen.

Gleichzeitig mit der Verschärfung des politischen Unterrichts wurde auch das Essen in der Schulkantine deutlich schlechter. Früher hatte es einmal pro Woche Hongshao-Fleisch, eine Art chinesisches Schweinsgulasch, gegeben. Nun stand es nur mehr alle zwei Wochen auf dem Speiseplan. Auch Gemüse war selten geworden, denn viele Nahrungsmittel wurden an die Front geschickt. Gemeinsam mit meinen Zimmerkollegen kaufte ich manchmal, wenn wir noch ein bisschen Geld übrig hatten, auf dem örtlichen Markt Fleisch, das wir dann heimlich im Zimmer auf einem Elektroherd kochten. Eines Tages brachte Alter Mond einen kleinen Hund in unser Zimmer und schlug vor, ihn zu kochen. Am nächsten Morgen, als wir gerade unter einem Baum unsere Reissuppe aßen, bemerkten wir eine Frau, die auf dem Sportplatz nach ihrem Hund rief. Es war ausgerechnet die Tochter unseres Schuldirektors und nun wurden wir doch ein wenig nervös. Glücklicherweise war es eine lokale Angewohnheit, herumstreunende Hunde zu schlachten und zu verspeisen. Frau Huang verdächtigte die Bauarbeiter und kam gar nicht erst auf die Idee, dass ausgerechnet Studenten ihres Vaters ihren Liebling zu einem Festessen verarbeitet hatten.

*

In diesem Jahr veränderte sich das politische Klima im Land grundlegend. Die Vereinigten Staaten nahmen wieder diplomatische Beziehungen zu China auf und fast zehn Millionen Zhiqing, die aufs Land geschickt worden waren, durften in die Städte zurückkehren. Mein Vater erhielt als Opfer der Anti-Rechts-Bewegung einen guten Arbeitsplatz und da meine Mutter endlich nach Nanchang übersiedeln durfte, hatte die zwanzigjährige Trennung meiner Eltern ein Ende. Sie bezogen gemeinsam eine Wohnung und holten meine Großmutter zu sich. In den Sommerferien des Jahres 1979 besuchte ich sie in Nanchang. Es war das erste Mal, dass ich einen Ort hatte, den ich mein „Zuhause" nennen konnte. Meine Großmutter hatte ich schon vier Jahre nicht mehr gesehen und ich erschrak bei ihrem Anblick, denn sie schien nur mehr aus Haut und Knochen zu bestehen. Aber immerhin durfte sie noch erleben, dass ihr Sohn rehabilitiert und ihre drei Enkelkinder zu kräftigen jungen Männern herangewachsen waren. Bei meinem nächsten Besuch während der Winterferien starb sie im Kreis der Familie. Gemeinsam mit meinem Vater, meiner Mutter und meinen zwei jüngeren Brüdern saß ich an ihrem Bett und wir waren an ihrer Seite, als sie im 74. Lebensjahr die Augen für immer schloss. Wir brachten ihren Leichnam nach Datang, in ihre alte Heimat, denn sie hatte sich immer gewünscht, in der Grabstätte der Familie Wu neben ihrem Ehemann begraben zu werden.

Im Jahr 1980 erreichte mein Bruder Cixiang bei der nationalen Aufnahmeprüfung ein ausgezeichnetes Prüfungsergebnis und wurde an der berühmten Südchinesischen Hochschule für Naturwissenschaften und Ingenieurwesen in Guangzhou aufgenommen, wo er Architektur studieren wollte. Aber nach einem halben Jahr diagnostizierte ein Schularzt bei ihm Hepatitis B. Das Ergebnis der Untersuchung wurde nicht überprüft, sondern man schickte Cixiang nach Hause mit der Auflage, innerhalb eines Jahres gesund zu werden, um den Studienplatz nicht zu verlieren. Einmal im Monat musste er seine Leberwerte kontrollieren lassen, einmal mit negativem, dann wieder mit positivem Ergebnis. Meine Mutter und mein Bruder waren verzweifelt, suchten verschiedene Ärzte auf und ließen in unterschiedlichen Krankenhäusern Laboruntersuchungen machen. Dann eines Tages erklärte ein Arzt, bei Cixiang sei die Krankheit gar nicht ausgebrochen, sondern er trage nur die Erreger im Körper. Der Arzt verschrieb ihm Medikamente, um die Krankheitserreger abzutöten, und siehe da, alle weiteren Laborbefunde waren negativ. Cixiang durfte wieder studieren, aber er hatte ein ganzes Jahr verloren.

Nackte Körper

Im Frühling des Jahres 1980 wurde uns erlaubt, nach Nacktmodellen zu zeichnen und zu modellieren. Wir wussten natürlich, dass ein Großteil der Arbeiten berühmter klassischer Künstler den nackten Körper darstellten. Die traditionelle chinesische Malerei hatte bis zu diesem Zeitpunkt nie versucht, den Menschen wirklichkeitsgetreu abzubilden. Während der Kulturrevolution wurden alle Werke, die den nackten Körper zeigten, vernichtet, darunter auch Gipskopien westlicher Kunstwerke. Menschen, bei denen man Aktfotos von Frauen entdeckte, wurden zu Strafarbeit verurteilt. Das Studium der Anatomie oder gar die Arbeit mit Nacktmodellen stellte also etwas ganz Neues dar. Die Malereistudenten beneideten uns, denn auch sie hätten gerne mit menschlichen Modellen gearbeitet, ihnen war es allerdings weiterhin verboten.
Zuerst malten wir ein männliches Modell. Alt Yao war früher Holzarbeiter gewesen und hatte nach einem Arbeitsunfall einen Posten an der Hochschule bekommen. Weil er weit weg von seiner Heimat war und gut dafür bezahlt wurde, willigte er ein, für uns Modell zu stehen. Er hatte kräftige Beine und Schultern und gut ausgeprägte Muskeln. Doch leider waren sein Hals und das Schlüsselbein infolge des Unfalls ein wenig verformt, was für uns zum Problem wurde. Wir mussten in

Büchern über Anatomie nachblättern oder anhand von Gipsfiguren unsere Arbeiten kontrollieren. Noch problematischer war, dass er immer seine lange chinesische Unterhose trug und wir seine Beingelenke nicht sahen. Bei Körperdrehungen liegen hier aber die kritischen Punkte für die Zeichnungen. Dazu kam, dass wir die Muskeln und Knochen seiner Körpermitte nicht korrekt zeichnen konnten. Erst nachdem wir ihn mehrmals gebeten hatten, willigte er ein, einen Slip anzuziehen. Wir legten unser ganzes Geld zusammen und kauften ihm eine rote Badehose, die eine Studentin noch ein bisschen enger nähte. Um Überzeugungsarbeit zu leisten, gaben wir sie ihm gemeinsam mit einigen Päckchen Tabak. Später, nachdem Alt Yao mehr Vertrauen zu uns gefasst hatte, stand er für einige Studenten außerhalb des Unterrichts auch völlig nackt Modell. Dies gab uns Gelegenheit, unsere Zeichnungen zu korrigieren. Wir radierten die Unterhose aus und fügten die neuen anatomischen Details hinzu. Am darauf folgenden Morgen erröteten die Schülerinnen beim Anblick der neuen Bilder. Alt Yao vermittelte uns zwei Bettler, die gegen gute Bezahlung für uns nackt Modell standen und auch schwierige Positionen einnahmen. Leider hatten sie schmächtige, uninteressante Körper. Erst nach einiger Zeit fand Alt Yao einen Zwanzigjährigen, der gegen eine Anstellung auf unbestimmte Zeit für uns posierte. Wesentlich schwieriger war es, ein weibliches Aktmodell aufzutreiben. Wir hatten schon zwei Monate lang männliche Körper gemalt, als die Hochschule schließlich Alt Yao bat, eine Lösung für dieses Problem zu finden. Er kehrte in seine Heimat Anhui zurück, weil er hoffte, dass mit der räumlichen Distanz die Bereitschaft steigen würde, nackt zu posieren. Und schon nach einigen Tagen kam er mit einer jungen Frau zurück, der bald eine weitere folgte. Die beiden Frauen waren mit Freunden von Alt Yao verheiratet, die als Bauern das Geld sehr gut gebrauchen konnten.

Als wir hörten, dass wir weibliche Nacktmodelle zeichnen würden, war unsere Aufregung groß und wir fanden uns schon in aller Früh in der Klasse ein. Es war bereits November und wir hatten den Ofen eingeheizt, damit es auch schön warm für die beiden Frauen war. Sie betraten nur zögernd den Raum und die eine von ihnen wollte sich plötzlich doch nicht ausziehen. Deshalb einigten wir uns darauf, dass die beiden ihre Büstenhalter und Unterhosen anbehalten durften. Wir waren verärgert, hatten aber keine andere Wahl. Schließlich wollten wir nicht, dass sie wieder abreisten. Die beiden Frauen nahmen nun auf Anweisung des Professors verschiedene Positionen ein. Aber die Bäuerinnen, die vor allem körperliche Arbeit gewohnt waren, wirkten nur im Sitzen ungezwungen. Eine der beiden schien eine etwas bessere Figur zu haben und auch eleganter zu sitzen, weshalb sich die meisten Studenten mit ihren Zeichenblöcken zu ihr gesellten. Die andere fühlte sich dadurch gekränkt und um auch gezeichnet zu werden, nahm sie jetzt doch ihren Büstenhalter ab und meinte lachend, dass sie auch zu Hause nie einen solchen tragen würde. Nun wollten die meisten sie zeichnen, was wiederum das andere Modell ärgerte, sodass auch sie ihren Büstenhalter abnahm. Wir aber wollten sie unbedingt völlig nackt malen und baten immer wieder unseren Professor und den Abteilungsvorstand, die Frauen dazu zu überreden. Zur Bekräftigung zeigten wir unseren beiden Modellen verschiedene Arbeiten, Fotos und literarische Dokumente, damit sie einsahen, dass weibliche Nacktmodelle an Kunstakademien niemals mit Unterhose gezeichnet wurden. Die Schulleiter wollten sich aber nicht einmischen, einer warf uns allerdings vor, sexuelle Hintergedanken zu haben, immerhin gäbe es ja genug andere Details zu zeichnen.

*

Mao Tse-tung hatte schon 1942 während des Krieges mit den Japanern gefordert, dass Kunst und Kultur den Soldaten, Bauern und Arbeitern dienen müssten. Es wurde daher üblich, dass Künstler gemeinsam mit diesen Berufsgruppen lebten und arbeiteten und vor diesem Hintergrund ihre Werke schufen.

Nach der Machtübernahme der Kommunisten wurde das Fach mit dem komplizierten Namen „Sich mit dem wirklichen Leben vertraut machen“ an allen Kunsthochschulen eingeführt. Das Fach war sehr beliebt, weil man nicht nur ungewöhnliche Einblicke in die Gesellschaft bekommen konnte, sondern auch neue Orte, Landschaften und interessante Gesichter malen durfte. Ich wurde von unserer Abteilung dazu auserwählt, gemeinsam mit Abteilungssekretär Hong einen geeigneten Platz für diesen Unterricht zu finden, weil ich ganz gute organisatorische und fachliche Fähigkeiten bewiesen hatte. Die Hochschule schlug vor, dass wir uns im rund hundert Kilometer entfernten Kreis Poyang, der nach dem dort liegenden größten Süßwassersee Chinas benannt ist, umsehen sollten.
Die Aufgabe würde nicht leicht werden, denn wir konnten unseren künftigen Gastgebern keine Entschädigung für Kost und Logis anbieten. Abteilungssekretär Hong war nur einige Jahre älter als ich. Er war Unteroffizier der Volksbefreiungsarmee gewesen, bevor er in seine zivile Stellung gewechselt hatte, und es war sein erster Einsatz im Außendienst. Wir kannten niemanden im Kreis Poyang und suchten daher zuerst die Propagandaabteilung des dortigen Parteikomitees auf. Als wir versicherten, dass wir unsere Arbeiten in der Provinzausstellung zeigen würden, sagte uns die Abteilung ihre Unterstützung zu. Dann besuchten wir das Kulturhaus des Kreises und trafen dort einen schon recht bekannten Künstler. Er erzählte uns viel über die lokalen Verhältnisse und lud uns sogar zu sich zum Abendessen ein.
Wir einigten uns auf zwei Orte, die für unseren Unterricht geeignet waren: ein kleines, aber wohlhabendes Fischerdorf in der Nähe der Kreisstadt und eine arme Fischerinsel namens Changshan, die mitten im Poyang-See liegt. Nachdem wir die Unterkunft organisiert hatten, fuhr Hong zurück und schickte die anderen Studenten nach. Wir blieben zunächst drei Tage im Fischerdorf, denn der Leiter der Propagandaabteilung wollte, dass wir die wirtschaftlich gut entwickelten Regionen zeich-

neten, bevor wir zur verarmten, aber malerischen Fischerinsel weiterreisten. Dafür versprach er, den Parteichef der Insel zu überreden, uns freundlich aufzunehmen. Auf der Changshan-Insel waren mehr als hundert Familien ansässig, die in drei Dörfern lebten. Alle Bewohner des großen Dorfes hießen mit Familiennamen Liu und in den beiden kleineren Dörfern wohnten jeweils die Familien Yang und Wang. Dank der Vermittlung des Leiters der Propagandaabteilung wurden wir mit offenen Armen empfangen und man stellte uns die Büros der Produktionsbrigade zur Verfügung. Einige der Studenten fanden bei Familien Unterkunft und es wurde jemand angeheuert, der für uns kochte. Die Insel war völlig isoliert von der Außenwelt. Die Männer fischten und die Frauen webten an hölzernen Webstühlen, kochten und kümmerten sich um die Kinder. Auf der gesamten Insel gab es weder Elektrizität noch Telefone, Ärzte oder Kaufhäuser. In der von den Einwohnern betriebenen Grundschule wurden alle Kinder in einer einzigen Klasse unterrichtet. Zweimal im Monat kam ein Schiff aus der Kreisstadt, brachte Öl, Salz und Reis und nahm die getrockneten Fische mit. Außer einigen politischen Slogans, die während der Kulturrevolution mit roter Farbe an die Wände geschrieben worden waren, merkte man vom 20. Jahrhundert so gut wie nichts. Die Studenten zeigten sich von den bronzefarbenen, faltenübersäten Gesichtern der Fischer begeistert. Nach einer Woche kehrten wir mit Unmengen an Material in die Schule zurück. Das Niveau der Arbeiten überraschte nicht nur unsere Professoren, sondern auch die Künstler der Region. Von da an wurde die Changshan-Insel zur Basis für den Unterrichtsgegenstand „Sich mit dem wirklichen Leben vertraut machen“.

*

Unsere Inselwoche hatte aber noch andere Folgen, denn wir brachten die hübsche 16-jährige Shui Zhu mit. Sie war die Tochter eines Fischers, der seine sechs Kinder kaum ernähren konnte. Um die Insel verlassen zu können, war sie sogar bereit, für uns nackt Modell zu stehen. Ihr Vater, für den das schlimmer als Prostitution war, wollte sie nicht gehen lassen. Aber ihre Mutter hatte mehr Verständnis und gab schließlich die Einwilligung, weil sie hoffte, ihrer Tochter so ein besseres Leben zu ermöglichen.

Shui Zhu wurde rasch unser Lieblingsmodell. Tagsüber posierte sie nackt für die Bildhauerklasse und abends malten die Studenten Porträts von ihr. Die Bewunderung, die ihr entgegengebracht wurde, stieg ihr aber zu Kopf und bald war nichts mehr vom einst so fröhlichen Mädchen vom Land übrig. Nach einigen Monaten besuchte sie überraschend ihre Mutter und kam mit ihr gemeinsam wieder zurück, um den Schulleitern mitzuteilen, dass sie schwanger sei. Der Vater des Kindes war ein Student der Bildhauerei, mit dem Shui Zhu für dreißig Yuan ins Bett gegangen war. Diese dreißig Yuan waren fast so viel, wie sie im Monat verdiente. Ihre Mutter verlangte vergeblich, dass der Student Shui Zhu zur Frau nahm. Denn er war der Sohn eines hohen Kaders und bereits mit der Tochter eines Kollegen seines Vaters verlobt. Normalerweise hätte der Student für den Geschlechtsverkehr mit einer Minderjährigen bis zu fünf Jahren Gefängnis bekommen, aufgrund seiner Familienherkunft wurde er aber nur aus der Hochschule und der Kommunistischen Partei ausgeschlossen. Shui Zhu dagegen wurde – wie damals bei schwangeren unverheirateten Frauen üblich – zur Abtreibung gezwungen und musste die Hochschule verlassen. Ein Gastprofessor aus Shanghai holte sie an die dortige Kunsthochschule, wo sie weiter als Nacktmodell arbeitete.

Reisen quer durch China

Im Herbst des Jahres 1981 kamen wir in die Abschlussklasse. Die Hochschule organisierte eine Reise, bei der wir verschiedene Museen, Galerien und Kunsthochschulen in ganz China besuchen konnten. Die Kosten übernahm die Hochschule, wir selbst mussten nur das Essen bezahlen. Ich hatte in den Ferien ein bisschen Geld verdient, denn gemeinsam mit einigen anderen Studenten der Bildhauerklasse hatte ich geholfen, zwei Reliefs für die Gedenkhalle der revolutionären Märtyrer von Nanchang herzustellen. Zunächst reisten wir von Jingdezhen nach Jiujiang und fuhren mit einer Fähre den Jangtse flussaufwärts bis nach Wuhan, der größten Stadt Zentralchinas. Von dort ging es weiter nach Chongqing im Südwesten. Dabei durchquerten wir die atemberaubenden Sanxia-Schluchten, eine uralte Schifffahrtsstraße, über die unzählige Legenden erzählt werden. Die Weiterreise nach Xian verzögerte sich, weil Bahngleise durch Bergstürze beschädigt worden waren. Wir mussten daher mit dem Bus über das Qinling-Gebirge reisen.

Bei einer winzigen Busstation bemerkten Alter Mond und ich einen Mann, der Bärenfleisch verkaufte. Das erregte unsere Neugier, denn wir hatten gehört, dass die Tatzen eine besondere Delikatesse seien. Wir fragten also danach und tatsächlich zog der Mann zwei mit schwarzem Fell überzogene Bärentatzen aus seinem Sack und bot sie uns für achtzig Yuan an. Aus unserer Kleidung schloss er, dass wir hier fremd waren, und verlangte wahrscheinlich das Vielfache des tatsächlichen Wertes. Schließlich handelten wir ihn auf fünfzig Yuan herunter. Zu zweit konnten wir uns das nicht leisten und gingen daher zu den anderen zurück. Der Bauer folgte uns und sagte zu mir: „Dreißig Yuan, alter Kamerad. Der Bär hat mein ganzes Getreide vernichtet, du könntest mir mit dem Kauf wirklich helfen.“ Also kaufte ich gemeinsam mit den beiden Professoren, Alter Mond, Jiang und Liu die beiden Fleischstücke und nahm sie mit in den Bus. Erst am Abend erreichten wir Xian und die Tatzen waren schon ein bisschen grau geworden und mussten dringend gekocht werden. Nur dass niemand von uns eine Ahnung hatte, wie das gemacht wird. Also riefen wir einen befreundeten Maler an, der seinerseits herumtelefonierte und schließlich einen Koch der Eisenbahndirektion von Xian auftrieb, der Erfahrung mit Bärentatzen hatte. Allerdings hatte die Sache gleich zwei Haken. Der Koch verlangte nämlich eine der Tatzen für sich selbst, außerdem forderte er ein Bild des berühmten Künstlers Liu Wenxi, denn er wusste, dass unser Bekannter mit ihm befreundet war. Wir hatten keine andere Wahl und trafen uns in der Wohnung unseres Malerfreundes. Langsam wurde es Mitternacht und unsere Mägen knurrten immer aufdringlicher. Da kam endlich der Koch mit einer hellblauen Keramikschüssel aus der Küche und sagte fröhlich: „Kosten Sie bitte." Mehr als eine kleine Kostprobe gab es auch wirklich nicht, denn man konnte nur einen kleinen, weichen Teil der Sehnen essen. Andererseits galt das Fleisch als Stärkungsmittel, welches das Leben verlängern konnte. Wir hatten auch den Maler Liu Wenxi zum Essen eingeladen – schließlich musste er dem Koch ein Bild schenken – und er bekam dafür den ersten Bissen. Dann waren die Professoren an der Reihe, danach der Maler, der uns seine Küche zur Verfügung gestellt hatte und schließlich wir vier Studenten. Nachdem sich jeder ein kleines Stückchen genommen hatte, war die Schüssel leer. Ich hatte den teuersten Bissen meines Lebens schon hinuntergeschluckt, bevor ich den Geschmack richtig erfasst hatte. Irgendjemand meinte: „Das schmeckt ähnlich wie die Sehnen von Schweinefüßen, nur ein bisschen intensiver." Aber das war uns egal, denn was zählte war, dass wir einmal Bärentatzen gegessen hatten.

*

Wir blieben zehn Tage lang in Xian und kopierten im Museum die antiken Steinskulpturen, gossen die Kopien in Gips und schickten sie als Lehrmaterial an die Hochschule. Xian war die Hauptstadt der Qin-, Han- und Tang-Dynastie gewesen und glich noch immer einem Museum. Wir bestaunten die berühmte Terrakotta-Armee und die populären bunten Tierfiguren aus Ton. Erst in Xian begriff ich, was für eine beinahe Ehrfurcht gebietende Größe die alte chinesische Kunst erreicht hatte. Wir waren bis dahin kaum an chinesischer Kunstgeschichte inte-

ressiert gewesen, aber das änderte sich nun schlagartig. Im Gedenksteinmuseum von Xian durfte ich eine Steinskulptur aus der Sui-Dynastie (581–618) kopieren, die das bedeutendste Kunstwerk dieser Sammlung war. Ich bestaunte die starke Wirkung ihres naiven und einfachen Stils und war erstmals stolz auf meine Vorfahren. Schließlich reisten wir weiter in die alte Stadt Luoyang. Zehn Kilometer außerhalb liegen die berühmten Longmen-Grotten mit mehr als siebzig Pagoden verschiedenster Größe und über 2.800 Gedenksteinen mit Inschriften. Die Arbeiten daran wurden während der nördlichen Wei-Dynastie (386–534 n. Chr.) begonnen und dauerten über vierhundert Jahre. Ein unendliches Bienenwabenmuster an Grotten beherbergte Buddhafiguren in allen Größen und bot einen uns unvergesslichen Anblick. Weiter ging es über die Provinz Shanxi bis nach Datong, wo wir die Yungang-Grotten besichtigten, in denen noch ältere Kunstwerke zu finden waren als in den Longmen-Grotten. Allerdings war hier wesentlich mehr beschädigt worden, unter anderem hatten Europäer im 19. Jahrhundert die schönsten Köpfe abgeschlagen und mit nach Europa genommen. Später beauftragte der Kunsthandel die Bauern der Umgebung, Figuren zu stehlen. Nur drei Tage vor unserem Eintreffen verschwand eine steinerne Buddhafigur, die auf ungefähr 500 nach Christus datiert wurde. Es schmerzte uns sehr, wie nachlässig mit unserer Geschichte, unserer Kultur und unserer Tradition umgegangen wurde. Die Schuld dafür gaben wir der Regierung, die sich zu wenig für den Schutz der Kulturgüter einsetzte.
Am Morgen des 9. Oktober erreichten wir Beijing, das in goldenes Herbstlicht getaucht war. Die breiten Straßen, die prachtvollen Gebäude, die zahlreichen Museen und das für China einzigartige U-Bahnsystem beeindruckten uns gewaltig. Dazu kam, dass es während der Kulturrevolution gar nicht einfach gewesen war, die Stadt zu besuchen. Da hier alle kommunistischen Führer wohnten, musste man sich eine Genehmigung bei der Regierung holen. Doch nun herrschte eine

Offenheit gegenüber anderen Kulturen, die uns neu war. In einem Bus beobachteten wir eine junge Mutter, die mit ihrem Sohn Englisch übte. „Apple", flüsterte sie und der Kleine sprach es laut nach. In Nanchang wäre sie dafür zumindest verspottet, wenn nicht gar beschimpft worden.

In Beijing gab es zwei Kunstakademien, an denen viele berühmte chinesische Künstler unterrichteten. Letztere besuchten wir auch privat in ihren engen Wohnungen, wo sie oft nicht einmal ein Atelier hatten. Wir streiften durch Ausstellungen und Museen und drückten uns die Nasen an den Auslagen der ausländischen Botschaften platt. Denn dort waren oft Bilder und Werke der Künstler des betreffenden Landes ausgestellt. Wir zeichneten die Arbeiten mit der Feder ab, um ein Stückchen dieser neuen Welt mit nach Hause zu nehmen.

Wir verbrachten noch ein paar Tage in Shanghai und in Hangzhou und dann war die Reise auch schon zu Ende. Sie hatte mein Interesse an der Bildhauerei verstärkt und auch meinen Kunstgeschmack verändert. Seit der Machtübernahme der Kommunisten war westliche, also „kapitalistische" Kunst aus dem Leben aller Chinesen verbannt, einzig die realistische Kunst der Sowjetunion wurde akzeptiert. Wir hatten also maßgebliche Phasen in der Kunstgeschichte einfach versäumt und waren neugierig auf die neuen Strömungen. Unterstützt wurde unser Interesse durch Kunstzeitschriften, die vermehrt Bilder moderner westlicher Künstler abdruckten. Vieles war für uns neu und unverständlich und so mancher chinesische Künstler fragte sich, was etwa Picasso mit seinen aus der Form geratenen Arbeiten aussagen wollte. Am leichtesten wurde der dekorative und leicht abstrakte Stil akzeptiert, wie ihn etwa die Vertreter des österreichischen Jugendstils pflegten, der bei uns bald sehr populär wurde.

*

In den Winterferien des Jahres 1982 reiste ich gemeinsam mit Liu, einem Mitschüler aus meiner Heimat Jiangxi, ins Gebiet zwischen Guangxi und Guizhou, das für seine wunderschöne Landschaft und verschiedene Minderheiten bekannt ist. In der Kreisstadt Longshen sahen wir viele Yao-Frauen, deren Röcke und Blusen mit einem Zierrand aus bunter Seide bestickt waren und die außerdem schönen Silberschmuck trugen. Aber wir wollten weiter zu einem Bergdorf, das eine ganz besondere Architektur hatte. Auf einem der Bergform folgenden Holzgerüst gab es für jede Familie des Dorfes ein kleines Haus, davor zog sich eine ungefähr drei Meter breite Terrasse entlang, die mit den spielenden Kindern und der im Wind wehenden Wäsche wie eine öffentliche Straße aussah. Im Kulturhaus von Longshen hatte man uns empfohlen, bei Bao Hai zu wohnen, einem jungen Yao-Mann. Er hatte die Unterstufe der Mittelschule besucht, aber da seine Eltern früh starben, musste er zurückkehren, um sich um seine siebzigjährige Großmutter und seine vier jüngeren Geschwister zu kümmern. Während eines Rundganges bombardierte er uns mit Fragen über das Geschehen außerhalb seiner kleinen Bergwelt. Es wurde langsam dunkel. Aus den Dächern der Yao-Häuser kam Rauch. Die Bergluft war so feucht, dass er nicht nach oben steigen konnte und sich wie ein dicker Nebel über das Dorf legte. Wieder zurück im Haus begann Bao Hai mit der Zubereitung des Abendessens. Wir fühlten uns unwohl, denn der Raum war extrem schmuzig. Der aus Stein gemauerte Feuerplatz hatte keinen Kamin, sondern der Rauch zog einfach durch einige Schlitze in den Dachziegeln ab. Der Dachstuhl war bereits völlig schwarz vom Ruß und von der Decke hingen schwarze Staubfäden. Bao Hai legte ein Stück Pökelfleisch auf ein Holzscheit und schnitt ein Stück ab. Den Rest hängte er an die schmutzige Decke zurück. Die Haut des Fleisches schimmerte im Licht des Feuers dunkelgelb und an der Oberfläche glänzten Öltropfen. Bao Hai wusch sie nicht ab, sondern blies nur vorsichtig den Staub weg. Seine Schwester hatte frischen Raps aus den Garten geholt, den Bao Hai mit dem Fleisch im Wok kurz anbriet. Seine Geschwister stürzten sich sofort auf das

Essen. Der kleinste Bruder – er war drei Jahre alt – bekam ein Stück Pökelfleisch, das er sich sofort in den Mund schob. Er lutschte daran wie an einem Bonbon und wirkte sehr konzentriert. Und dann beobachteten wir etwas Ekeliges. Weil seine Hose hinten offen war, konnten wir den Po des kleinen Jungen sehen. Ich bemerkte, dass er gleichzeitig aß und sein großes Geschäft erledigte. Schon bald hatte sich ein Häufchen gelblicher Exkremente angesammelt. Bao Hai, der seine Großmutter versorgt hatte, sah sofort an unseren Gesichtern, dass etwas nicht in Ordnung war. Er entdeckte die Bescherung, wurde rot und stülpte sein Reisgeschirr über den Haufen. Wir waren sprachlos. Die ganze Zeit über konnte ich nur mehr daran denken, dass ich am nächsten Morgen aus genau dieser Schüssel meine Reissuppe trinken könnte. Später überließ Bao Hai uns sein Zimmer, das genau über dem Schweinestall lag. Wir taten in dieser Nacht kein Auge zu, denn unter uns grunzten ständig die Schweine und zusätzlich wurden wir von Flöhen geplagt.
Nachdem Liu und ich am nächsten Morgen ein paar Skizzen gezeichnet hatten, wanderten wir weiter ins Gebirge. Dort trafen wir zwei Maler, die uns den Rat gaben, in einem Dorf weiter unten im Tal zu übernachten. Wir wurden warmherzig empfangen und fanden ein Quartier bei einer Familie, deren Haus neben einem Fluss lag. In dieser Nacht schliefen wir tief und fest.

*

Kapitalistischer Müll

Unsere Abschlussarbeiten mussten wir in einer Keramikfabrik anfertigen. Gemeinsam mit meinem Kollegen Qin wurde ich der Boshan Keramikfabrik der ostchinesischen Stadt Zibo zugeteilt, die für die Herstellung kleiner Keramikskulpturen und dekorativer Teller mit bunter Glasur bekannt war. Da Zibo nicht weit weg von Beijing lag, hatten schon viele Prominente die Fabrik besucht, was ihr weiteren Ruhm einbrachte. Deshalb freute ich mich über mein Los – allerdings nur, bis ich ankam. Denn die ganze Stadt schien aus Fabriken zu bestehen und war über und über mit schwarzem Staub überzogen. Das Zimmer, das mir in der Fabrik zugeteilt wurde, war so schmutzig, dass es mir die Rede verschlug. Eine dicke Schicht aus Kohlestaub lag über den Einrichtungsgegenständen, Tonnen von Zigarettenstummeln, alte Kleider und Handtücher waren über den Boden verstreut. Ich biss die Zähne zusammen und kroch in das wenig einladende Bett, wo mich dann die ganze Nacht die Flöhe plagten.

Zumindest aber war das Bildhaueratelier sauber, denn es diente auch als Ausstellungsraum. Der stellvertretende Leiter des Ateliers Jiang hatte an derselben Hochschule wie ich studiert und stammte außerdem aus Jiangxi. Deshalb nahm er mich unter seine Fittiche und verschaffte mir unbegrenzten Zugang zu Material und Brennofen. Innerhalb von zwei Wochen stellte ich dank dieser Vergünstigung so viele Maskenskulpturen wie nur möglich her. Die Bildhauer, die nur kleine, realistische Menschen- und Tierfiguren anfertigten, konnten mit meinen von der afrikanischen Kunst inspirierten Masken nur wenig anfangen.

Eines Tages kam der aus Beijing stammende Künstler Yuan Yunshen in Begleitung des Fabrikdirektors ins Atelier. Er war durch seine Fresken für den neuen internationalen Flughafen Beijing berühmt geworden. Seine Darstellung nackter Frauen hatte einen Skandal ausgelöst und die Regierung hatte sie übermalen lassen. Er besichtigte das Atelier und lobte plötzlich eine meiner gerade fertig gebrannten Yao-Masken: „Das ist nicht schlecht. Sehr interessant!" Ich war geschmeichelt und die anderen Bildhauer betrachteten mich mit neuen Augen. Yuan wollte in der Fabrik ein Keramikfresko herstellen und wurde sehr gut aufgenommen. Er wohnte in einem extra für ihn eingerichteten Zimmer und der Fabrikskoch bereitete täglich ein Essen für ihn zu. Er wirkte ziemlich arrogant mit seinem langen Wintermantel, dem langen Haar und der Angewohnheit, nie zurückzugrüßen. Aber schon am Tag nach seiner Ankunft bat er mich abends, mit ihm ein wenig spazieren zu gehen. Er fragte mich über Glasuren aus, die auf den ersten Blick einfach nur wie grau-weiße oder grau-rosa Flüssigkeiten aussahen. Leute, die mit dem Fertigungsprozess nicht vertraut waren, verstanden oft nicht, wie diese Glasuren nach dem Brennen die unterschiedlichsten Farben annehmen konnten. Dieser Spaziergang wurde in den nächsten Tagen zur Gewohnheit. Danach malte Yuan bis Mitternacht an seinem Keramikteller weiter. Ich leistete ihm dabei Gesellschaft und fragte ihn meinerseits über Kunst und über seine Kollegen aus. Er war ein recht guter Lehrer, aber an den chinesischen Künstlern ließ er kein gutes Haar, während er die Europäer, Picasso und Matisse etwa, wie Götter verehrte. Er war auch der Erste, der mir von den Arbeiten des italienischen Bildhauers Marino Marini erzählte. Einen einzigen chinesischen Künstler schien er zu schätzen: Er sprach sehr lobend über den Bildhauer Zhen Ke, einen alten Professor an der Akademie für Kunst und Design, der allerdings auch sehr stur sei: „Es ist nicht leicht, mit ihm zu reden.“ Ich hatte schon von ihm gehört und auch einige Keramikskulpturen gesehen und nahm mir vor, ihn eines Tages zu besuchen.

Kurz darauf unternahm Yuan einen Abstecher nach Beijing. Wieder zurück, ermutigte er mich, zwei gute ausländische Ausstellungen in Beijing zu besuchen. Eine davon zeigte Werke – vor allem aus der Zeit des französischen Impressionismus bis zu Picasso – aus der Sammlung des amerikanischen Ölmilliardärs Hammer. Die andere präsentierte Bilder des deutschen Expressionismus. Ich zögerte, weil ich fast pleite war und außerdem von der Hochschule keine Erlaubnis hatte, Beijing alleine zu besuchen. Obwohl sich Qing standhaft weigerte mich zu begleiten, beschloss ich, die einmalige Chance zu nutzen. Yuan bot mir an, bei ihm zu übernachten, und gab mir einen Brief an seine Frau mit.

Die Familie Yuan wohnte in einem Bungalow in der Akademie

für bildende Kunst. Frau Yuan, eine gutmütige, elegante Frau, empfing mich warmherzig und nachdem sie den Brief ihres Mannes gelesen hatte, sagte sie: „In dem Brief steht, dass du fleißig und talentiert bist. Es kommt selten vor, dass mein Mann sich so positiv über andere Leute äußert." Dann zeigte sie mir das Zimmer, das ich mit ihrem Sohn teilen sollte. Außer diesem Sohn gab es noch zwei Töchter und alle drei Kinder studierten Kunst. Dank ihres berühmten Vaters kannte man sie in Künstlerkreisen, weshalb sie mich ungestört durch die Akademie führen und allerhand Leuten vorstellen konnten. Am meisten beeindruckten mich aber die beiden Ausstellungen und hier vor allem ein Landschaftsbild von Van Gogh und ein Selbstporträt von Picasso. Weil es die erste größere Ausstellung westlicher moderner Kunst in China war, drängten sich in den Räumen Menschen aus allen Teilen des Landes. Ich traf sogar einige Maler aus Nanchang.

Am letzten Nachmittag meines Aufenthaltes ging ich mit drei Skulpturen und Fotos von meinen Arbeiten in die Zentrale Akademie für Kunst und Design. Im zweiten Stock fand ich das Zimmer von Professor Zhen Ke, eines schlanken alten Mannes mit einer gelben Brille auf der Nase. Seine grauen Haare hatte er nach hinten gekämmt und gekleidet war er in einen blauen Mao-Anzug. Er wirkte eher wie der Techniker einer kleinen ländlichen Fabrik als ein berühmter Künstler. Ich erklärte ihm mit klopfendem Herzen, dass ich gerne bei ihm ein Postgraduiertenstudium beginnen wolle, und zeigte ihm meine Arbeiten. Während er sie sorgfältig betrachtete, stahl sich ein kleines Lächeln in sein Gesicht. „Deine Arbeiten sind nicht schlecht", sagte er, nicht ohne zuvor nach meinem Geburtsdatum und Geburtsort gefragt zu haben: „Aber du musst noch einiges lernen. Ich könnte dich unterrichten." Ich konnte mein Glück kaum fassen. Da fragte er mich, wie gut mein Englisch sei. Ich antwortete: „Leider ziemlich schlecht" und er meinte: „Du solltest dich voll darauf konzentrieren, damit du die Prüfung bestehst." Dann bat er mich noch, die

drei Skulpturen bei ihm im Büro zu lassen und ihm weitere Fotos von meinen Arbeiten zu schicken.
Wieder in Zibo wurden meine Arbeiten abstrakter. Ich stellte eine sitzende weibliche Figur her, die mir den Spott meiner Kollegen einbrachte. Aber Yuan lobte sie und am Abend vor seiner Abreise schlug er mir vor, einige Arbeiten auszutauschen. Ich fühlte mich geschmeichelt und bot ihm verschiedene Figuren an. Er suchte die abstrakte weibliche Figur und zwei meiner Masken aus und schenkte mir dafür einen seiner bemalten Keramikteller. Er hatte über hundert solcher Teller in der Fabrik hergestellt, hier gegessen und geschlafen und ließ als Dank doch nur einen einzigen zurück. Und einen weiteren bekam ich für nur drei meiner eigenen Werke. Das setzte dem Spott der anderen Bildhauer ein abruptes Ende.
Ich nahm zwei Holzkisten voller Arbeiten mit nach Hause. In der folgenden Ausstellung erregten meine Werke großes Aufsehen, weil ich als einziger Student im modernen Stil gearbeitet hatte. Die anderen befürchteten, ein solcher Stil könnte ihr Abschlussergebnis negativ beeinflussen. Einige Tage vor der Abschlussprüfung besuchten auch einige hochrangige Schulbeamte die Ausstellung.
Als der Rektor der Hochschule meine abstrakte weibliche Figur sah, runzelte er die Stirn und verlangte von Professor Ying, sie aus der Ausstellung zu entfernen, denn sie sei beeinflusst von der „verfaulten kapitalistischen Kunst“. Zur damaligen Zeit wehte wieder ein neuer Wind in China, die Kommunisten wollten wieder verstärkt gegen die „geistige Verschmutzung“ vorgehen und den Einfluss westlicher Ideen in Politik und Kunst zurückdrängen. Der Vorwurf des Rektors traf daher Professor Ying in einer sehr sensiblen Phase, hatte er doch gehofft, für das hohe Niveau der Schule Lob einzuheimsen, und nicht im Traum damit gerechnet, kritisiert zu werden. Zu allem Überfluss hatte er selbst gerade den Antrag auf Aufnahme in die Kommunistische Partei gestellt und so beeilte er sich, dem Befehl schleunigst nachzukommen. Er bat mich, die Figur zu

entfernen. Er hatte allerdings nicht mit meiner Weigerung gerechnet. Ich jedenfalls fühlte mich von ihm aufs Übelste getäuscht und warf ihm vor, sich einem Manne wie dem Rektor zu beugen, der nicht die leiseste Ahnung von Kunst hätte. Darauf fischte er eine neue Ausgabe der Zeitschrift „Art" hervor und zeigte mir das Foto einer Skulptur von Henry Moore: „Du bist also modern? Kannst du mir dann sagen, wo an diesem chaotischen Ding die Kunst zu finden ist?" Ich erklärte es ihm, worauf er mich hinauswarf: „So wirst du es nie zu einem Abschluss bringen."

Ich entfernte mein Werk nicht aus der Ausstellung und trat dennoch selbstbewusst zu meiner Abschlussprüfung an. Einige der Professoren, die mir keine Probleme bereiten wollten, blieben unter verschiedenen Vorwänden der Prüfung fern. Professor Ying, der mich als mein Lehrer eigentlich unterstützen hätte sollen, brachte ungezählte Einwände gegen meine Arbeit vor. Das wiederum rief Herrn Jiang auf den Plan, der als außerschulischer Kunstexperte eingeladen worden war. Er erzählte von meiner Arbeit in Zibo, vom guten Eindruck, den ich auf die anderen Bildhauer gemacht hatte, und vom Lob der Professoren Zhen Ke und Yuan für meine Arbeiten. Vor allem die Erwähnung der beiden berühmten Künstler beeindruckte die Anwesenden und so wurde ich schließlich doch mit einem „Genügend" entlassen. Ich hatte die schlechteste Note der gesamten Klasse, obwohl ich immer zu den Klassenbesten gehört hatte. Professor Ying aber hatte dem Parteikomitee seine tadellose politische Haltung bewiesen.

*

Nun hieß es, auf die Arbeitszuweisung zu warten. Ich machte mir keine großen Hoffnungen auf einen guten Arbeitsplatz, denn schließlich entschied die Kommunistische Partei, welcher Einheit ich zugeteilt wurde. Da erhielt ich einen Brief aus Beijing von einem der Studenten von Zhen Ke. Er teilte mir mit, dass der Professor meine Fotos erhalten und die Arbeiten für gut genug befunden habe, um eine Aufnahme in den Postgraduierten-Lehrgang zu rechtfertigen. Ferner empfahl er mir, mich auf Englisch, Politik und Kunstgeschichte zu konzentrieren, weil diese bei der Aufnahmeprüfung eine wichtige Rolle spielen würden. Der Brief war unterzeichnet mit Jiang Shuo. Ich beneidete den Verfasser, der offenbar zur ersten Generation der Studenten gehörte, die für den gerade neu geschaffenen postgraduierten „Master of Arts" zugelassen worden waren. Außerdem konnte er bei einem berühmten Professor studieren. Wie verblüfft war ich einige Tage darauf, als ich erfuhr, dass Jiang Shuo eine Frau war.

Kurz darauf wurde ruchbar, dass ein Absolvent unserer Klasse einen Arbeitsplatz in Beijing zugewiesen bekommen würde. Da ich keine Anstellung in Nanchang bekommen hatte, stand ich plötzlich ganz oben auf der Liste, und das obwohl ich das schlechteste Abschlussergebnis hatte. Alles schien gut zu laufen, da tat sich für mich ein weiteres unerwartetes Hindernis auf. Jemand hatte meine heimliche Reise nach Beijing angezeigt. Aber mittlerweile fühlte ich mich schon so nahe am Ziel, dass ich nicht ohne weiteres aufgeben wollte.

Ich wusste, dass der Mann, der für Versetzungen zuständig war, jeden Morgen auf dem Sportplatz der Schule einige Runden lief. Also wartete ich eines Tages auf ihn und als er die erste Runde hinter sich gebracht hatte, gesellte ich mich zu ihm, beschied ihm ein munteres „Guten Morgen" und lief einfach neben ihm her. Glücklicherweise fand er mich weniger aufdringlich als einfallsreich und meinte: „Was gibt's, sag schon!" Ich begann ihm meine Situation zu schildern. Das Gespräch muss ihn beeindruckt haben, denn plötzlich meinte er, ich sei wohl in der Tat am besten für Beijing geeignet. Damit war klar, dass ich in die Hauptstadt gehen würde.

Zwischen Liebe und Massaker

Verliebt in Beijing

Der Chinesische Verband für Industriekunst war ein nationaler Verband, allerdings nicht so bekannt wie der Chinesische Verband bildender Künstler oder der Chinesische Schriftstellerverband. Von dem Zeitpunkt an, als ich die Zuweisung bekam, bis zu meiner Ankunft in Beijing grübelte ich darüber nach, was Industriekunst eigentlich ist und was wohl meine Rolle in diesem Verband wäre. Ich war zwar sehr glücklich darüber, dass ich einen Arbeitsplatz in Beijing bekommen hatte, wollte aber auch nicht sofort als Beamter tätig sein, sondern weiter als Künstler arbeiten.

Als ich leise an die Tür mit dem Schild „Chinesischer Verband der Industriekunst“ klopfte, zitterte ich innerlich vor Aufregung. Drinnen rührte sich nichts. Ich klopfte nochmals. Ich wartete ein wenig, dann öffnete ich vorsichtig die Tür und betrat ein leeres Büro. Tabakgeruch hing in der Luft und auf einem Schreibtisch beim Fenster, auf dem Papiere, Bücher und Entwürfe lagen, brannte eine Lampe. Zwei weitere Schreibtische dagegen waren fast völlig leer. Ich zögerte einen Augenblick und setzte mich dann auf ein großes, gelbes Sofa. Nach etwa einer halben Stunde betrat ein hoch gewachsener Mann mit militärischem Gehabe das Büro. Nachdem ich mich vorgestellt hatte, bot er mir Tee aus seiner Thermosflasche an und stellte sich als Direktor Ye vor. Dann erhielt ich von ihm in kurzer Zeit die wichtigsten Informationen über den Verband, während er eine Zigarette nach der anderen rauchte und dabei immer wieder im Büro auf und ab ging.

Dem Verband war noch ein weiterer Absolvent der Zentralen

Akademie für Kunst und Design namens Klein Shen zugeteilt worden und uns beiden fiel die Aufgabe zu, bei den Vorbereitungen für die offizielle Gründung des Verbandes mitzuhelfen. Erst danach sollte ich für eine seiner Unterorganisationen, nämlich den Chinesischen Verein für Keramik- und Porzellandesign, die Verantwortung übernehmen. Bisher allerdings war der eigentliche Verein noch nicht einmal offiziell gegründet worden, sondern ein Vorbereitungskomitee werkte mehr oder weniger eifrig seit zwei Jahren vor sich hin. Alt Ye hatte sich in dieser Zeit bereits zu einem Fachmann in Sachen Industriedesign entwickelt und ärgerte sich über das primitive chinesische Design: „Eine Teekanne, eine Thermosflasche, noch nie hat jemand daran gedacht, dass man deren Form ändern und damit auch ihre Effizienz steigern kann." Er nannte dabei immer die deutsche Bauhausschule als Vorbild und war festen Willens, deren Ideen im Verband umzusetzen. Seine Begeisterung riss mich mit. Ich hatte mir vorher nie Gedanken über Design gemacht und merkte schon an diesem ersten Nachmittag, wie spannend und herausfordernd diese neue Aufgabe für mich sein würde.

Die Sonne war schon untergegangen, als Alt Ye mich in ein Büro brachte, das genau über dem seinen lag. Er zeigte auf vier zusammengestellte Schreibtische: „Die zwei auf der linken Seite sind unbenutzt. Such dir einen davon aus." Dann schlug er mir vor, im Büro zu übernachten, weil es schon recht spät war. Am nächsten Morgen wollte er mit mir zum Ministerium gehen, um einen Schlafplatz zu beantragen.

Insgesamt waren es schließlich zwei Wochen, die ich auf meinem Schreibtisch schlafen musste, bevor sich endlich in einer Drei-Zimmer-Wohnung im Jingsong-Gebiet im südöstlichen Teil von Beijing Platz für mich fand. Dort bezog ich mit Klein Shen einen fünfzehn Quadratmeter großen Raum. Wir teilten die Wohnung mit einem Japanisch-Übersetzer der Abteilung für auswärtige Angelegenheiten im Ministerium für Leichtindustrie.

Das Jingsong-Gebiet war eine neu erschlossene Wohngegend. Die Gebäude waren zwischen zwölf und fünfzehn Stockwerke hoch und aus Betonfertigteilen errichtet worden. Von weitem sahen sie aus wie riesige Streichholzschachteln, die neben dem Longtan-See aufgereiht waren. Alle Häuser waren mit Gaszentralheizung und Wasserklosett ausgestattet und standen den ministeriellen Mitarbeitern zur Verfügung. Für China war eine derart ausgestattete Wohnung Anfang der achtziger Jahre ein Luxus, denn die meisten Leute heizten noch mit Kohle und öffentliche Plumpsklos gehörten zum städtischen Erscheinungsbild.

*

Klein Shen und ich brachten gleich frischen Wind in den Verband. Aus Hongkong wurden schleunigst Fachbücher für Design importiert und die wenigen ausländischen Zeitschriften für Design, die vorhanden waren, wurden mit Feuereifer durchgearbeitet. Unser besonderes Augenmerk richteten wir auf die deutsche Bauhausschule der zwanziger Jahre. Allmählich begriff ich, wie sich „Industriedesign" entwickelt hatte. Wir unterstützten Alt Yes Bestrebungen, die Verbandsbezeichnung „Industriekunst" durch „Industriedesign" zu ersetzen, organisierten eine Reihe von Symposien und versuchten die Ministerialbeamten für unsere Ideen zu begeistern. Letzteres stellte sich als richtige Knochenarbeit heraus, die wir nach einigen vergeblichen Besuchen in verschiedenen Beamtenstuben als bloße Zeitverschwendung aufgaben.
Eines Tages traf ich im Büro überraschend auf Professor Zhen Ke, der als eines der Mitglieder des Vorbereitungskomitees von Alt Ye zu einem Gespräch gebeten worden war. Er erkannte mich sofort wieder und fragte, warum ich ihn nicht aufgesucht hätte: „Ich kann dich nicht nur Bildhauerei lehren, ich kenne mich auch im Industriedesign aus", sagte er zu mir. Zhen Ke hatte nämlich als einziger Chinese überhaupt eine Bauhaus-Ausstellung besucht und auch als einziger Künstler für einen

Industriedesign-Verband plädiert. Er hatte auch Alt Ye in seinen Bestrebungen unterstützt, obwohl Letzterer sich seiner Ansicht nach eher als Phrasendrescher denn als wirklicher Arbeiter erwies.

Den Vorschlag Professor Zhen Kes, engeren Kontakt mit ihm zu pflegen, wollte ich nur zu gerne aufgreifen. Abgesehen von den wertvollen Unterweisungen, die er mir geben konnte, hatte ich auch noch eine Pflicht einzulösen: Ich musste jener Jiang Shuo, die mir damals den Brief geschrieben hatte, von einem meiner ehemaligen Professoren an der Keramikhochschule eine Vase übergeben. Bis jetzt hatte mir allerdings noch niemand ihre Adresse sagen können. Eines Nachmittags, ich kam gerade aus einer Buchhandlung zurück, empfing mich Klein Shen mit der Nachricht: „Jiang Shuo war gerade hier, um dich zu suchen. Ich traf sie zufällig beim Mittagessen. Sie kommt morgen noch einmal vorbei."

Am nächsten Morgen ging ich dann sehr früh ins Büro und holte die Porzellanvase aus der Schublade. Sie war klein, aber sehr fein ausgestaltet und mit menschlichen Figuren im Gobi-Stil bemalt. Als ich sie gerade sehr vorsichtig aus der Papierverpackung wickelte, betrat unsere Bibliothekarin Wenhui das Büro. Spontan streckte sie die Hand danach aus: „Wunderschön! Hast du sie für deine Freundin gekauft?" Und sie setzte hinzu: „Ihr Südländer seid sehr geschickt darin, so dünnes Porzellan herzustellen." Ich erzählte ihr, dass die Vase für Jiang Shuo bestimmt sei. „Jiang Shuo?" Die Bibliothekarin hob den Kopf. „Ist das nicht die Frau, die dich gestern gesucht hat? Eine außergewöhnliche Person. Sie wurde dieses Jahr als Einzige für das Postgraduiertenstudium angenommen." Jetzt war ich wirklich aufs Höchste gespannt und konnte es kaum erwarten, mit Jiang Shuo zusammenzutreffen.

Gegen zehn Uhr öffnete sich dann die Bürotür und Wenhui trat ein zweites Mal an diesem Morgen herein. Ihr folgte eine schlanke Frau mit schulterlangem schwarzem Haar und einer Brille mit transparentem Kunststoffrahmen. Wenhui lächelte

mich strahlend an: „Klein Wu, Jiang Shuo ist hier, um dich kennen zu lernen." Mit einem Augenzwinkern ließ sie uns allein.
Jiang Shuo gab mir die Hand und stellte sich vor. Sie hat Charme, dachte ich und starrte bewundernd in ihr schönes Gesicht, während ich ihr die Vase von Professor Wu überreichte. Sie bedankte sich lächelnd. Nach und nach verlor ich meine Scheu und bedankte mich nun meinerseits für den netten Brief, den sie mir im Namen von Meister Zhen geschrieben hatte. Sie wollte wissen, ob ich an der Prüfung für das Postgraduiertenstudium teilnehmen würde. Als ich ihr gestand, dass meine Noten dafür wohl zu schlecht seien, meinte sie aufmunternd: „Meister Zhen ist der Ansicht, Sie sollten sich nur auf die Allgemeinbildung und auf Englisch konzentrieren. Wenn Sie Hilfe brauchen: Ich werde in einigen Tagen in die Schule ziehen. Sie können mich jederzeit im Atelier besuchen." Damit ging sie und ich blickte ihr nach: „Sie ist die hübscheste Hochschulabsolventin, die ich je gesehen habe", dachte ich, „eine unnachahmliche Mischung aus Intelligenz und Schönheit."

*

Beijing lag funkelnd im warmen Herbstlicht, die gelb gewordenen Blätter der Pappeln segelten im sanften Wind zu Boden. Der Herbst ist die schönste Jahreszeit in der Hauptstadt und alle scheinen nochmals tief durchzuatmen, bevor der Winter hereinbricht. Ich trug zwei Thermosflaschen bei mir, die ich beim Warmwasserspeicher neben der Messe aufgefüllt hatte, und genoss auf dem Weg ins Büro die Sonnenstrahlen. Am Nachmittag fand wie jeden Donnerstag eine politische Versammlung statt und ich holte das Wasser für den Tee. Am Ende der Pappelallee kam mir eine kleine, zierliche Frau entgegen und als ich nahe genug war, erkannte ich in ihr Jiang Shuo. Sie hatte einen Stoß von Büchern unter ihrem Kinn eingezwängt und trug außerdem noch Malutensilien bei sich. Lächelnd grüßte sie mich und versuchte dabei, den Bücherstapel im Gleichgewicht zu halten. Ich legte sofort meine Thermoskannen neben eine der Pappeln und kam ihr zu Hilfe, indem ich ihr Werkzeug und Bücher abnahm. Sie strich sich die Haare zurück und wischte sich ein paar Schweißperlen von der Stirn. Die Anstrengung hatte ihre Wangen bezaubernd rot gefärbt und ich konnte nicht anders, als sie unentwegt anzustarren. Verlegen wandte sie ihr Gesicht ab und zupfte ihr Hemd zurecht, das vom Tragen ganz zerknittert war. Sie war gerade auf dem Weg in ihr Atelier, das ihr von Professor Zhen Ke zur Verfügung gestellt worden war, und ich folgte ihr dorthin.

Das Atelier lag in einem lang gestreckten Bungalow zwischen der Bibliothek und dem Wohngebäude für Professoren und Angestellte der Akademie. Der Raum war ruhig, ungefähr zwanzig Quadratmeter groß und hatte ein breites Fenster, das nach Süden ging. In der Nähe der Tür befand sich ein rechteckiges Wasserbecken, zu dem sogar – o Wunder! – ein Wasserhahn gehörte. Ich drehte ihn auf: „Nicht schlecht!", entfuhr es mir. „Es ist einfach Klasse", strahlte Jiang Shuo. Die weitere Zimmereinrichtung bestand aus einem Tisch und einem Holzbett. Beides war fast unter dem Abfall des Vorgängers begraben. Ich sah, dass es viel Zeit benötigen würde, den Raum zu reinigen, und bot meine Hilfe an. Nach einigem Sträuben nahm sie an und ging in ihre Wohnung, um die restlichen Sachen zu holen, während ich schnell meine Thermoskannen, die Gott sei Dank noch immer unter der Pappel lagen, ins Büro brachte. Dann machten wir uns ans Aufräumen.

Bis Mittag hatten wir schon einiges geschafft und das Zimmer wirkte völlig verändert. Der Holztisch stand vor dem Fenster und darauf gestapelt lagen die Bücher. Im Hof fand ich einen zusätzlichen massiven Holztisch, den ich reparierte und als Arbeitsplatz in die Mitte des Ateliers stellte. Außerdem holten wir aus Jiang Shuos früherem Zimmer noch einen Bücherschrank, in dem ihre Skulpturen verstaut werden konnten.

Als Dankeschön für die Arbeit lud sie mich zum Mittagessen ein. Gemeinsam holten wir aus der nahe gelegenen Messe

unser Essen und ließen es uns im Atelier schmecken. Über Geplauder und ausgelassenem Lachen verging die Zeit wie im Flug und ich musste mich schweren Herzens von ihr trennen, um nicht zu spät zur politischen Versammlung zu kommen. Von diesem Tag an nahmen wir unser Mittagessen immer gemeinsam in Jiang Shuos Atelier ein. Wir diskutierten über Kunst und Politik – oft auf Englisch, damit ich meine Kenntnisse verbesserte. Jiang Shuo korrigierte meine Aussprache und meine Grammatik.
Bald hatte ich mich rettungslos in sie verliebt. Sie war so voller Herzlichkeit und Liebenswürdigkeit und dazu eine großartige Künstlerin! Nachts lag ich wach und dachte an ihre wunderschöne Erscheinung, ihr langes Haar, ihre glänzenden Augen. Meine Liebe zu ihr machte mich zu einem völlig neuen Menschen, denn plötzlich spürte ich eine Lebendigkeit in mir, die ich noch nie zuvor wahrgenommen hatte.

*

Alt Ye machte sich mit der Zeit meine Fähigkeiten mehr und mehr zunutze. Ich musste immer öfter an Sitzungen und Kongressen teilnehmen und die von uns herausgegebene Zeitschrift „Chinesisches Industrielles Design" erregte im ganzen Land Aufmerksamkeit. Ein Landsmann aus Jiangxi, der Sektionsleiter im Ministerium für Leichtindustrie war, half mir bei der Organisation eines mehrtägigen Symposiums, zu dem ich alle Designer der großen Glasfabriken und einige Hochschulprofessoren einlud. Das Ergebnis war der Beschluss, einen eigenen Verband zu schaffen und künftig eine Zeitschrift mit dem Titel „Glas und Design" herauszugeben.
Für das Neujahrsfest des Jahres 1983 kaufte ich groß ein, um für Jiang Shuo und mich ausgiebig zu kochen. Drei Stunden lang musste ich mich anstellen, um ein Huhn und verschiedene andere Nahrungsmittel zu ergattern. Meine Wohnungskollegen waren bereits zu ihren Familien gefahren, um mit ihnen Neujahr zu feiern, und wir waren völlig ungestört. Da fand ich

endlich den Mut, ihr meine Liebe zu gestehen und sie um ihre Hand zu bitten. Sie willigte sofort ein und wir vereinbarten, gleich nach dem Abschluss ihres Studiums zu heiraten. Dann umarmten und küssten wir einander zum ersten Mal.

Am Abend waren die Straßen hell erleuchtet, denn überall zündeten Kinder Feuerwerke. Ich brachte Jiang Shuo mit meinem Rad nach Hause zurück. Sie saß vor mir auf dem Fahrrad und meine Arme umfingen ihren warmen, weichen Körper. Ich spürte ihr Gesicht an meiner Wange und so radelte ich glücklich durch Beijing und spürte den kalten Wind kaum. Im Gegenteil, ich hatte das Gefühl, mein Körper würde brennen. Am liebsten hätte ich mein Glück laut hinausgeschrien.

Jiang Shuo wollte mich ihren Eltern vorstellen, hatte aber ein wenig Angst davor, denn schon viele Männer hatten ihr den Hof gemacht und alle hatte ihre Mutter hinausgeworfen. Auch mir war mulmig zumute. Ich fragte mich, womit ich eine so schöne, intelligente Frau verdient hatte. Außerdem war sie die einzige Frau in ganz China, die bald den Titel „Master of Arts“ tragen würde. Und ich war nur ein normaler Hochschulabsolvent aus einer einfachen Familie. Nachdem Jiang Shuo ihren Eltern von mir erzählt hatte, wollte ihr Vater ein Bild von mir sehen. Immerhin hatte er selbst an der Zentralen Kunstakademie Ölmalerei studiert. Ich gab Jiang Shuo daraufhin einige Schwarzweiß-Fotos von meinen Aktzeichnungen und Porträts. Diese müssen ihren Vater wohl beeindruckt haben, denn er erklärte sich einverstanden mit unserer Hochzeit und lud mich ein, die ganze Familie kennen zu lernen.

Shuos Eltern sahen aus wie typische Beijinger Intellektuelle. Sie hatten beide mit Kunst zu tun. Shuos Mutter war eine Expertin für Kinderkunst und arbeitete als Professorin an der Pädagogischen Akademie. Der Vater war Maler im Arbeiterstadion und für die Gestaltung der Werbetafeln innerhalb des Stadions zuständig, das immerhin die größte Sporthalle der Nation beherbergte. Auch der kleine Bruder Yan studierte Kunst und würde bald das an die Zentrale Kunstakademie angegliederte

Gymnasium abschließen. Er war überraschend freundlich zu mir in Anbetracht dessen, dass er normalerweise an keinem der jungen Männer, mit denen Shuo ausging, ein gutes Haar ließ. Shuos Familie wohnte in einem schönen Bungalow mit zwei Schlafzimmern, einem Wohnzimmer und einer kleinen Küche. Die Wohnung war nicht groß, aber elegant. Zum Abendessen wurde extra für mich ein in Beijing im Winter sehr beliebtes Lammfondue serviert. Das ist ein uraltes mongolisches Gericht. Man kocht in feine Streifen geschnittenes Lammfleisch in Hühnersuppe. Das Fleisch tunkt man dann in Soßen, die aus Sesamtunke, Meersalz, Sesamöl und chinesischem Schnittlauch zubereitet werden. Dazu reicht man feine Glasnudeln, die gerne mit Paprikasoße gegessen werden. Da ich aus dem Süden kam, war es das erste Mal, dass ich ein Lammfondue aß. Shuos Eltern freuten sich, dass es mir schmeckte, und legten immer wieder Fleisch in meine Schüssel. Ich wollte auf jeden Fall einen guten Eindruck machen und aß, was immer mir vorgesetzt wurde. Es war ein fröhlicher Abend und ich fühlte mich sofort von Shuos Familie akzeptiert.

Erst in meiner Wohnung merkte ich, dass ich mit dem Essen übertrieben hatte. In der Soße war so viel Salz gewesen, dass ich ständig durstig war. Das viele Wasser, das ich trank, blähte meinen Bauch noch mehr auf und ich konnte die ganze Nacht nicht schlafen. Als ich Shuo am nächsten Tag davon erzählte, lachte sie lauthals und sagte nur: „Wie dumm von dir! Wenn du nicht mehr essen kannst, dann iss eben nicht mehr." Auch ihre Eltern lachten, als sie ihnen davon erzählte, und hielten mich fortan für einen schlichten und ehrlichen Mann.

Der Staatspräsident kauft einen Fernseher

Im März des Jahres 1983 mussten Alt Ye und ich in der Stadt Qingdao an der Verleihung des ersten Designpreises für Radio und Tonbandgeräte teilnehmen, der vom Verband für Industrielle Kunst und dem Elektronikministerium ins Leben ge-

rufen worden war. Dutzende von Betrieben und Forschungseinrichtungen reichten dafür ihre neuesten Produkte ein. Ein nationaler Designpreis konnte nämlich nicht nur den Absatz ankurbeln, sondern auch dem jeweiligen Designer ein höheres Gehalt und eine bessere Wohnung einbringen. Als Repräsentant des Verbandes für Industrielle Kunst war ich einer der fünf Juroren. Zwar hatte ich keine Erfahrungen als Designer, aber ich war Redakteur der Zeitschrift „Industrielles Design" und deshalb hatte meine Meinung großen Einfluss auf die anderen Preisrichter. Außerdem sollten nur ästhetische Kriterien eine Rolle spielen und meine künstlerische Ausbildung und meine Kenntnisse der Geschichte des Industriellen Designs waren mir sehr nützlich, während zum Beispiel einem der anderen Preisrichter, einem Abteilungsleiter des Elektronikministeriums, jegliche Erfahrung fehlte. Als Mitarbeiter der Zentralregierung wurde Alt Ye und mir eine schöne Villa am Strand zur Verfügung gestellt, in deren Hof japanische Kirschbäume blühten. Vor der Revolution war Qingdao eines der teuersten Wohn- und Urlaubsgebiete und die ursprünglichen Besitzer der Villen waren zumeist Japaner oder Deutsche gewesen. Nun machten in dieser Gegend vor allem hohe Kader Urlaub, ja sogar Mao Tse-tung hatte hier eine Zeit lang in einer Villa gewohnt. Das Strandbad, das er frequentiert hatte, wurde ihm zu Ehren „Erstes Strandbad von Qingdao" genannt. Mit ein Grund für die Beliebtheit Qingdaos war auch die Tatsache, dass die Stadt als ehemals deutsche Kolonie eine moderne Kanalisation besaß. Noch vor dem Ersten Weltkrieg errichtet, übertrafen ihre Infrastruktur und Architektur alles, was an Städtebau in neuerer Zeit je in China geplant worden war.
Nach dem Abendessen lagen wir gemütlich in den Korbstühlen auf dem Balkon und tranken Qingdao-Bier. Die Sonne ging blutrot über dem See unter und ich dachte laut nach: „Wie können unsere führenden Kader hier Urlaub machen, ohne zu sehen, dass Stadtplanung und Städtebau in der Kolonialzeit wesentlich moderner waren als heute?" Alt Ye, obwohl

ein hoher Kommunistenkader, seufzte und meinte vorsichtig: „Die deutsche Kolonialzeit hat vielleicht mehr Gutes als Schlechtes hinterlassen.“ Ich erwiderte: „Ich denke, dass es besser wäre, wenn die Deutschen noch immer in Qingdao regierten.“ Ich hatte vergessen, dass ich einem hochrangigen Parteikader gegenübersaß, aber Alt Ye reagierte nicht. Erst am nächsten Morgen meinte er: „Klein Wu, wir sollten die Diskussion von gestern Abend für uns behalten. Überhaupt rate ich dir, solche Ansichten nicht in der Öffentlichkeit zu äußern.“

*

Im späten Mai 1983 hielt der Wissenschaftsverband in Jingsong einen Nationalen Kongress zum Thema „Beratung in Wissenschaft und Technik“ ab. Ziel war es, dass jeder einzelne Tochterverband einen Ausschuss organisieren sollte, der die Regierung bei wichtigen Projekten beriet. Man wollte damit der gängigen Praxis entgegenwirken, dass bei wichtigen wirtschaftlichen Entscheidungen nur politische Kriterien eine Rolle spielten.

Während des Kongresses wurden Vorwürfe erhoben, dass die Regierung alle möglichen Projekte unterstützte, ohne je die Meinung der Experten einzuholen. Ein alter Wissenschaftler hielt eine Rede, in der er die Vorgehensweise der Regierung massiv anprangerte. Es ging um ein großes Stahlwerk, das in Baoshan bei Shanghai errichtet werden sollte – dabei gab es dort weit und breit keine Ressourcen. Die Maschinen musste man aus Japan importieren und das Eisenerz aus Australien. Da fiel ihm Zhu Guangzhao, der Vizepräsident des Wissenschaftsverbandes, ins Wort: „Es ist nicht so, dass man Rat nicht schätzen würde, man hat vielmehr Angst, kostbare Zeit damit zu verschwenden.“ Zhu Guangzhao wirkte so wütend, dass alle verstummten. In die plötzliche Stille hinein erzählte er, dass er, kurz bevor die Entscheidung über den Bau des Stahlwerkes gefällt werden sollte, von einer nicht näher bezeichneten politischen Führungsperson zu einer Besprechung eingeladen worden sei. Er hatte sich ausgiebig mit der Materie beschäftigt. Er wurde auch besonders höflich empfangen. Doch dann holte sein Gesprächspartner einen dicken Katalog heraus und wollte von einem der berühmtesten chinesischen Wissenschaftler wissen, welches Fernsehgerät vom wissenschaftlichen Standpunkt aus das beste Preis-Leistungs-Verhältnis aufweise. Zhu Guangzhao hatte den Namen nicht genannt, aber uns war allen klar, dass die Rede vom damaligen chinesischen Staatspräsidenten Li Xiannian war. Die Episode schockierte uns. Da gab man hunderte Millionen an US-Dollar aus, ohne sich beraten zu lassen, aber bei der Wahl eines Fernsehgerätes holte man ausführliche Erkundigungen bei den bedeutendsten Wissenschaftlern ein. Was war das für eine verquere Logik?

*

Im Mai wurde Shuo mit ihrer Arbeit „Fischkind" zur ersten chinesischen Ausstellung urbaner Skulpturen in die Nationalgalerie eingeladen. Die Skulptur erregte einiges Aufsehen, weil Shuo im Gegensatz zum realistischen Stil, der während der Kulturrevolution sehr populär war, einen eigenen, modernen Stil gefunden hatte. Der nationale Fernsehsender CCTV brachte einen Bericht, der Shuo mit einem Schlag bekannt machte. Die Rektorin der Zentralen Akademie für Kunst und Design wollte die Figur in stark vergrößerter Form im neu errichteten Garten aufstellen. Das brachte Shuo in Verlegenheit, weil sie ja noch Studentin war und bislang keiner der ehrwürdigen Professoren jemals eine solche Auszeichnung genossen hatte.
Kurz darauf kam ein Professor von einer Dienstreise zurück und berichtete, dass die Fabrik für Marmorskulpturen auf der Rückseite ihres neuen Kataloges eben diese Skulptur von Shuo abbildete. Seinen Informationen nach wurde die Arbeit außerdem gerade für einen Park in einer nordchinesischen Stadt kopiert. Wir kochten vor Wut, konnten aber nichts tun. In China gab es noch keine Urheberrechtsgesetze und das Kopieren von Skulpturen war gang und gäbe.

Im Juni brachte Professor Zhen Ke einen etwa dreißigjährigen Mann mit ins Büro des Verbandes für Industrielle Kunst. Wang Shuozi unterrichtete an der Kunstakademie von Guangzhou „Geschichte des Industriellen Designs«. Eigentlich hatte er amerikanische Geschichte studiert, sprach sehr gut Englisch und war ein überaus talentierter Redner. Alt Ye und ich waren auf der Stelle von ihm angetan. Er verstand ausgesprochen viel von Industriellem Design und ich schlug deshalb vor, dass er eine Vorlesung halten sollte. Wir luden einige Designer und Professoren zu einem dreitägigen Kurs, „Geschichte und gegenwärtige Entwicklungen des Industriellen Designs“, ein. Wang Shuozi machte seine Sache hervorragend und wir hatten das Gefühl, dass endlich wieder ein frischer Wind durch den Verband wehte. Im Juli organisierte ich einen weiteren Kurs für alle Fabriksdesigner, die mit Glas und Email arbeiteten. Abgesehen von Wang Shuozi sollten auch berühmte Architekten und Künstler Vorträge halten. Da der Kurs als Fachkurs auf nationaler Ebene ausgeschrieben war, konnte man ihn als zusätzliche Berufsqualifikation angeben. Die Kosten übernahm die jeweilige Einheit der Designer – und überraschenderweise erwirtschafteten wir einen kleinen Gewinn. Jetzt waren wir auf den Geschmack gekommen und veranstalteten auch Kurse für Grafikdesign und Elektrodesign. So wurde das Industrielle Design endlich doch noch populär und schon kurz darauf schufen die ersten Akademien und Universitäten entsprechende Abteilungen.

Ein weiterer Vorteil der Symposien war, dass wir einige Intellektuelle, die außer ihrem geringen Lohn kaum ein Einkommen hatten, unterstützen konnten. Meinen Nachbarn, den Maler Wu Guanzhong, lud ich zu einem Vortrag ein, der ihm zweihundert Yuan einbrachte. Zur Illustration seines Vortrages malte er mindestens fünf Bilder an die Tafel. Heute ist er einer der teuersten zeitgenössischen Maler Chinas und seine Arbeiten werden bei Sotheby's und Christie's um hunderttausende Euro versteigert.

Endlich entschlossen wir uns, eine erste nationale „Bewertung für das Design von Glas- und Email-Produkten" durchzuführen. Diese nahmen einen großen Teil des Haushaltswarenmarktes ein und es gab tausende Fabriken, die sich mit ihrer Herstellung beschäftigten. Die Betriebe konnten ihr bestes Produkt in das Rennen um den Preis schicken. Außerdem boten wir Vorträge für Designer an. Über tausend von ihnen folgten der Einladung, sich die eingereichten Produkte anzuschauen und die Vorträge zu besuchen. Die Provinz Shanxi und die Stadt Xian, wo die Bewertung stattfinden sollte, nahmen die Massen herzlich auf. Sogar Flugtickets wurden von der Regierung besorgt und man organisierte schließlich auch eine Besichtigung der Stadt und der Umgebung.

*

Im Sommer 1984 teilte mir Zhen Ke mit, dass er erneut eine Klasse von Studenten aufnehmen dürfe. Er riet mir, mich gründlich auf die Aufnahmeprüfung vorzubereiten. Shuo war bereits mit ihrer Abschlussarbeit beschäftigt und nun lernten wir in ihrem Atelier Seite an Seite. Im Oktober legte mir plötzlich Alt Ye Steine in den Weg. Er wollte verhindern, dass ich mich für die Prüfung anmeldete, und erst als Zhen Ke Druck auf ihn ausübte, gab er seine Zustimmung. Kaum war dieses Hindernis aus dem Weg, sprach sich plötzlich die Rektorin der Zentralakademie für Kunst und Design gegen meine Anmeldung aus. Dieses Recht hatte sie, weil die Akademie die Personalangelegenheiten des Verbandes regelte. Im Übrigen wurde auch den eigenen jungen Lehrkräften die Teilnahme untersagt.
Ich ging also gemeinsam mit einigen Kollegen, die ebenfalls die Aufnahmeprüfung ablegen wollten, zum zuständigen Büro. Von dort aus wurde der Akademie postwendend mitgeteilt, dass sie uns nicht von der Teilnahme ausschließen dürfe, und so bekamen wir die Anmeldekarten doch noch. Mitte November fand dann die Prüfung statt. Über fünfzig Anmeldungen hatte es für die Bildhauerklasse gegeben, doch nur acht – da-

runter ich – durften überhaupt zur Prüfung antreten. Ich war in bester Stimmung, denn ich hatte viel gelernt, wobei mir Shuo mit ihren Erfahrungen eine große Hilfe gewesen war. Nachdem ich das Fach „Englisch“ erfolgreich hinter mich gebracht hatte, kam mir der Rest leicht vor. Im Hauptfach „Bildhauerei“ mussten wir zwei tanzende Figuren gestalten. Wir hatten nur vier Stunden Zeit und ich fing sofort an, meine Figurengruppe mit meinen kleinen Holzwerkzeugen aus Ton zu modellieren. Damit machte ich, ohne dass ich es gewollt hätte, die anderen nervös. Eine Teilnehmerin, die von meinem Tempo eingeschüchtert war, steigerte sogleich ihr eigenes Arbeitstempo und wurde vor lauter Aufregung kurz darauf ohnmächtig. Am Nachmittag traf ich sie zufällig im Garten, wo sie zu mir mit einem bitteren Unterton sagte: „Was für ein Pech für mich, dass ich ausgerechnet hinter Ihnen saß. Das hat mich richtig nervös gemacht.“ Ich fühlte mich irgendwie schuldig, denn sie hatte schon zum zweiten Mal an der Aufnahmeprüfung teilgenommen. Nach ihrem Abschluss hatte man ihr einen Arbeitsplatz in einer abgelegenen Provinz zugeteilt und das Postgraduiertenstudium war ihre einzige Chance, von dort wegzukommen.

Nach der Prüfung verbrachte ich mit Shuo einen unbeschwerten Tag im Kaiserlichen Sommerpalast im Westen von Beijing. Dieser war zu Lebzeiten von Kaiserinmutter Ci Xi mit Marinegeldern erbaut worden. Das hatte damals so viel Geld verschlungen, dass die kaiserliche Marine jener Japans unterlag und wir seufzten beim Gedanken daran, welchen weiteren Verlauf die chinesische Geschichte dann genommen hatte. Doch der wunderschöne Palastgarten mit den vereisten Seen begeisterte uns. Es war Sonntag und viele Pärchen waren unterwegs. Zu Mittag lehnten wir uns mit dem Rücken an das marmorne Brückengeländer und hielten unsere Gesichter in die Sonne. Genüsslich aßen wir die mitgebrachten Brote und Äpfel und beobachteten die Spaziergänger. Schließlich stülpten wir meine Windjacke über unsere Köpfe, um ein bisschen Ruhe zu haben. Nach zehn Minuten wurde die Windjacke plötzlich weggezogen und wir starrten in die grimmigen Gesichter zweier Männer, die schmutzige, lange Baumwollmäntel und schiefe rote Armbinden trugen. Es waren Soldaten der Volksmiliz, die unsere Papiere sehen wollten. Ich sagte wütend: „Mit welchem Recht stört ihr uns am helllichten Tag?" Da packte mich einer vorne an der Kleidung und schüttelte mich: „Ich kontrolliere dieses Gebiet, mein Wort ist hier Gesetz." Um uns herum blieben die Leute stehen, aber niemand hatte den Mut einzugreifen. Seit der Kulturrevolution hatte man in China gelernt, wie zahme Lämmer der Herde nach- und dem Wolf davonzulaufen. Wenn aber der Wolf ein anderes Schaf angriff, dann blieb man stehen und schaute zu, glücklich darüber, nicht selbst gefressen zu werden. Ich hasste diese Art von Menschen, denn die beiden Soldaten überschritten eindeutig ihre Kompetenzen. Shuo versuchte mich fortzuzerren und flehte gleichzeitig die beiden an, mich loszulassen. Schließlich erlaubte uns ein Mann in der Uniform eines Gruppenleiters der Volksmiliz weiterzugehen. Und wir fragten uns, was für ein Land das war, dessen Gesetze von solchen Rabauken gehütet wurden.

*

Ende Dezember erfuhr ich von Alt Ye, dass ich die Prüfung bestanden hatte. Und wenig später, am 28. Januar 1985, erhielt Shuo als erste Postgraduierte für Bildhauerei in der Geschichte Chinas den „Master of Arts". Das weckte auch das Interesse der Medien und ein früherer Kollege von Shuo, ein Journalist beim Fernsehsender CCTV, machte einen Beitrag über die Abschlussvorstellung, der in den nationalen Abendnachrichten ausgestrahlt wurde. Von allen Seiten trafen Glückwunschschreiben ein. Eine Fabrik wollte sie sogar als künstlerische Beraterin engagieren, aber Shuo konzentrierte sich lieber ganz auf ihre Arbeit als Dozentin an der Abteilung für dekorative Kunst.

Fünf Bonbons als Hochzeitsgeschenk

Am 8. Februar 1985 fuhren Shuo und ich mit dem Bus zum Regierungsbüro des Beijinger Chao Yang- Bezirkes, um einen Antrag auf Eheschließung zu stellen. In unserer Tasche steckte ein Empfehlungsschreiben der Zentralakademie für Kunst und Design, auf das wir über zwei Jahre gewartet hatten. Shuo arbeitete bereits an der Akademie, während ich demnächst meinen „Master of Arts" erhalten sollte. Wir waren also beide überdurchschnittlich erfolgreich, was für eine Heiratserlaubnis sehr wichtig war. Denn die chinesische Gesellschaft gab Jugendlichen, die am Anfang ihrer Karriere heirateten, keine großen Zukunftschancen. Deshalb griffen in solchen Fällen oft Eltern, Lehrer oder Vorgesetzte ein und versuchten den Heiratswilligen mögliche Konsequenzen vor Augen zu führen. Offiziell durfte man ab achtzehn die Ehe schließen, aber in der Regel bekam man erst eine Heiratserlaubnis, wenn man über 25 Jahre alt war – außer natürlich, man hatte einen besonders guten Familienhintergrund. Shuo war schon 27 und ich 28 Jahre alt und trotzdem runzelten an der Akademie viele die Stirn. Aber an unseren entschlossenen Gesichtern erkannten sie, dass Widerstand zwecklos war. Also bekamen wir endlich auch das Empfehlungsschreiben, das wir von der Akademie brauchten, weil dort unser offizieller Wohnsitz war.

Das Standesamt lag im ersten Stock eines altmodischen roten Ziegelhauses. Die Beamtin empfing uns sehr freundlich und zeigte uns zwei Vorlagen für die Heiratsurkunden, eine altmodische aus normalem Kartonpapier zum Preis von drei Yuan und eine moderne auf ausländischem Kartonpapier zum Preis von fünf Yuan. Wir entschieden uns für die neumodische Variante. Wir gaben der Beamtin das Geld und zwei Fotos, die wir ein paar Tage zuvor gemacht hatten. Sie klebte eines der Fotos auf die Urkunde, stempelte sie ab und reichte sie mir lächelnd: „Meine Schrift ist zu hässlich, als bildender Künstler können Sie sicher sehr viel schöner schreiben."

Ich lachte, füllte die Heiratsurkunde aus und dachte bei mir, dass viele meiner Kollegen eine unglaublich hässliche Handschrift hatten. Die Beamtin sah mir zufrieden zu und stand schließlich auf. Wir folgten ihrem Beispiel und Shuo strich mit den Händen über ihre neue braune Brokatjacke. Diese hatte mich sechzig Yuan gekostet, die Ersparnisse eines ganzen Jahres. Es waren meine ersten Ersparnisse gewesen und es war auch das erste Geschenk, das ich Shuo gemacht hatte. Die Beamtin überreichte uns die Heiratsurkunde und griff dann in ein Glas mit Fruchtbonbons. Sie reichte Shuo fünf Bonbons und sagte: „Gratuliere! Ich wünsche euch, dass ihr bis ins hohe Alter hinein glücklich seid." Ich hätte nie gedacht, dass ich von der chinesischen Regierung zur meiner Hochzeit ein paar Fruchtbonbons erhalten würde.

Unsere Heiratsurkunde trug die Nummer 63. Das bedeutet, dass wir das 63. Paar waren, das im Jahr 1985 in diesem Bezirk geheiratet hatte. Wir nahmen es als gutes Omen, denn die Sechs ist in China eine Glückszahl. Fröhlich verließen wir das Büro. Wir hatten fünf chinesische Yuan ausgegeben, fünf Fruchtbonbons bekommen, waren endlich offiziell verheiratet – und verbrachten erstmals eine Nacht miteinander. Das Bett war gerade einmal neunzig Zentimeter breit, aber uns reichte es. Wir hatten niemanden in unsere Pläne eingeweiht, damit wir in diesen ersten Stunden unseres Glückes ungestört sein konnten.

Am nächsten Tag reisten wir nach Nanchang. Meine Eltern nahmen Shuo mit offenen Armen auf und waren stolz darauf, dass ihr ältester Sohn eine der klügsten und schönsten Frauen Beijings geheiratet hatte. Sie luden alle Verwandten ein und wir feierten ausgelassen mit einem zwölfgängigen Menü. Sie richteten sogar ein provisorisches Brautgemach für uns her und schmückten es mit allerlei Dekor und elektronischen Geräten. Wieder zurück in Beijing, veranstalteten auch Shuos Eltern für uns ein Festessen. Sie luden Zhen Ke und zwei weitere Professoren ein, mit denen wir freundschaftlichen Umgang pflegten.

Schließlich veranstalteten wir auch in der Akademie ein kleines Fest mit zwei Kilogramm feinster Fruchtbonbons und einer Stange guter Zigaretten. Damit endete unser Hochzeitstrubel.

*

In den Augen der meisten Menschen war Zhen Ke ein Choleriker, aber Shuo und mich behandelte er ausgesprochen herzlich. Mit seinen achtzig Jahren fuhr er jeden Tag mit dem Bus zur Akademie, wobei er mehrmals umsteigen musste und eine knappe Stunde für die Fahrt brauchte. Und dies obwohl viele Professoren ihre Studenten zu sich nach Hause bestellten, die politischen Versammlungen schwänzten und sich sogar ihr Gehalt zustellen ließen. Zhen Ke jedoch erschien täglich mit einer großen Ledertasche unter dem Arm in der Akademie, klopfte an meine Tür und rief: „Wu Shaoxiang, aufstehen! Sei nicht so faul!" Die ganze Schule lachte darüber, aber ich wusste, warum er dies tat. Er wollte in diesem China, das seiner Ansicht nach völlig unterentwickelt war, noch so viele Dinge verändern und fürchtete, nicht mehr genug Zeit dafür zu haben. Er besaß die vielfältigsten Interessen. In Kreisen der bildenden Kunst galt er als „Tigerbalsam". So nannte man jene Leute, die sich auf jedem Gebiet auskannten. Auch in den Bereichen Wissenschaft und Technik hatte er viele Kontakte und täglich wurde er eingeladen, an Sitzungen und Projektbesprechungen teilzunehmen. Zhen Ke hörte jeden an und wenn er von einer Idee begeistert war, musste ich ihn ständig begleiten und konnte mich nur abends meinen Studien widmen. Sein besonderes Interesse galt vor allem jenen kleinen Tricks, die das Leben erleichtern. So hatte er eine Methode entwickelt, wie er sich noch als 80-Jähriger leicht in einen überfüllten Bus drängen konnte. Während der Bremsphase schob er sich dicht am Bus in Richtung Tür. Die meisten wollten direkt vor der Tür stehen und deshalb herrschte dort großes Gedränge, während die Leute ausstiegen. Zhen Ke indes schlüpfte einfach von der Seite aus an dem Gerangel vorbei –

und freute sich diebisch über diese List: „Ich lebe seit über zwanzig Jahren in Beijing und habe nichts erreicht – außer dass ich ein Buch mit dem Titel ‚Wie man sich in einen Bus drängt' schreiben könnte. Das würde dann sicher ein Bestseller werden!", meinte er des Öfteren mit einem selbstironischen Augenzwinkern.

Zhen Ke hatte in den zwanziger Jahren in Paris studiert und den Abschluss an der Akademie für Angewandte Kunst gemacht. Danach war er in die Provinz Guangdong zurückgekehrt, hatte ein Atelier eröffnet und von dieser Zeit an Schüler ausgebildet. Für das Militär errichtete er Monumente und entwarf auch Geldscheine. Während des Krieges mit Japan zog er nach Singapur und wurde aufgrund seiner technischen Kenntnisse Direktor einer Matrizenfabrik*. Nach dem Krieg ging er nach Hongkong, wurde Leiter einer Fahrradfabrik und später wieder einer Matrizenfabrik. Die ganze Zeit über betrieb er nebenher ein Atelier und stieg bald zum wohlhabendsten Künstler Hongkongs auf. Viele Schüler waren stolz darauf, bei ihm gelernt zu haben, und sie wussten den Kontakt zu ihm auch anderweitig zu nutzen. So konnte der Maler Hang Yongyu einmal in einem Gasthaus seine Rechnung nicht begleichen, worauf er einfach eine Karte mit Zhen Kes Namen hinterlegte. Jeder wusste, dass der Lehrer die Schulden seines Schülers begleichen würde.

Nach der chinesischen „Befreiung" im Jahr 1949 hoffte Zhen Ke, dass nun für China bessere Zeiten anbrechen würden. Gemeinsam mit anderen Intellektuellen aus Hongkong wurde er vom chinesischen Premierminister Zhou Enlai zu einem Besuch nach China eingeladen und Zhen Ke glaubte danach fest daran, dass der Staat nun einen Aufschwung erleben würde. 1950 begann der Korea-Konflikt und Zhen Ke und seine Freunde spendierten der kommunistischen Armee ein Kampfflugzeug. Kurz darauf kehrte er mit seiner Familie und einigen

* Eine Fabrik, die die Hohlformen herstellt, mit deren Hilfe andere Betriebe ihre Kunststoff- und Metallprodukte „gießen".

Präzisionswerkzeugen, die in China kaum zu bekommen waren, in sein Vaterland zurück und wurde zum Professor für Bildhauerei an der Zentralen Akademie in Beijing ernannt. Nicht lange darauf allerdings bekam er Probleme. Sein Studium in Frankreich und sein fortschrittlicher Stil waren dem Leiter der Abteilung für Bildhauerei ein Dorn im Auge. 1953 gründete Zhen Ke mit einigen ebenso unliebsamen Professoren im Auftrag des Staates die Zentrale Akademie für Kunst und Design. Im Zuge seiner neuen Tätigkeit begann er auch, sich für Design und Technologie zu interessieren. So arbeitete er am Design des ersten chinesischen PKW der Marke „Rote Fahne" mit, der speziell für Parteiführer entwickelt wurde, und gestaltete die in ganz China verbreiteten Postkästen der chinesischen Volkspost.

Im Jahr 1958 wollten es die Kommunisten dann ganz genau wissen: Alle Intellektuellen des Staates wurden gebeten, ihre Meinung über sie und die Regierung zu äußern. Zhen Ke bat damals den Minister für Leichtindustrie, sich mehr um die Ausbildung im Bereich der angewandten Kunst zu kümmern. Dieser war nämlich oberster Chef der zentralen Akademie für Kunst und Design, die er allerdings nicht ein einziges Mal von innen gesehen hatte. Zhen Ke überbrachte seinen Wunsch auf Knien, eine Haltung, die traditionellerweise Loyalität ausdrücken sollte. Der Minister wertete die Geste jedoch als feudalistische Aktion und man schickte Zhen Ke in eine Fabrik, wo er einige Jahre verbleiben musste, bevor er wieder an die Akademie zurückkehren durfte, nur um ihm während der Kulturrevolution für weitere zehn Jahre die Ausübung seines Berufes zu verbieten. Erst 1976, nach der Zerschlagung der Viererbande, konnte er wieder an der Akademie lehren. Dies war einer der Gründe, warum er immer in Eile war: Er hatte fast zwanzig Jahre seines Lebens verloren und die wollte er nun aufholen. Hinter seinem Rücken spotteten sie darüber, dass er seinen guten Ruf nicht dafür einsetzte, mit staatlichen Aufträgen Geld zu verdienen, und dass einer wie er, der so lange in großem Wohlstand in Übersee gelebt hatte, nun in einem kleinen chinesischen Wohnhof hauste, ohne Heizung und ohne Wasserklosett. Seine Notdurft musste er in einer weit entfernten öffentlichen Toilette verrichten, die nur aus einem Betonloch bestand.

Ich beschloss, selbst etwas zur Verbesserung von Zhen Kes Lebensbedingungen beizutragen und seine Reden unter dem Titel „Zhen Kes Worte über Kunst“ herauszugeben. Einer der Redakteure der Zeitschrift „Bildende Kunst“ schätzte ihn, ohne ihn persönlich zu kennen, außerordentlich. Dieser Redakteur war gleichzeitig Chefredakteur der Zeitschrift „Informationsblatt Bildende Kunst“, in dem nun die Ideen von Zhen Ke verbreitet wurden. Über Vermittlung eines jungen Künstlers, dem Sohn eines ehemaligen Bürgermeisters der Stadt Zibo, erhielt er schließlich den Auftrag, für das dortige Regierungsgebäude eine Skulptur herzustellen. Für ihn war das eine große Herausforderung, denn seit er aus Hongkong zurückgekehrt war, hatte er keine Möglichkeit mehr gehabt, eine derart große Skulptur zu machen.

So reiste Zhen Ke denn mit seinem Assistenten He und mir nach Zibo. Vor unserer Abreise hatte ich anhand seiner Skizzen die siebzig Zentimeter große Skulptur eines laufenden Pferdes hergestellt und dem Pferd noch fünf abstrakte, ovale Wolken unter die Füße modelliert, welche die fünf Bezirke der Stadt symbolisieren sollten. Die meisten Politiker hatten nicht das leiseste Interesse an Kunst, aber seit der Öffnung gegenüber dem Westen galten Skulpturen in urbanen Lebensräumen als ein Symbol für hoch entwickelte Zivilisationen. Außerdem war es billiger und viel leichter, Skulpturen aufzustellen, als sich um Verbesserungen der Infrastruktur zu kümmern oder Probleme wie die schlechte Stromversorgung und die fehlende Kanalisation in Angriff zu nehmen. Jedenfalls verlief das Treffen mit dem Bürgermeister und dem Sekretär dermaßen erfolgreich, dass man Zhen Ke sogar als Ehrenberater der Stadt gewinnen wollte. Und mir wurde auf dieser Reise so richtig bewusst, dass ein Politiker den Wert eines Kunstwerks nur daran misst, wie hoch der Propagandawert für ihn selbst ist. Wieder in Beijing vollendete ich mit einigen von Zhen Kes Studenten die Skulptur und stellte sie vor dem Rathaus von Zibo auf. Zhen Ke überließ alles mir – auch die Geldangelegenheiten. Ich sollte einen Teil des Honorars erhalten und auch sein Assistent He, obwohl dieser fast nichts zur Fertigstellung und Montage der Skulptur beigetragen hatte. Insgesamt brachte der Auftrag zehntausend Yuan ein und jeder von uns erhielt dreitausend Yuan, was mehr war als der Jahreslohn eines Professors vom Ruf eines Zhen Ke. Und noch dazu alles steuerfrei. Als die Führungskräfte der Akademie davon erfuhren, verlangten sie in einem Anflug von Neid, dass der Großteil des Geldes an die Akademie zu gehen habe, ein Teil an unsere Abteilung und nur ein kleiner Rest an uns, weil wir alle Angehörige der Akademie waren. Nur wagte es niemand, Zhen Ke davon Mitteilung zu machen, und so blieb alles, wie ursprünglich vereinbart. Später wurden alle Erlöse meiner Aufträge für Skulpturen nach diesem Schlüssel aufgeteilt und wenn ich einen Auftrag über die Akademie bekam, erhielten zwangsläufig alle Lehrkräfte und Mitarbeiter einen Teil des Erlöses.

Ein Künstler der „New Wave“

Mitte der achtziger Jahre wurden die Absolventen der Akademie immer aktiver. In Beijing wurden ihre Werke immer öfter in Ausstellungen gezeigt und es gab Gerüchte, dass Ausländer Arbeiten dieser Künstler kauften. Einige junge Mitarbeiter des Chinesischen Verbandes Bildender Künstler schlossen sich zu einer Firma zusammen, die „Eisenpferd Kunst“ genannt wurde und sich dem Kunstgeschäft widmete. Ihr Manager Deng bot mir an, mit meinen Arbeiten eine Ausstellung durchzuführen, um den Markt für junge Kunst zu testen. Bis dahin hatte es Einzelausstellungen eigentlich nur mit arrivierten Künstlern gegeben, deren Ruhm sich über viele Jahre gefestigt hatte.

Außerdem kosteten sie viel Geld und mussten von einer öffentlichen Stelle organisiert und bei der Regierung und der Polizei gemeldet werden. Meistens übernahmen der Verband der Bildenden Künstler und dessen Zweigstellen die Organisation, aber die jungen Künstler beobachtete man eher mit Misstrauen. Umso dankbarer war ich für die einmalige Gelegenheit, die sich mir bot, auch wenn ich die Miete für die Galerie des Kunstgymnasiums, wo ich ausstellen sollte, selbst aufbringen musste. Denn „Eisenpferd" war vom Verband nicht mit Geld ausgestattet worden, sondern übernahm nur organisatorische Aufgaben wie das Buchen der Galerie und das Drucken der Einladungen.

Ich musste für die Miete fünfhundert chinesische Yuan aufbringen und machte mich daher auf die Suche nach einem Sponsor. Fündig wurde ich beim Direktor der Kunstschmiede, der Zhen Kes Skulptur bearbeitet hatte. Da ich, als die Fabrik von mir den Auftrag für die Skulptur erhielt, im Gegensatz zu den üblichen Gepflogenheiten keine „Provision" verlangt hatte und er sich auch von der Ausstellung ein bisschen Ruhm für die eigene Firma erwartete, bot er mir sogar an, einige meiner Werke gratis in Bronze zu gießen. Für mich war das natürlich eine sehr günstige Gelegenheit, denn im Normalfall konnten wir nur billigen Gips für Skulpturen verwenden.

Ich wollte hauptsächlich kleine Skulpturen zeigen, die abstrakte weibliche Figuren darstellten. Allerdings merkte ich bald, dass meine Arbeiten für eine Einzelausstellung nicht ausreichen würden, und so lud ich meinen Kollegen Cheng Xiaoyu ein, seine vom Surrealismus beeinflussten Ölbilder zu zeigen. Wir einigten uns auf den Titel „Ebenen und Plastiken".

Zur Ausstellungseröffnung erschienen hauptsächlich geladene Gäste, darunter unsere Professoren Zhen Ke und Zhu Danian. Auch unser Abteilungsleiter, Professor Yuan Yunfu, sowie andere Professoren und Studenten der Akademie schauten vorbei und bestaunten meine abstrakten Figuren, bei denen ich bewusst Elemente der weiblichen Sexualorgane herausgearbeitet hatte.

Sexualität war in der chinesischen Gesellschaft verpönt und die Tatsache, dass ich mit diesem Tabu brach, sorgte für Aufregung und Bewunderung unter den jungen Künstlern.
Am nächsten Tag drängten sich in der Galerie bereits um acht Uhr morgens zahlreiche Besucher, die von den erotischen Details der Ausstellung gehört hatten. Aber nicht nur der Besucherandrang, auch das Medienecho gab uns und unserem neuen künstlerischen Weg Recht. Die einzige englische Tageszeitung in China, die „China Daily", war eines der wichtigsten Sprachrohre ins Ausland und wurde daher weniger streng kontrolliert als inländische Zeitungen. Durch einen äußerst positiven Bericht wurden viele in Beijing lebende Diplomaten und Geschäftsleute auf die Ausstellung aufmerksam. Darunter auch ein amerikanischer Manager der Chrysler Jeep-Fabrik in Beijing, der sie mit einem Dolmetscher, einem ehemaligen Schulkollegen von Shuo, besuchte. Er zeigte großes Interesse an meinen Skulpturen und ließ mich fragen, ob sie verkäuflich seien. Ich hatte nicht damit gerechnet, dass jemand mir ein Angebot machen würde, und wollte erst mit Cheng die Preise besprechen. In Zeitungen hatte ich von den hohen Preisen gehört, die Bilder von Picasso und Van Gogh bei Auktionen erreichten, also teilte ich dem Amerikaner mit, dass jedes Kunstwerk der Ausstellung zehntausend Dollar kostete. Er wollte es sich überlegen – und kam nie wieder. Offenbar hatte ihn ein derart hoher Preis in einem Land, in dem ein Dolmetscher zu jener Zeit monatlich fünfzig Dollar verlangte, abgeschreckt.
Fast alle inländischen Kunstzeitschriften schrieben über uns. Auch „Art" brachte einen Bericht. In dieser monatlich erscheinenden Fachzeitschrift war zuvor selten über moderne chinesische Kunst berichtet worden, weshalb der zwar kurze, aber immerhin illustrierte Artikel noch mehr Aufsehen erregte. Eine meiner Arbeiten wurde sogar auf dem Titelbild der renommierten Zeitschrift „Gedankenströmungen in der Kunst" abgebildet, die als Bibel der modernen chinesischen Kunst galt.

Auch andere Kunstkritiker äußerten sich lobend und sorgten so dafür, dass die Ausstellung in Beijing zu einer kleinen Sensation geriet. Viele junge Künstler waren unzufrieden mit den zahlreichen Vorschriften und Tabus, die den Schaffensprozess einengten. Die Unruhe war da, wir mussten sie nur in eine künstlerische Revolution verwandeln, und das schafften wir erfolgreich mit unserer Schau. Bereits ein Jahr später tauften die Kunstkritiker die neue Strömung, die alle Kulturgebiete beeinflusste, „New Wave Art".

Unter den Kritikern befand sich auch ein ehemaliger Redakteur der Zeitschrift „Art" namens Li Xianting. Weil er einige Jahre älter war und einen Bart trug, was in China äußerst selten war, nannten wir ihn Alt Li. Er hatte während der Kulturrevolution einige Zeit im Gefängnis verbracht und war von „Art" entlassen worden, weil er eine Diskussion über abstrakte Kunst entfacht hatte. Zu der Zeit, als wir mit unserer Ausstellung in Beijing die Kunstszene in Aufruhr brachten, schrieb er für die Zeitschrift „Fine Arts in China". Sie unterstand dem Institut für Bildende Kunst und der Chefredakteur, Lui Xiaochun, hatte überhaupt als erster Chinese einen Doktortitel für Kunst erhalten. „Fine Arts in China" war schnell zu einer der einflussreichsten Kunstzeitschriften des Landes geworden. Nicht nur bildende Künstler lasen sie wöchentlich, sondern auch Schriftsteller, Schauspieler und kunstinteressierte Wissenschaftler aller Sparten. Alt Li gefielen meine Skulpturen sehr und er veröffentlichte einen Sonderbericht über unsere Ausstellung, der uns endgültig berühmt machte. Die Entwicklung vom allgemeinen Humanismus, der bis dahin vorgeherrscht hatte, hin zur Erforschung des Lebens selbst wurde als großer Durchbruch gefeiert, das „sexuelle Bewusstsein" bald zum Lieblingsthema aller jungen Künstler.

Die konservativen und staatlichen Künstler allerdings nannten meine Arbeiten „ungesund" und „pornografisch" und bezeichneten mich als „Sexkünstler". Doch je mehr sie mich attackierten, desto populärer wurde ich. Kunstzeitschriften wandten sich an mich und luden mich ein, meine Ideen zu publizieren. Ich verfasste Artikel über die „Sprache der Skulpturen“ und reflektierte über Formen, Dimensionen, Spannungen, Metaphern. Nicht nur junge Bildhauer lasen meine Artikel, auch ältere studierten sie, weil vorher kaum jemals ein bildender Künstler seine Ideen in essayhafter Form dargeboten oder sich mit einem Phänomen wie der Skulpturensprache beschäftigt hatte. Da auch große chinesische Zeitungen meine Artikel abdruckten, war es nur eine Frage der Zeit, bis das Parteikomitee der Akademie auf mich aufmerksam wurde. Deren Sekretär Zhao Lung hielt meine Arbeiten für zu stark von der westlichen Kunst beeinflusst und daher nicht in die Linie der Partei passend. Grund genug, mich vor möglichen Konsequenzen zu warnen, falls ich zu weit gehen würde. Das wiederum versetzte meinen Abteilungsleiter, Professor Yuan Yunfu, in Angst. Er machte sich nicht nur Sorgen um meine Zukunft, sondern auch um seine eigene. Er hatte oft genug erlebt, wie schnell sich der politische Wind wenden konnte und Künstler zu Zielscheiben der Kommunisten wurden. Sogar Zhen Ke machte sich um mich Sorgen, aber im Gegensatz zu Yuan Yunfu wollte er nicht, dass ich mich anpasste, sondern lobte meinen Mut und verteidigte mich gegenüber allen Kritikern.

Von denen gab es an der Akademie genug. Die meisten beneideten mich um meinen Ruhm – und um das Honorar, das ich für meine vielen Artikel bekam. Dazu kam, dass Shuo einen mit zweitausend Yuan dotierten Wettbewerb des Ministeriums für Rundfunk, Fernsehen und Filme gewonnen hatte und ihre Skulptur als „chinesischer Oscar“ für den besten Spielfilm, den besten Kinderfilm und den besten Agrarfilm vergeben wurde. Die ganze Akademie wusste von unserem Geldsegen. China hatte während der Kulturrevolution das Honorar für Künstler und Schriftsteller gestrichen, da diese sowieso einen staatlichen Lohn erhielten, ausgenommen Mao Tse-tung: Er erhielt weiterhin Honorare für seine Bücher, die in jedem Haushalt im Regal stehen mussten. Obwohl die damals verordnete Gleichmacherei schrittweise abgeschafft worden war, lebte sie in vielen Köpfen weiter und so konnte nicht ausbleiben, dass uns unser neuer Wohlstand viele Feinde schuf.

*

Wenige Monate nach unserer Heirat war Shuo schwanger. Wir konnten es zunächst gar nicht fassen. Wir waren noch jung, unsere Karrieren entwickelten sich gerade gut, aber mein Studium hatte ich immer noch nicht beendet. Trotzdem entschieden wir uns gegen eine Abtreibung, denn das Kind war die Frucht unserer Liebe. Shuos Eltern sicherten uns – nachdem sie sich von ihrem Schock erholt hatten – ihre Hilfe zu. Ihr Vater meinte: „Das Baby kommt gerade recht. In zwei Jahren gehe ich in Pension und kann mich um mein Enkelkind kümmern." Meine Eltern freuten sich sehr über die Nachricht. Sowohl sie als auch Shuos Eltern wollten so schnell wie möglich das Geschlecht erfahren und hofften auf einen Jungen. Ich war der älteste Sohn meiner Familie und wenn das erste Kind des ältesten Sohnes wiederum ein Junge war, galt das als ein glückliches Zeichen. Dazu kam, dass ein Ehepaar aufgrund der staatlich kontrollierten Familienplanung nur mehr ein Kind bekommen durfte, und meine Eltern hofften, dass ein Junge den Familiennamen weitertragen würde. Es war den Krankenhäusern allerdings streng verboten, bei einer Ultraschalluntersuchung das Geschlecht des Kindes bekannt zu geben. Man fürchtete, dass Frauen das Kind abtrieben, wenn sich herausstellte, dass es ein Mädchen war. Die meisten Ärzte hielten sich allerdings nicht an das Verbot, wenn ein Bekannter sie um Hilfe bat. Meine Schwiegermutter hatte auch Kinder von Ärzten unter ihren Schülern und bald war eine Ärztin gefunden, die uns ihre Hilfe anbot. Sie organisierte für uns einen Termin in der besten Geburtsklinik Beijings, dem „Gynäkologischen Krankenhaus", und bat außerdem einen ehemaligen Schulkollegen, die Ultraschalluntersuchung durchzuführen. Das Ergebnis versetzte die ganze Familie in einen Zustand großer

Vorfreude: Wir würden einen gesunden Jungen bekommen. Obwohl die Geburtsklinik eigentlich nur für Patienten des östlichen Stadtbezirks gedacht war, in dem sich viele Ämter der Zentralregierung und der Partei befanden, wurden wir nun aufgrund unserer Kontakte dort registriert. Shuo bekam eine Gesundheitskarte und durfte jeden zweiten Monat zu einer Untersuchung kommen. Das beruhigte sie, denn hier wusste sie sich in guten Händen.

Wir beschlossen, einige Möbel und elektrische Geräte zu kaufen, um unseren Lebensstandard ein wenig zu verbessern. Wir wohnten noch immer im Gemeinschaftswohnheim der Akademie, wo eigentlich keine Familien leben durften, aber da das Haus schon bald einem modernen Unterrichtsgebäude Platz machen sollte, kümmerte sich niemand um uns. Über einen Designer kaufte ich mir die Stereoanlage, der ich als Juror beim „Ersten nationalen Wettbewerb für Radio- und Tonbandgerätedesign" in Qingdao den ersten Preis verliehen hatte. Deshalb gab sie mir der Designer auch um dreihundert Yuan, obwohl sie normalerweise fünfhundert Yuan kostete. Aber auch der niedrigere Preis entsprach immerhin einem halben Jahr Arbeit in einem halbwegs guten Job. Etwa ein Jahr später kaufte sich ein Studienkollege die gleiche Anlage und die Wertschätzung, die ein solches Gerät damals erfuhr, lässt sich daran ermessen, dass er sie nur mit weißen Handschuhen angriff, um zu verhindern, dass die Anlage durch seine Fingerabdrücke verschmutzt wurde.

Wir erwarben außerdem ein gemütliches Flanellsofa und einige Schränke. Die aus Eschenholz gefertigten Möbel besorgte mein Schwager Yan. Sie waren Modelle für die Standardzimmer des „Beijing International Hotels", das vom Architekturinstitut, an dem Yan arbeitete, geplant worden war. Wir gaben dafür stolze 1.200 Yuan aus, was ein Vermögen bedeutete. Aber wir hatten einen Wettbewerb für je einen großen Skulpturenauftrag für den neuen „Bing Fluss Park" in Beijing gewonnen. Shuo sollte den „Frühling" in Form gießen, ich den „Herbst" und außerdem war ich vom „Beijing International Hotel“ beauftragt worden, zwei Bronzereliefs für das Restaurant anzufertigen.

*

Eines Nachmittags lief ich unserer Rektorin Chang über den Weg, die gerade in ihren Dienstwagen einsteigen wollte. Als sie mich sah, machte sie kehrt und kam auf mich zu. Ich fragte mich sogleich, was ich wohl jetzt wieder verbrochen haben mochte, und begrüßte sie mit einem unsicheren Lächeln. Ohne sich lange mit Begrüßungsreden aufzuhalten, meinte sie: „Die Werke deiner Frau und auch die deinen sind in verschiedenen Läden erhältlich. Wieso weiß die Akademie nichts davon? Immerhin steht ihr eine Provision zu.“ Ich schaute sie überrascht an: „Weder Shuo noch ich haben irgendeiner Firma erlaubt, unsere Arbeiten massenweise zu produzieren.“ „Aber ich habe mit eigenen Augen gesehen, wie das Friendship-Store ein Kopfrelief deiner Frau um dreißig Yuan an einen Ausländer verkauft hat“, erwiderte sie. Ich hatte keine Ahnung, wovon sie redete, versicherte ihr aber, die Sache aufzuklären.

Zu Hause erzählte ich Shuo sofort von meinem Gespräch mit der Rektorin – und wie nicht anders zu erwarten, fiel auch Shuo aus allen Wolken. Es handelte sich nämlich um ein Werk, an dem sie immerhin zwei Jahre gearbeitet hatte und das nun kopiert worden war. Wir beschlossen, der Sache auf den Grund zu gehen, und fuhren zum Beijinger Kaufhaus für Kunsthandwerk. Tatsächlich entdeckten wir dort eine Polyester-Nachbildung von Shuos Relief, gekennzeichnet als „Produkt der Zweiten Kunsthandwerksfabrik Beijing“. Die Fälschung war vermutlich anhand einiger Bilder hergestellt worden, die in der letzten Ausgabe der Zeitschrift „Dekorative Kunst“ erschienen waren.

Wir kehrten in die Akademie zurück, um uns mit Kollegen zu beraten. Einige schlugen vor, einen Rechtsanwalt einzuschalten und die Fabrik zu verklagen. Dies taten wir dann auch und wandten uns an einen Juristen namens Zhang, einen der ersten

Anwälte, die nach der Wiederherstellung des Rechtssystems in China zugelassen worden waren. Der Fall faszinierte ihn, denn noch nie hatte jemand in China eine Anklage wegen einer Verletzung des Urheberrechts eingebracht, obwohl der Verkauf von Fälschungen blühte. Er stattete der Kunsthandwerksfabrik einen Besuch ab und berichtete uns zwei Tage später, dass man sich dort weigerte, Shuos Urheberrecht anzuerkennen, denn die Fabrikskünstler hätten die Werke selbst entworfen und sich dabei nur an Fotos von Shuos Arbeiten orientiert. Da diese Fotos zweidimensional seien und Shuos Arbeiten dreidimensional, könne es sich gar nicht um Fälschungen handeln. Außerdem kopierten chinesische Handwerker seit Generationen die Werke anderer, sodass es hier bereits so etwas wie eine Tradition gäbe.
Trotzdem konnte sich Zhang bei einem Abteilungsleiter des Justizministeriums Gehör verschaffen und eines Tages erschien ein junger Mann in unserem Atelier, der uns schon bei unseren Ausstellungen öfter aufgefallen war. Verlegen gestand er, Shuos Arbeiten kopiert zu haben, weil er ein großer Fan von ihr sei. Die Reliefs hatten sich offensichtlich mittlerweile zu einem Verkaufsschlager entwickelt und die Fabrik wollte uns jetzt durch diesen jungen Mann ein Angebot zur Zusammenarbeit machen. Wir warfen ihn auf der Stelle hinaus. Obwohl dieser Besuch laut Zhang einem Geständnis gleichkam, mussten wir uns geschlagen geben, denn damals existierten noch keine Urheberrechtsgesetze in China und außerdem konnten wir als Privatpersonen nicht eine staatliche Fabrik verklagen. Die Fabrik stellte daher auch weiterhin die Reliefs her und noch Jahre später fanden wir sie in verschiedenen Läden.

Unter der Zugbank in Richtung Westen

Mitte September des Jahres 1985 brachen Zhen Ke und ich zusammen nach Westchina auf, um die Dunhuang-Grotten zu besichtigen. Zhen Ke war noch nie in Westchina gewesen und wollte sich mit der Besichtigung der ältesten und besterhaltenen Grotten Chinas einen Lebenstraum erfüllen. Bisher hatte die Akademie dem über Achtzigjährigen die Reise aufgrund des hohen medizinischen Risikos immer verboten, aber nun beauftragte man mich, auf seine Gesundheit zu achten. Außerdem gab mir die Rektorin ein Empfehlungsschreiben für den Leiter des Forschungsinstitutes von Dunhuang mit, der ein Schüler ihres Vater war. Dieses Schreiben sollte uns den Zugang zu den besonders wertvollen und daher für die Allgemeinheit nicht geöffneten Teilen der Grotten ermöglichen.

Ich verabschiedete mich von meiner Frau und fuhr mit Zhen Ke nach Lanzhou, der Hauptstadt der nordwestlichen Provinz Gansu, von wo aus wir per Flugzeug weiterreisen wollten. Im Zug bekamen wir ein Schlafabteil erster Klasse, das an sich für hohe Kader und ausländische Gäste gedacht war. Zhen Ke stand dieser Luxus zu, aber ich hätte normalerweise im Gemeinschaftsabteil übernachten müssen. Weil ich aber als Zhen Kes Begleitperson reiste, hatte die Akademie auch für mich die erforderlichen Dokumente besorgt.

Sofort nach unserem Eintreffen brachte eine Zugbegleiterin frischen Tee und heiße Handtücher. Um acht Uhr abends lag Zhen Ke schon im Bett, da klopfte es plötzlich an der Tür. Draußen standen zwei bärtige Männer, die Zugbegleiterin und ein Kellner des Speisewaggons. Letzterer fragte uns, ob wir eine ausländische Sprache beherrschten. Ich antwortete: „Ich kann ein wenig Englisch und Zhen Ke spricht Französisch." Sofort fragte einer der bärtigen Männer: „English? Do you speak English?" Ich erwiderte: „Yes, yes, let us try." Er lächelte und erklärte mir, dass er und sein Begleiter aus Deutschland stammten. Sie hatten im Speisewagen gegessen und einige Flaschen Bier getrunken und wollten nun noch ein Glas des berühmten „Mao Tai"-Schnapses probieren, der in den Zügen allerdings nur flaschenweise verkauft wurde.

Ich versuchte, den Deutschen die Situation zu erklären, aber sie wollten nicht begreifen, warum sie eine ganze Flasche

Schnaps kaufen mussten, wenn sie nur ein Glas trinken wollten. Ich gebe zu, ich verstand es selbst nicht so recht. Deshalb erklärte mir der Kellner, dass eine Flasche 250 Yuan kostete, so viel wie er selbst in drei Monaten verdiente. Einmal geöffnet, war der Schnaps nur schwer verkäuflich, weil es in China viele Fälschungen gab, und der Kellner müsste dann den Rest aus eigener Tasche zahlen. Ich erklärte den Deutschen die Situation so gut wie möglich, aber sie hatten kein Verständnis für den armen Kerl. Schließlich kam dem Kellner eine Idee: „Es gibt eine Flasche Mao Tai zu Dekorationszwecken im Schaufenster, die in Wirklichkeit einen anderer Schnaps enthält. Geben wir ihnen doch einfach ein Glas davon." Ich überlegte nicht lange und machte gute Miene zum bösen Spiel. Wir taten so, als hätten sie uns überredet, und machten uns ans Ausschenken. Die Männer sprudelten über vor Dankbarkeit. Einer von ihnen umarmte mich sogar und lud mich auf ein Glas ein, was ich allerdings dankend ablehnte. Die umstehenden Passagiere lachten amüsiert und der Mann aus dem Abteil neben dem unseren lobte mein Englisch über den grünen Klee. Am nächsten Morgen erreichten wir den Bahnhof von Xian. Dort erfuhren wir allerdings, dass der Zug aufgrund einer Überschwemmung nicht weiterfahren konnte. So überredete ich Zhen Ke, um seine Gesundheit nicht allzu sehr zu strapazieren, nach Beijing zurückzufahren, und setzte den Weg nach Baoji allein fort.
Ich befand mich in einer Gruppe von Bauarbeitern, die in Nordwestchina nach Arbeit suchten. Mit ihrem Gepäck und Schlafzeug, das sie an Stangen befestigt zusammen mit ihren Kleinkindern auf dem Rücken dahinschleppten, sahen sie aus wie eine Schar elender Flüchtlinge. Als wir in Baoji ankamen, regnete es in Strömen und ein jeder von uns sah zu, dass er schleunigst den weit entfernten Busbahnhof erreichte, um noch einen Sitzplatz im Bus zu ergattern. Als ich dem Kontrollor schließlich keuchend und schwitzend meine Fahrkarte hinstreckte, machte der große Augen: Ich war der einzige Fahrgast

mit einer Fahrkarte erster Klasse und weil ich noch dazu so jung war, erschien ich ihm verdächtig. Er fühlte sich also verpflichtet, meinen Arbeitsausweis und die offiziellen Empfehlungsschreiben zu prüfen.

Sobald er die Stempel der Regierungsbehörde und des Zentralkomitees erblickte, erstarrte er und wandte sich mit einem unterwürfigem Lächeln an mich: „Bitte warten Sie kurz!" Dann eilte er in ein Zimmer und kam gleich darauf mit einem Kollegen zurück, der mein Gepäck nahm und mich zum Bus begleitete, wo mir dann auch einer der vorderen Plätze zugewiesen wurde. Binnen kürzester Zeit war der Bus zum Bersten voll und viele Passagiere mussten in Lastwagen einsteigen. Dann ging die Reise los.

Um die Mittagszeit des nächsten Tages kamen wir in Tianshui an. Ich machte einen Zwischenstopp, um die Maijishan-Grotten nicht weit von der Stadt zu besuchen, die zu den größten Kunstgrotten der chinesischen Antike gehören. Errichtet während der Beiwei-Dynastie um 500 n. Chr., beherbergen sie über 7.000 Buddhafiguren. Am nächsten Tag reiste ich dann weiter nach Dunhuang. Der Zug war völlig überfüllt, selbst in den Toiletten saßen noch Menschen. Ich vertrieb mir die Zeit damit, Angehörige der uigurischen Minderheit zu zeichnen, die, weil sie Moslems sind, mit ihrer Kleidung an Türken erinnern.

Wir waren etwa einen halben Tag unterwegs, als es steil bergauf ging und der Zug so langsam wurde, dass uns die jungen Burschen, die neben den Gleisen das Vieh hüteten, auf ihren Stieren überholten. Je höher wir kamen, desto seltener trafen wir auf Spuren von Menschen. In Wuwei hielt der Zug und die meisten Passagiere drängten heraus, um am Bahnhof Lebensmittel und Früchte zu erwerben, denn bald würde unser Weg durch die Wüste Gobi führen. Auch ich deckte mich schnell noch mit Proviant ein, hauptsächlich mit den berühmten weißen Zuckermelonen von Lanzhou, die einen unglaublich süßen Duft verströmten. Dabei bemerkte ich, dass mich ein langhaariger junger Mann, der eine Lederjacke trug, neugierig musterte, aber da ich befürchtete, dass der Zug ohne mich abfuhr, kümmerte ich mich nicht weiter darum, sondern kehrte rasch in mein Abteil zurück.

Am Abend taten mir vom langen Sitzen alle Glieder weh. Einige Leute waren bereits unter die Bänke gekrochen, um auf dem Boden zu schlafen, und ich beschloss, es ihnen nachzumachen. So kann das Leben spielen: Noch zwei Tage zuvor hatte ich luxuriös in einem Abteil der ersten Klasse geschlafen und nun sehnte ich mich nach dem Boden eines Zugabteils. Aber zu spät, mein Sitznachbar war schneller. Während ich noch über die Wankelmütigkeit des Glücks nachdachte, war er schon unter die Bank geschlüpft. Ich beugte mich zu ihm und sagte: „Ich würde auch gerne schlafen. Wie wäre es, wenn wir nach drei Stunden tauschten?“ Er nickte mir zu und schlief sofort ein. Nach drei Stunden stand er auf, streckte sich und sagte lächelnd: „Der Platz ist hervorragend!“ Ich hatte keine Ahnung, was er meinte, aber es war mir auch egal. Ich kroch unter den Sitz und stieß gleich auf eine junge uigurische Frau. Der Platz, der mir zur Verfügung stand, war so knapp bemessen, dass ich nur zusammengekrümmt schlafen konnte und bei jeder kleinsten Kurve gegen den Körper meiner Nachbarin gedrängt wurde. Das also hatte er wohl mit „hervorragend“ gemeint, dachte ich noch, aber dann schlief ich ein und wachte erst am Morgen wieder auf. Ich kroch unter der Bank hervor und streckte mich. Ich hatte ganz gut geschlafen, aber von der Hüfte abwärts taten mir jetzt erst recht alle Knochen weh.

Die Dunhuang-Grotten, die so genannte „Schatzkammer der buddhistischen Kunst“, lagen mitten in der Wüste. Sie wurden um rund 350 nach Christus in einer Steinschlucht errichtet und bis zur Yuan-Dynastie (1279 n. Chr.) immer wieder erweitert. In der steilen Felswand an der Südseite gibt es insgesamt 490 Grotten. Irgendwann um 1300 n. Chr. wurden sie von wandernden Dünen begraben und daher überstanden die Kunstschätze im Sand alle Kriege, Plünderungen und Naturkatastrophen. Die trockene Wüstenluft sorgte dafür, dass auch die alten Dokumente und religiösen Bücher nicht beschädigt wurden. Ein Mönch der Dao-Religion entdeckte um 1900 n. Chr. eine Grotte, in der über 40.000 antike handgeschriebene Schriften des Buddhismus, alte Seidenbilder und antike Gegenstände gelagert waren. Der Fund rief großes Aufsehen hervor und bald waren die Dunhuang-Grotten weltberühmt.

Ich konnte zwei Tage in der Herberge des Kunstforschungsinstituts wohnen und das Empfehlungsschreiben von Rektorin Chang ermöglichte mir den freien Zugang zu den schönsten Grotten. Da sie normalerweise für die Öffentlichkeit gesperrt waren, hatte man dort vor den Fresken auch kein Plexiglas montiert und es waren deshalb die echten Farben und die Pinselführung besser zu erkennen. Das sonst übliche Plexiglas wurde nämlich nie gereinigt und trug außerdem zahlreiche hässliche Kratzspuren von den Touristen. Deshalb erkannte man dort kaum Details. In Dunhuang traf ich ein älteres amerikanisches Ehepaar und fragte sie nach ihrem Eindruck von den Grotten. Der Ehemann meinte lächelnd: „They are very beautiful, but if the glasses were a little bit cleaner, they'd be much better for old people like us to look at."

In einem kleinem Restaurant traf ich auch den jungen Mann wieder, der mich auf dem Markt von Wuwei so neugierig gemustert hatte. Er war in Begleitung eines anderen Jugendlichen. Sie erkannten mich und luden mich ein, mit ihnen zu Abend zu essen. Beide waren Absolventen der Hubei-Kunstakademie der Stadt Wuhan. Sie hatten von meiner Ausstellung gehört und Fotos meiner Werke gesehen. Ihr Interesse und ihre Begeisterung schmeichelten mir und zufrieden kippten wir noch ein paar Schnäpse. Sie wollten ebenfalls weiter in Richtung Westen reisen und wir beschlossen zusammenzubleiben.

*

In China wurde in diesem Jahr erstmals auf Sommerzeit umgestellt, um Energie zu sparen. Aufgrund der Zentralisierung zeigten alle Uhren im Land die gleiche Zeit an – und natürlich richtete man sich nach Beijing. In der Provinz Xinjiang ging man schon zur Arbeit, da kroch die Sonne gerade erst über den Horizont. Aber es war eben bereits acht Uhr und im ganzen Land öffneten die Ämter um diese Zeit. Aufgrund der Umstellung mussten die Menschen nun im Dunkeln zur Arbeit gehen, weshalb die Sommerzeit in Xinjiang keine Energieersparnis, sondern zusätzliche Verschwendung bedeutete. Deshalb kam auch der Unmut des Volkes hier immer wieder hoch. Wir erreichten die Stadt um sechs Uhr früh – es herrschte noch tiefste Nacht. Unser Bus nach Turpan fuhr erst zwei Stunden später und so betraten wir das kleine Wartezimmer, in dem sich bereits die Leute drängten. Sie saßen und lagen überall auf dem Boden und wir fanden keinen Platz. Draußen war es bitterkalt. Tagsüber kletterte die Quecksilbersäule auf 40 Grad Celsius, aber nachts sank das Thermometer auf weit unter Null. Ich hatte mit solchen Schwierigkeiten gerechnet und ausreichend warme Kleidung mitgebracht. Meine Mitreisenden aber hatten sich auf die hübschen Filmchen verlassen, in denen dünn bekleidete Uiguren Weintrauben ernteten, und froren nun entsetzlich in ihren dünnen Westen. Wir suchten uns daher ein wenig brennbares Material zusammen und entfachten ein kleines Feuer. Nun verstand ich, warum gerade hier so viele Zwangsarbeitslager gebaut worden waren: Die unendlichen Weiten der Wüste und die raue Witterung mit den großen Temperaturunterschieden machten eine Flucht fast unmöglich. Schließlich erreichten wir doch noch Turpan, ohne Erfrierungen davonzutragen. Wir suchten uns ein Dreibettzimmer und fielen sofort in die Betten, um den versäumten Schlaf nachzuholen. Erst am Nachmittag erwachten wir und lachten über unsere knurrenden Mägen. Wir machten uns daher auf die Suche nach einem Restaurant, aber wir hatten vergessen, dass an diesem Tag, dem ersten Oktober, der chinesische Nationalfeiertag gefeiert wurde und alle Lokale geschlossen hatten. Schließlich entdeckten wir in unmittelbarer Nähe unseres Hotels einen alten Uiguren, der von einem hölzernen Karren aus gekochtes Lammfleisch verkaufte. Da die Lastwagenfahrer schon fast alles aufgekauft hatten, schwammen in der grauweißen Suppe nur mehr zwei Lammköpfe und einige Klumpen hellbraunen Lammfetts. Es ekelte uns vor dem Anblick, aber unsere Mägen ließen uns eigentlich keine andere Wahl. Wir besorgten am Kiosk des Hotels schnell zwei Flaschen Schnaps und spülten damit das fettige Fleisch hinunter.

Schon bald waren wir bester Laune. Einer meiner Begleiter, Klein Xiao, erzählte uns, dass das Gehirn des Lammes ein Kräftigungsmittel sei. Also spalteten wir die Schädel und aßen die weiße Masse direkt aus den Lammköpfen. Es schmeckte wie sehr fettes Schweinefleisch und nach einigen Bissen fühlte ich Übelkeit in mir aufsteigen. Den anderen erging es ähnlich. Wir wankten, vom Schnaps und einem flauen Gefühl im Bauch benommen, zu einem Waschbecken an der Mauer des Hotels, wuschen uns so gut wie möglich das Fett von den Fingern und fielen bald darauf in unserem Zimmer in einen traumlosen Schlaf. Mitten in der Nacht stürmten plötzlich Soldaten der Volksbefreiungsarmee unser Zimmer und fuchtelten mit Sturmgewehren vor unseren schlaftrunkenen Augen herum. Sie kontrollierten unsere Dokumente und das Gepäck und waren bald wieder verschwunden. Wenn nicht die Verwüstung im Zimmer uns vom Gegenteil überzeugt hätte, hätten wir den Vorfall wohl für einen Traum gehalten. Wir knöpften uns den Chef des Hotels vor und der erzählte uns, dass am Abend zuvor in einem nahe gelegenen Lager Waffen und Granaten gestohlen worden seien. „Vermutlich planen uigurische Separatisten Terroraktionen“, meinte er und mahnte uns zur Vorsicht. Klein Xiao konnte es gar nicht fassen: „In Filmen sind alle Uiguren gastfreundlich und tanzen und singen gerne. Ich habe noch nie von diesen Separatisten gehört“, warf er ein. Der Hotelchef lächelte und antwortete: „Ihr Intellektuellen könnt zwar Zeitungen und Bücher lesen, aber euren Kopf nicht gebrauchen. Natürlich verschweigt der Staat diese Dinge, denn er will ja keine schlechte Propaganda haben. Dabei ist General Wang Zhen selbst mit seiner Armee nach Xinjiang gekommen und hat zahlreiche Uiguren umgebracht." Wang Zhen war Vizepräsident Chinas und wir hatten in der Schule gelernt, dass er 1949 die Provinz Xinjiang friedlich befreit habe. Die Nachricht, dass er ohne mit der Wimper zu zucken Menschen abgeschlachtet haben sollte, schockierte uns.

Ich erkundigte mich beim Hotelchef, wie ich am besten nach Kashi kommen konnte. An sich hatte ich vorgehabt, die Seidenstraße entlangzureisen, aber er riet mir nachdrücklich davon ab, weil die uigurischen Separatisten gerade sehr aktiv waren. Er erzählte uns, dass die Türkei die Minderheit mit Waffen belieferte und Kashi das Zentrum der Separatisten sei. Vor gar nicht allzu langer Zeit seien dort bei einem Aufstand zweihundert Menschen getötet worden. Außerdem müsse man drei Tage lang durch Gebiete reisen, in denen Mord und Totschlag an der Tagesordnung stünden, und zu all den Unbilden kämen noch die gefürchteten Sandstürme, die schon vielen Menschen das Leben gekostet hätten. Seine Erzählungen jagten mir Angst ein, denn immerhin hatte ich jetzt als verheirateter Mann und angehender Vater auch eine gewisse Verantwortung meiner Familie gegenüber. Andererseits wollte ich nicht vorzeitig umkehren. Der Hotelchef schlug mir daher vor, in den Norden von Xinjiang zu reisen, wo nicht nur die Landschaft sehenswert sei, sondern vor allem auch friedliebende Kasachen lebten. Ich beschloss, seinen Rat anzunehmen und nach Yining zu reisen, wo ein ehemaliger Schulkollege wohnte, der mich in der Vergangenheit schon wiederholt zu sich eingeladen hatte.

Zuvor stand aber noch ein Höhepunkt der Reise auf dem Programm. Gemeinsam mit meinen zwei neuen Freunden fuhr ich auf einem LKW bis zu den rund dreißig Kilometer entfernten „Flammenbergen", denen im berühmten Roman „Xi Yu Ji" ein Denkmal gesetzt worden war. Die Hügellandschaft aus roter

Erde und rotem Stein sah aus, als hätte jemand mit einem überdimensionalen Messer darauf herumgehackt und erinnerte an die Landschaft mancher Western. Inmitten der Berge gab es noch Ruinen buddhistischer Grotten. Glücklicherweise hatte der Hotelchef uns einige Flaschen mit Wasser mitgegeben, sonst wären wir hier wohl verdurstet. Die Sonne brannte auf unsere Köpfe, die Erde brannte unter unseren Füßen. Wir hatten unsere Hemden ausgezogen und diese um die Stirn gebunden. Wieder zurück auf der asphaltierten Straße, entdeckten wir ein verfallenes Haus und daneben einige Wassermelonen. Wir stürzten darauf zu und riefen: „Hallo! Ist da jemand? Wir möchten Melonen kaufen!" Da kam ein kleiner, ungefähr zwölfjähriger Junge aus dem Haus, halb nackt, völlig verdreckt und nur mit einer zerrissenen Unterhose bekleidet. Er sprach kein Wort Chinesisch, verstand aber, was wir wollten. Wir kauften ihm Melonen ab, die süßesten, die ich je in meinem Leben gegessen hatte, und betraten nach kurzem Zögern das Haus. Was wir sahen, schockierte uns. Es gab kein Dach, sondern nur eine Strohmatte, die als Schutz vor Regen und Sonne über einige Holzlatten gespannt worden war. Kleidungsstücke und Stoffe lagen auf einem Bett, das jemand aus übereinander gestapelten Gummireifen und einem Brett gebastelt hatte. In einer Ecke spielte ein kleiner Junge splitterfasernackt mit ein paar leeren Flaschen auf dem dreckigen Boden. Ich konnte kaum glauben, dass es solche Armut in China gab, und verstand jetzt nur zu gut, warum sich die Uiguren gegen die Regierung auflehnten.

Wir reisten weiter nach Urumqi. Hier trennten sich unsere Wege, denn als Mitarbeiter der Zentralregierung durfte ich in der Gastherberge der Provinzregierung absteigen. Dort fand gerade eine Sitzung von Kadern statt, die darüber berieten, wie man Intellektuelle nach Xinjiang locken könnte. Sie hatten anscheinend meine Ankunft bemerkt, denn am nächsten Morgen trat eine schlanke junge Frau an mich heran, stellte sich als Kader des Organisationsministeriums vor und bat mich, ihr

Absolventen der Kunstakademie zu empfehlen, da sie im Ministerium dringend junge Fachkräfte benötigten. Kurzerhand stellte ich ihr Klein Xiao vor – und zwei Jahre später heirateten sie.

*

Ich reiste schließlich alleine nach Yining weiter. Die Gegend wurde immer lieblicher, nach all dem Sand konnte ich mich an den Bäumen, am reinen Quellwasser und den Berggipfeln, auf denen Schnee lag, kaum satt sehen. Die Landschaft wirkte, als wäre sie von einer Schweizer Postkarte kopiert worden. Die Angestellten der Propagandaabteilung in Yining empfingen mich herzlich. Der stellvertretende Abteilungsleiter war ein alter Zhiqing, der in den sechziger Jahren freiwillig von Shanghai in dieses Grenzgebiet gezogen war und noch immer einige seiner Ideale behalten hatte. Er interessierte sich sehr für bildende Kunst und hörte mir begeistert zu, wenn ich über moderne Kunst sprach und die gegenwärtigen veralteten Strömungen scharf kritisierte. Auf seinem Schreibtisch lag die Zeitschrift „Art“, die extra zum Nationalfeiertag herausgegeben worden war und daher nur realistische, revolutionäre Kunst zeigte. Ich blätterte ein wenig darin, fand aber nichts Interessantes und warf sie auf den Tisch zurück. Der alte Zhiqing nahm sie zur Hand und blätterte bis zu einem Leserbrief, in dem einige moderne Künstler und ihre Werke kritisiert wurden. Plötzlich entdeckte er darunter auch meinen Namen: „Das ist die beste Propaganda, die man haben kann!“, rief er aufgeregt. Er wurde noch freundlicher und organisierte höchstpersönlich für mich eine Reise in das Kasachendorf Lalati. Zuvor lud er mich noch zu einer Show ein, bei der kasachische Tänze und Lieder aufgeführt wurden.

Der Tanzgruppe gehörten auch zwei arabisch aussehende Frauen aus Lalati an, denen er mich vorstellte. Am nächsten Tag traf ich sie in einem Restaurant wieder. Der Wirt war der ältere Bruder einer der Frauen und hatte speziell für die Tanzgruppe Lammfleisch nach Kasachenart gegrillt. Es duftete wunderbar und ich wurde von allen Seiten ermuntert zuzugreifen. Danach bestürmte mich eine der Frauen, ein Porträt von ihr zu malen. Während ich zeichnete, scherzte sie höchst ungezwungen mit ihren Freunden und als ich ihr dann das Bild schenkte, lächelte sie mich zärtlich an und flüsterte: „Wir sehen uns in Lalati!“ Ich war überrascht von der Offenherzigkeit der kasachischen Mädchen.

Nach zwei Tagen erreichte ich in Begleitung eines Fotografen, den der stellvertretende Abteilungsleiter für mich organisiert hatte, Lalati. Das Dorf bestand aus einigen dutzend Häusern und den Zelten der kasachischen Viehzüchter, die hier den Winter verbringen wollten. Ein kleiner Fluss mit glasklarem Schmelzwasser aus dem Tianshan-Gebirge führte am Dorf vorbei. An seinem Ufer lag ein Baumhain, der aussah wie aus einem Märchen, und daneben hatten ebenfalls Viehzüchter ihre Zelte aufgeschlagen und weideten ihre Schafe und Kühe. Die Berggipfel waren schneebedeckt, unterhalb der Baumgrenze mischten sich Fichten mit bunt gefärbten Laubbäumen. Die Landschaft unterschied sich vollkommen von allem, was ich je in China gesehen hatte. Alles wirkte sauber, unberührt von Industrie und Verschmutzung, von Intrigen und Politik, sodass ich mir unwillkürlich vorstellte, wie es wohl wäre, wenn unser Sohn hier aufwachsen könnte.

Die Zelte der Kasachen hatten ähnlich jenen der nordamerikanischen Indianer oben ein kreisrundes Loch, durch das der Rauch abziehen und tagsüber Licht einfallen konnte. Auf dem Boden lagen Schaffelle und schöne, handgeknüpfte Teppiche, auf denen meistens einige mit bunten Blumenmustern bemalte Holzmöbel standen. Glänzend polierte Woks und Schüsseln aus Kupfer hingen neben Seidenteppichen und Plakaten an den Wänden.

Die Kasachen waren ausgesprochen gastfreundlich, vielleicht weil sie so selten Fremden begegneten und daher jeden Besuch als willkommene Abwechslung betrachteten. In jedem Zelt, das ich betrat, wurde mir Milchtee, gebackenes Brot und selbst gemachter Schafkäse angeboten. Ich revanchierte mich mit Zigaretten und Bonbons. Qian, der Fotograf, übersetzte für mich und so plauderte ich mit den Leuten, während ich sie zeichnete. Die Frauen posierten ohne Scheu in ihren schönsten Kleidern vor mir und es störte sie auch nicht im Mindesten, dass auf meinen Zeichnungen die Umrisse ihrer Brüste zu sehen waren. Während des Zeichnens kamen ständig Leute vorbei und beobachteten gespannt, wie ich die Frauen nackt zu Papier brachte, als könnte ich durch ihre Kleidung hindurchsehen. Einige der Viehzüchterinnen flirteten mit mir, andere machten abrupt kehrt und liefen lachend davon.

Am Morgen des dritten Tages befand ich mich gerade auf dem Weg zu einem kleinen Kaufhaus, um mich mit Zigaretten und Bonbons einzudecken. Am Abend zuvor hatte es ein bisschen geschneit und die Bäume in den Bergen sahen aus, als würden sie einen Brautschleier tragen. Die Sonne schwebte dottergelb knapp über den Gipfeln. Ich schaute fasziniert auf dieses Naturschauspiel, als ich plötzlich in meinem Nacken einen feuchten, warmen Atem spürte. Ich drehte mich um und blickte in riesige braune Pferdeaugen. So groß war mein Schrecken, dass ich stolperte und rücklings zu Boden fiel. Ein fröhliches Frauenlachen ließ mich aufsehen und ich erblickte auf dem Pferd die Tänzerin, die ich schon einmal gemalt hatte. „Du bist also der Künstler, der den Körper durch die Kleidung sehen kann“, rief sie lachend aus und warf mir einen schelmischen Blick zu. „Weißt du, welche Farbe meine Strumpfhose hat?“ Sie trug hohe schwarze Lederstiefel und einen langen, bunten Rock. „Sie sind hautfarben“, sagte ich aufs Geratewohl. Sie lachte wieder und zog den Rock so weit hoch, dass ich ihre Beine sehen konnte. Tatsächlich, sie trug hautfarbene Strümpfe! Im selben Moment kam ein junger Mann in einer schwarzen Lederjacke aus dem Kaufhaus und stieß einen wütenden Schrei aus. Er sprang auf ein Pferd, das er an einen Masten gebunden hatte, und ritt mich fast über den Haufen, als er in Richtung der Berge davongaloppierte. Die Tänzerin schien davon unbeeindruckt und zeigte mit ausholender Geste auf einige Zelte: „Ich wohne dort. Wenn du Zeit hast, besuche mich doch!“ Sie blinzelte mir verschwörerisch zu und setzte das Pferd in Bewegung. Neben Qian hielt sie kurz an, um ein paar Worte mit ihm zu wechseln. Dann warf sie mir noch einmal ein Lächeln zu und ritt davon, dem jungen Mann hinterher. Qian lieferte mir schließlich die Erklärung für den rätselhaften Vorfall: „Sie will mit dir schlafen, um ihren Verlobten, den jungen Mann von vorhin, zu ärgern.“ Kasachische Frauen schienen wirklich sehr offen und selbstbewusst zu sein.

Sanfter Winterwind

Mitte November kehrte ich nach Beijing zu meiner Frau zurück. Bei meiner Ankunft saß sie im Zimmer und strickte Babyhöschen. Unser Kind war nun schon sehr groß und machte sich andauernd durch kleine Fußtritte bemerkbar, die ich spüren konnte, wenn ich meine Hand auf Shuos Bauch legte. Während meiner Abwesenheit war Shuo beim Wasserholen ausgerutscht und schwer gestürzt und obwohl dem Baby offensichtlich nichts passiert war, hatte sie seither in ständiger Angst gelebt, es könnte durch den Unfall eine Frühgeburt eingeleitet werden und sie müsste das Kind alleine zur Welt bringen.

Da die Akademie unser Wohnhaus abreißen und an seiner Stelle ein vierzehnstöckiges Unterrichtsgebäude errichten wollte, gab es im Haus keinen Strom und kein Wasser mehr, was unser Alltagsleben zunehmend beschwerlicher machte. Einige unserer Nachbarn hatten aufgrund ihrer guten Beziehungen bereits eine andere Wohnung zugewiesen bekommen, aber den meisten wurde eine weit schlechtere Unterbringung angeboten. Proteste und Zwangsevakuierungen waren die Folge gewesen und schließlich hatte die Akademie als drastische Maßnahme Strom und Wasser abdrehen lassen, um auch die letzten Unwilligen unsanft zum Ausziehen zu zwingen. Mittlerweile stand auch der Winter vor der Tür.

Shuo und ich sahen daher gar keine andere Möglichkeit, als in die provisorische Unterkunft zu ziehen, die man für junge Lehrkräfte und Postgraduierte im Norden des Akademiegeländes errichtet hatte. Dort ging es bei der Zimmereinteilung allerdings alles andere als gerecht zu, denn die Leiter der Akademie nutzten die Gelegenheit, um einzelne Lehrkräfte für ihren Einsatz zu belohnen und andere zu strafen. Ganz nach deren Gutdünken bekam man ein kleines oder großes Zimmer zugeteilt. Shuo und ich hatten uns in den letzten Jahren mit unserem Erfolg und unserer modernen Kunstauffassung nicht unbedingt beliebt gemacht und so steckte man die hochschwangere Shuo, eine der wenigen weiblichen Lehrkräfte mit dem Titel „Master of Arts", in eines der kleinsten Zimmer und mir wurde ein Schlafplatz in einem großen Gemeinschaftszimmer zugewiesen. Als ich mich daraufhin zusammen mit Zhen Ke beim Vizerektor beschwerte, erhielten wir zur Antwort, dass die Einteilung ohnehin nur provisorisch sei und man nach Größe der Familie und Anzahl der Wochenarbeitsstunden vorgegangen wäre. Das brachte mich nun erst recht in Wut, denn Shuo unterrichtete trotz fortgeschrittener Schwangerschaft und nach der Geburt des Babys würden wir überhaupt zur größten Familie im Haus werden. Aber dieses Argument ließ der Vizerektor nicht gelten: „Euer Kind ist noch nicht auf der Welt, wie kann man es da zur Familie zählen?", meinte er nur und verwies mich an den Abteilungsleiter für Immobilienverwaltung namens Luo. Der speiste uns mit ähnlich fadenscheinigen Vorwänden ab. Da verlor ich endgültig die Beherrschung und beschimpfte ihn und andere Führungskräfte der Akademie lauthals als korrupte Gangster. Dann wandte ich mich um und ließ ihn einfach stehen.

Einige Tage später traf ich Luo wieder und zu meiner Verblüffung begrüßte er mich betont freundlich. „Wu Shaoxiang", fing er beinahe väterlich an, „ich nehme es dir nicht übel, dass du mich beschimpft hast, und ich werde es auch nicht melden. Es gibt hier an der Akademie zu viele Leute, die mir schmeicheln. Du hast wenigstens den Mut gehabt, deine Meinung zu sagen."

Von da an zeigte er sich uns außerordentlich gewogen. Und eines der deutlichsten Zeichen seines Wohlwollens war die Tatsache, dass wir in ein acht Quadratmeter großes Zimmer ziehen durften. Shuo, die immer schon sehr viel Geschmack beim Einrichten gehabt hatte, machte aus unserem kleinen Zimmer ein gemütliches Zuhause, und zwar so gemütlich, dass sich ständig Freunde und Bekannte zu einem geselligen Beisammensein einfanden.

*

Am Nachmittag des 15. Januar 1986 setzten bei Shuo die Wehen ein und ich brachte sie ins Gynäkologische Krankenhaus von Beijing. Bereits gegen Mitternacht schickten mich die Ärzte nach Hause und versicherten mir, dass es keine Probleme geben würde. Als ich am nächsten Morgen gegen sieben Uhr früh ins Krankenhaus kam, lag Shuo bleich im Bett und schlief. Sie sah völlig erschöpft aus. Ich nahm besorgt ihre Hand, da wachte sie auf und erzählte mir lächelnd, dass unser Sohn Wu Sa schon zur Welt gekommen sei. Wir hatten den Namen Sa gemeinsam ausgesucht und dabei gegen die Tradition verstoßen, dass der Großvater den Namen des Kindes auswählte. „Sa" steht im Chinesischen für einen plötzlichen Winterwind und schien uns ein passender Name für das Kind zu sein, das so stürmisch in unser Leben getreten war. Shuo war mittels Kaiserschnitt entbunden worden, weil sich die Nabelschnur um den Hals des Babys gewickelt hatte. Aber die Ärzte hatten kaum Betäubungsmittel eingesetzt, sondern sich auf die Akupunktur verlassen, sodass sie starke Schmerzen ausstehen musste.

Nachdem sie wieder eingeschlafen war, fuhr ich zu meinen Schwiegereltern, um ihnen die Nachricht zu bringen. Außerdem schickte ich meinen Eltern ein Telegramm. Punkt zehn Uhr war ich wieder im Krankenhaus, um erstmals meinen Sohn zu sehen. Er war ein hübsches und gesundes Baby und als ich ihn in den Arm nahm, verzog er sein Gesicht, lächelte uns an und zeigte uns zwei bezaubernde Wangengrübchen. Meine Schwiegereltern hatten mich begleitet und wir waren alle der Meinung, noch nie ein hübscheres Kind gesehen zu haben.

Nach fünf Tagen durfte Shuo das Krankenhaus verlassen. Die erste Zeit wohnten wir bei meinen Schwiegereltern, um Hilfe für den Neugeborenen zu haben. Außerdem war ihre Wohnung nicht nur mit fließendem Wasser und einer Gasheizung ausgestattet, sondern auch mit einem Wasserklosett. Wir schliefen im Wohnzimmer auf einem zusammenklappbaren Bett und hatten es viel bequemer als in unserer provisorischen Unterkunft.

Sasa, wie wir ihn liebevoll nannten, beherrschte sofort unser Leben. Wir beobachteten jede Regung in seinem Gesicht und freuten uns an jeder noch so kleinen Bewegung. Die ersten Tage leistete uns eine erfahrene Krankenschwester Hilfe, die uns in die wichtigsten Regeln im Umgang mit Babys einweihte, aber schon bald entschied sie, dass weitere Besuche nicht notwendig seien. In China kümmern sich normalerweise die Großeltern um den Nachwuchs, aber wir wollten selbst lernen, wie wir Sasa angreifen mussten, wie man ihn badete und fütterte. Wir lernten also gemeinsam und manchmal kam es vor, dass wir nachts zu viert aufstanden, Shuo, ihre Eltern und ich, wenn Sasa weinte, und erst wieder schlafen gingen, nachdem das Baby eingeschlummert war.

Shuos Muttermilch reichte nicht aus, um Sasa zu stillen, und wir mussten ihm schon bald zusätzlich normale Kuhmilch geben. Nach einigen Tagen bekam er jedoch Durchfall und konnte die Milch nicht mehr behalten. Wir trugen ihn des Nachts stundenlang herum und versuchten ihn zu beruhigen. Am nächsten Tag schien es ihm besser zu gehen, aber in der Nacht darauf übergab er sich andauernd. Wir waren verzweifelt und wussten nicht mehr ein noch aus. Schließlich weckte mein Schwiegervater den Chauffeur seiner Einheit und bat ihn, uns ins Krankenhaus zu fahren. Im Gynäkologischen

Krankenhaus, in dem Shuo entbunden hatte, verweigerte man uns die Hilfe, denn nur schwangere Frauen und Neugeborene durften hier behandelt werden. Die Krankenschwester verwies uns ans staatliche Krankenhaus und würdigte das Kind, das die weinende Shuo im Arm hielt, keines Blickes. Es war schon fünf Uhr morgens, als wir im Kinderkrankenhaus ankamen, trotzdem mussten wir eine halbe Stunde warten, bis ein Arzt sich um uns kümmerte. Er wirkte hilflos und meinte, dass er einige Tests machen müsse, um eine genaue Diagnose zu erhalten. Allerdings müssten wir warten, weil die Kinderstation schon heillos überfüllt sei. Sasa wurde sichtlich schwächer und schwächer und Shuo weinte leise vor sich hin. Wir flehten den Arzt so lange erfolglos an uns zu helfen, bis der Chauffeur selbst wütend wurde und meinte: „Verschwenden wir hier nicht unsere Zeit, fahren wir in das Chaoyang-Krankenhaus." Das taten wir dann auch.

Im Chaoyang-Krankenhaus fanden wir endlich eine Ärztin, die uns ernst nahm. Sie untersuchte Sasa und meinte besorgt: „Das Kind hat möglicherweise eine Virusinfektion und muss sofort behandelt werden." Als sie unsere erschrockenen Gesichter sah, tröstete sie uns: „Keine Sorge, ihr seid noch rechtzeitig gekommen. Es wird schon wieder gesund." Sasa wurde über einen Monat auf der Isolierstation des Krankenhauses behandelt. Wir durften ihn nur an den Sonntagnachmittagen ein paar Minuten sehen. Im Besucherraum standen Krankenschwestern hinter einer Glaswand und zeigten uns unser Baby, das bald nur mehr 3,5 Kilogramm wog. Sein schönes Gesicht war vollkommen verrunzelt und sein Kopf schien geschrumpft zu sein. Aber nach einigen Tagen besserte sich der Durchfall und Sasa behielt auch ein wenig Nahrung bei sich. Schließlich stabilisierte sich sein Zustand vollends und er nahm wieder zu. Nach fünf Wochen durften wir unser Baby endlich wieder völlig geheilt mit nach Hause nehmen. Meine Mutter kam nach Beijing, um uns in der nächsten Zeit unter die Arme zu greifen. Sie hatte viel Erfahrung in Kindererziehung und unter ihrer liebevollen Anleitung und der aufopfernden Pflege von Shuo wurde aus unserem Sasa schnell wieder ein kräftiges, lebhaftes Kind.

*

Kurze Zeit später bot mir der Vorstand meiner Abteilung, Professor Yuan, an, unsere Akademie bei einem nationalen Kunstwettbewerb zu vertreten. Ich sollte für das neue Theater des „Allchinesischen Bundes der Literatur- und Kunstschaffenden“ ein Relief zum Thema „Freude, Wut, Trauer, Lust“ entwerfen. Dieser Verband war die höchste akademische Kunst- und Literaturorganisation und deshalb erregte der Wettbewerb große Aufmerksamkeit. Hunderte Künstler, darunter zahlreiche arrivierte Persönlichkeiten, nahmen daran teil. Mein Ehrgeiz war geweckt. Ich beschloss, mich an einer meiner früheren Arbeiten zu orientieren, die große Zustimmung an der Akademie gefunden hatte. Für das „Beijing International Hotel“ hatte ich Reliefs entworfen, für die ich Gestalten der chinesischen Antike mit modernen westlichen Figuren zu einem „durchsichtigen“ Relief – so wurde es aufgrund seiner löchrigen Struktur genannt – kombiniert hatte. Ich wusste, dass hier meine abstrakten Skulpturen mit ihren starken symbolischen Formen fehl am Platz waren, denn man würde sie als kapitalistische Kunst abtun, die auf einem öffentlichen Gebäude nichts zu suchen hätte. Außerdem sollte das Relief gleichzeitig meine Abschlussarbeit werden und ich wollte kein zu großes Risiko eingehen, die Professoren gegen mich aufzubringen.
Ich hatte die richtige Entscheidung getroffen: Meine Arbeit brachte mir den Sieg in dem Wettbewerb ein. Sie wurde später in Bronze vergrößert und vor dem neuen Theater aufgestellt. Zahlreiche Zeitschriften berichteten von meinem Erfolg, auch in „Art“ erschien wieder ein großer Artikel. Alle waren überrascht, dass ein so junger Künstler sich durchgesetzt hatte, und auch meine Abteilung war stolz darauf, denn Vertreter aller Kunstakademien des Landes hatten am Wettbewerb teilgenom-

men. Aufgrund einer Empfehlung der Akademie bekam ich sogar noch das erste Kunst- und Designstipendium der Stadt Beijing zugesprochen.
Im Januar des Jahres 1987 fand in der Galerie der Akademie meine Abschlussausstellung statt. Mein Relief „Freude, Wut, Trauer, Lust“ war die Hauptattraktion, außerdem zeigte ich eine Reliefgruppe mit dem Titel „Günstige Winde und pünktliche Regenfälle“. Meine Dissertation schrieb ich zum Thema „Durchsichtige Reliefs“. Sie erregte einiges Interesse bei den Kunstkritikern, denn ich war der Erste, der sich mit diesem Thema beschäftigte, und meiner Abschlussprüfung in der Galerie wohnten dementsprechend viele Zuhörer bei. Einigermaßen nervös trug ich meine Theorien vor und wartete angespannt auf die Professorenfragen. Überraschenderweise meldete sich der Vizerektor in Vertretung der Rektorin Chang zu Wort. Letztere war durch eine Sitzung im Ministerium verhindert, aber sie hatte meine Arbeit gelesen und einen schmeichelhaften Brief dazu verfasst, den der Vizerektor nun vorlas. Dies bedeutete eine noch nie dagewesene Anerkennung und Professor Zhen Ke strahlte vor Stolz und Freude. Auch die anderen Professoren lobten mich in ihren Reden, mit einer Ausnahme – aber als der Betreffende zu einer kritischen Frage ansetzte, da stand Zhen Ke schnell auf und meinte: „Ich denke, wir haben genug gehört.“ Und so erhielt ich ohne weitere Schwierigkeiten meinen „Master of Arts“. Am Abend desselben Tages wurde in den Nachrichten ein Bericht über meine Ausstellung gesendet und einige Zeit später veröffentlichte die Zeitschrift „Art“ meine Abschlussarbeit. Ich konnte als Dozent für Bildhauerei an der Akademie bleiben.

Der Angeklagte und der Spion

Am 15. September 1986 veröffentlichte ich in der Zeitung „Fine Arts in China“ unter dem Pseudonym Wu Gan einen Artikel über die Krise im Bereich „Skulpturen im öffentlichen

Raum". Ich kritisierte darin die vielen chinesischen Bildhauer, die weiterhin starr an überlieferten Vorstellungen festhielten, und prangerte an, dass die Skulpturen im urbanen Bereich an Ideenarmut krankten und zumeist von schlechter Qualität seien. Es spreche nicht gerade für unsere Kunstexperten, dass sie immer noch dem revolutionären Realismus verpflichtet seien, führte ich aus und bezeichnete das Nationale Urbane Skulpturenkomitee als mittelmäßigen Bildhauerclub, in dem man einander die Aufträge zuschanzte.

Der Artikel löste sofort heftige Kontroversen aus und wurde quer durch das ganze Land diskutiert. Die Zeitung „Fine Arts in China" erhielt sogar eine Verwarnung seitens des Propagandaministeriums, da man in der entfachten Debatte eine „antikommunistische Diskussion" erblickte. Aber viele, meist junge Künstler stimmten mir zu. Einer meiner Freunde, ein Redakteur bei „Fine Arts in China", schrieb einen Folgeartikel, um mich zu unterstützen. Unter dem Titel „Wenn die alten Autoritäten nicht abgeschafft werden, wie kann man dann neue Autoritäten schaffen?" machte er deutlich, dass ein neuer Schwung in die veraltete Kulturszene gehörte. Aber unsere Gegner waren sehr mächtig, konnten sie doch auf die Unterstützung der Kommunistischen Partei zählen, für die sie seit vielen Jahren künstlerisch tätig waren. Vor allem der Direktor der Nationalgalerie, Liu Kaiqiu, fühlte sich von mir angegriffen. Er war Präsident des Nationalen Urbanen Skulpturenkomitees und des Chinesischen Bildhauerverbandes. Er nutzte seine Macht, um Druck auf „Fine Arts in China" auszuüben, und schließlich wurde eine Gegendarstellung veröffentlicht. Aufgrund seiner Interventionen verebbte allmählich die Debatte in den Zeitungen, während sie unter den Künstlern weitergeführt wurde.

*

Im Herbst 1987 feierte die Stadt Shijiazhuang ihre vierzigjährige Befreiung durch die Kommunisten mit einem Granitmonument. Ich wurde von der Stadt beauftragt, dafür ein Relief zu schaffen. Bevor ich Beijing verließ, rief mich ein Redakteur der Zeitschrift „Fine Arts in China“ an und bat mich, einen Artikel über den gerade abgeschlossenen ersten Wettbewerb für urbane Skulpturen zu schreiben. Ich schlug ihm vor, die Unterlagen in mein Hotel in Shijiazhuang zu schicken, und reiste ab.

Tagsüber sorgte ich nun mit einigen Steinmetzen für die Feinarbeiten am Relief, abends trank ich in meinem Hotel Bier und knabberte Erdnüsse. Als ich die Liste der Juroren mit jener der Preisträger verglich, traute ich meinen Augen nicht: Kaum ein Jurymitglied, das sich nicht selbst einen Preis für eine Arbeit zugeschanzt hatte. Manche, wie mein neuer Freund Liu Kaiqiu, hatten sogar einen ersten und einen dritten Preis bekommen. Ich schrieb daher einen Artikel mit dem Titel „Preisverleihung oder Preisverteilung?“. Zunächst stellte ich die Frage, warum die Namen der Preisträger den Namen diverser Preisrichter so überraschend ähnlich seien, und ging dann auf die vielfältigen privaten Beziehungen ein, denn oft hatten Lehrer sich gegenseitig Preise zugesprochen. Außerdem schrieb ich darüber, dass die meisten Preisrichter über sechzig Jahre alt und noch immer Anhänger des revolutionären Realismus waren – womit ich den Kreis zu meinem vorhergegangenen Artikel schloss.

Der Beitrag erschien wieder auf der Titelseite von „Fine Arts in China“. Die Redaktion hatte einen kleinen Zusatz angefügt, der besagte, dass die Preisverleihung bereits in aller Munde sei und man deshalb öffentlich über das Thema diskutieren sollte. Die Ausgabe der Zeitschrift war sofort ausverkauft. Überall in China sprach man in Künstlerkreisen über den Artikel und viele Zeitungen druckten ihn nach. Sogar Zeitschriften in Hongkong und Taiwan griffen das Thema auf. Alle von mir erwähnten Preisrichter berieten sich natürlich noch am Tag des Erscheinens, wie man am besten gegen den Artikel vorgehen könnte. Am wütendsten war Liu Kaiqiu, der sich erneut angegriffen fühlte.

Ich hatte den Artikel unter dem Pseudonym Mamu veröffentlicht und so dauerte es einige Zeit, bis man die Identität des Autors herausfand. Mittlerweile hatte sich jedoch einiges getan: Beim ersten Nationalen Ölmalwettbewerb wurden die Juroren von der Teilnahme ausgeschlossen. Überall sprach man über die Korruption im Bildhauerbereich und Mutige gingen sogar so weit, die Schuld bei der Kommunistischen Partei zu suchen. Diese habe jahrelang sich selbst gewählt, nichts anderes hätten auch die Leute vom Skulpturenkomitee gemacht. Schüler von Liu Kaiqiu nahmen diese regierungsfeindliche Argumentation zum Anlass, beim Chef der Kommunistischen Partei vorzusprechen. Zhao Ziyang versuchte allerdings, den Einfluss der Partei in den Bereichen Wissenschaft, Wirtschaft und Kunst zurückzudrängen, und war nicht bereit, sich in eine künstlerische Debatte einzumischen. Schließlich entschloss man sich, die „Fine Arts in China" wegen Rufschädigung zu klagen. Da niemand als Privatperson eine Klage gegen mich einbringen wollte, wurde ich nur als Zeuge geladen. Der Fall erregte einiges Aufsehen, denn noch niemals hatte eine staatliche Institution eine andere wegen Rufschädigung verklagt. Normalerweise wurden solche Streitfälle vom Parteikomitee gelöst. Deshalb holten die Gerichte auch vor Prozessbeginn eine Erlaubnis des Obersten Gerichts und des Politik- und Rechtskomitees der Kommunistischen Partei ein. Diese Erlaubnis für den Prozess wurde erst nach dem Massaker von 1989 erteilt. „Fine Arts in China" wurde für schuldig befunden und sofort eingestellt.

*

In Beijing lebende ausländische Diplomaten und Journalisten begannen sich für die chinesische Kunstszene zu interessieren, nachdem sich ab 1985 die Kulturpolitik immer mehr aus der Kunst zurückgezogen hatte, auch wenn Neues noch immer allzu leicht als „kapitalistisch" verdammt wurde. Aber genau das machte auch den besonderen Nervenkitzel aus. Leute, die sich in ihrer Heimat nie mit Kunst beschäftigt hatten, konnten sich

nun als Förderer und sogar Beschützer aufspielen und organisierten – zum Teil in ihren Privatwohnungen – Ausstellungen moderner chinesischer Kunst.
Die „Gesellschaft des Chinesischen Volkes für Freundschaft mit dem Ausland“ lud die Frauen der ausländischen Botschafter eines Tages ein, sich an unserer Akademie ein Bild von der modernen Kunsterziehung zu machen. Plötzlich ging es bei uns sehr geschäftig zu, denn Schulwege mussten repariert, Klassenzimmer in Ordnung gebracht und Toiletten gereinigt werden. Unser Abteilungsleiter, Professor Yuan, wollte einen guten Eindruck bei den Damen hinterlassen und organisierte Geld, damit die Gänge der Abteilung dekoriert werden konnten. Wir stellten dort in Vitrinen die besten Arbeiten aus. Zwei Klassenzimmer wurden von Tischlern in Ausstellungsräume umfunktioniert. Yuan kam extra in mein Atelier, um einige Arbeiten für das Spektakel auszusuchen. Er bat mich außerdem, am Besuchstag eines der Klassenzimmer als Atelier zu nutzen, damit die Botschafterfrauen mir bei der Arbeit über die Schultern schauen könnten. Mir blieb kaum eine Wahl, als mich für die Show zur Verfügung zu stellen.
Am Tag des hohen ausländischen Besuches war die Akademie herausgeputzt wie für einen Festtag. Neben dem Schulweg flatterten Fahnen, auf den Parkplätzen hatte man eigens, um Eindruck zu schinden, Autos der verschiedensten Marken geparkt. Die Studenten waren angewiesen worden, anständige Kleidung zu tragen. Rektorin Chang führte die Frauen durch die Akademie und immer wieder bekam ich Komplimente für meine Arbeiten. Eine Frau rief begeistert aus: „Great, great, isn't it?“ Ich ging zu ihr und sagte: „Thank you, I'm glad you like it. It's my work.“ Sie war überrascht und fragte erfreut: „Oh, Sie sprechen Englisch? Das ist schön. Ich bin die Frau des Schweizer Botschafters. Mein Mann ist sehr an Kunst interessiert und ich würde Sie ihm gerne vorstellen.“ Danach händigte sie mir eine Visitenkarte aus, auf der stand: „Hans Müller. Schweizer Botschafter.“ Ich lud sie ein, mich in meinem Atelier zu besuchen,

und beschrieb ihr den Weg. Sie kündigte auch sofort ihren Besuch für den nächsten Sonntag an. Ich versuchte, nicht zu überrascht und nervös auf diese Ankündigung zu reagieren, denn als Privatperson durfte man Diplomaten nicht ohne Genehmigung empfangen. Dies konnte als Illoyalität der Kommunistischen Partei gegenüber ausgelegt werden.
Am Sonntag wartete ich mit meinem Freund Li Yi auf den Botschafter und seine Frau. Li Yi kannte ich schon seit vielen Jahren. Früher hatte er gemalt, aber dann war er an der Chinesischen Medizinischen Universität in Beijing angenommen worden. Sein Englisch war ausgezeichnet, weshalb ich ihn gebeten hatte zu kommen. Gegen vier Uhr, als wir schon längst nicht mehr mit ihnen rechneten, trafen die Schweizer endlich ein. Sie trugen beide Trainingsanzüge und hatten dem Sicherheitsdienst angekündigt, spazieren zu gehen, um mich nicht in Schwierigkeiten zu bringen. Es war für sie dann tatsächlich ein ausgedehnter Fußmarsch geworden, denn die Frau hatte den Weg unterschätzt und sie hatten eineinhalb Stunden gebraucht, um zum Atelier zu kommen. Sie waren beide völlig erschöpft, aber trotzdem schauten sie sich sofort begeistert um. Vor allem meine Holzarbeiten hatten es dem Botschafter angetan und er entschied spontan, eine Arbeit mit dem Titel „Ruf" zu kaufen. Er fragte nach dem Preis und ich verlangte fünfhundert Dollar. Er antwortete lächelnd: „250!" und brachte mich damit aus der Fassung. Ich hatte nicht damit gerechnet, dass ein Schweizer Botschafter mit einem armen chinesischen Künstler um den Preis feilschen würde. Ich ging auf vierhundert hinunter, er gab zurück: „Dreihundert." Ich sagte ihm, dass mein letztes Angebot bei 350 Dollar liegen würde, und wir verhandelten weiter, zwischendurch immer wieder über andere Dinge redend. Ich führte ihn auch in unser kleines Zimmer und stellte ihm Shuo und Sasa vor. Es war inzwischen halb sieben geworden und wir hatten uns noch immer nicht geeinigt. So gab ich schließlich nach und verkaufte ihm die Skulptur um dreihundert Dollar. Shuo und ich lachten jedenfalls hinterher noch lange über den

reichen Schweizer, der zwei Stunden lang wegen fünfzig Dollar gefeilscht und dann stolz weggegangen war, weil er sich durchgesetzt hatte.

Kurze Zeit darauf waren wir in der Botschaft zum Mittagessen eingeladen. Das Gebäude glich mit seinen Kunstwerken mehr einem Museum als einer Diplomatenunterkunft. Müller besaß unter anderem Arbeiten von Alberto Giacometti und Hans Arp, die zu meinen Lieblingskünstlern gehören. Meine Arbeit hatte er auf das Klavier im Salon gestellt, wo sie besonders gut zur Geltung kam. Ich war stolz darauf, dass ich in dieser bemerkenswerten Sammlung vertreten war. Zwei Monate später, auf einer Party in der Botschaft, erzählte mir eine Chinesisch sprechende Französin, dass Müller der einzige professionelle ausländische Sammler in Beijing sei und im Westen einen ausgezeichneten Ruf als Kunstkenner genieße.

Der in Kunstkreisen aktivste Ausländer war aber der Australier Geremie Barmé. Er sprach und schrieb fließend Hochchinesisch und hatte sich den Namen Bai Jieming zugelegt. In Australien galt er als China-Experte. Ich lernte ihn im Haus von Li Xianting kennen, einem Redakteur von „Fine Arts in China". Wir verließen das Fest gemeinsam und radelten durch die stille und ruhige Stadt in Richtung Ost-Beijing, wo er bei seiner Freundin Linda Jaivin wohnte. Sie arbeitete als Journalistin bei einer englischsprachigen Zeitschrift Hongkongs. Mit Bai Jieming verband mich sofort eine tiefe Freundschaft. Er bewunderte meinen Mut, die Sexualität in den Mittelpunkt meiner Arbeiten zu stellen und damit in diesem konservativen und diktatorisch regierten Land dem Animalischen einen Platz zu geben. Danach schrieb er einen Artikel für die Hongkonger Zeitschrift „The Nineties", in der er erstmals die moderne chinesische Avantgarde vorstellte und auch mich lobend erwähnte. Einige Monate später veröffentlichte er ein Buch in englischer Sprache über zeitgenössische chinesische Kultur, „The Seeds of the Fire", in dem er ebenfalls meine Arbeiten vorstellte. Nach dem Erscheinen des Werkes suchten mich zahlreiche westliche

Diplomaten auf und kauften Werke von mir. Bai Jieming verteidigte mich auch, als mein Artikel in „Fine Arts in China" für Aufregung sorgte, und schrieb einen weiteren Artikel für „The Nineties", in dem auch er die etablierten chinesischen Künstler scharf angriff. Die Mitglieder des Skulpturenkomitees waren überrascht, wie ein solcher Artikel über den Umweg von Hongkong nach China gelangen konnte, und machten sich auf die Suche nach dem Verfasser. Aber auf die Idee, dass ein Ausländer dahinter stecken könnte, kamen sie nicht. Niemand nahm an, dass ein Nicht-Chinese so gut chinesisch schreiben konnte.

*

Im Mai 1987 wollte das Kulturbüro der französischen Botschaft eine Ausstellung mit meinen Skulpturen organisieren und ich bat die Akademie um Erlaubnis dafür.
Doch lange Zeit bekam ich keine Antwort und so suchte ich den Abteilungsleiter des Büros für Auswärtige Angelegenheiten auf. Er erklärte mir, dass man für eine Ausstellung in einer ausländischen Botschaft die Genehmigung des Kulturministeriums einholen müsste. Die Akademie hatte dort bereits angefragt, aber es war noch keine Antwort eingetroffen. Ich solle doch selbst dort vorstellig werden, schlug er mir vor, um die Angelegenheit zu beschleunigen. Im Kulturministerium dauerte es einige Zeit, bis ich jemanden fand, der sich für zuständig erklärte. Ein rund vierzigjähriger, ungewöhnlich unfreundlicher Mann in einem Mao-Anzug fragte mich ablehnend, warum ausgerechnet ich zu dieser Ausstellung eingeladen worden sei. Er empfahl mir, meine Kontakte mit Ausländern einzuschränken, denn die würden mich sowieso nur für ihre Zwecke missbrauchen. Ich wurde langsam wütend, schließlich konnte ich die offizielle Einladung der französischen Botschaft vorweisen und wollte nicht an irgendeiner windigen Hintertreppenausstellung teilnehmen. Aber er weigerte sich, mir die Gründe für seine ablehnende Haltung zu nennen, und fuhr

mich an: „Was erlaubt ist, ist erlaubt. Und was nicht erlaubt ist, ist eben nicht erlaubt." Ich blieb hart: „Einer Einladung der französischen Botschaft zu folgen kann nicht dem Gesetz widersprechen. Das ist mein Recht als Bürger." Der Kader warf mir einen wütenden Blick zu und meinte: „Rufen Sie mich morgen an." Dann notierte er eine Telefonnummer, gab mir den Zettel und ließ mich einfach stehen.

Am nächsten Tag teilte er mir am Telefon mit, dass die chinesische Sekretärin des Kulturbüros der französischen Botschaft meine Ausstellung bereits abgesagt hätte. Ich war überrascht, aber nicht sonderlich enttäuscht, denn das würde mir viele Probleme ersparen. Trotzdem beschloss ich, mich mit einem Brief zu bedanken, dass man eine Ausstellung meiner Werke zumindest in Erwägung gezogen hatte. Mein Brief löste bei den Franzosen großes Erstaunen aus und der Abteilungsleiter kontaktierte sofort das Kulturministerium und machte dort klar, dass die Ausstellung keinesfalls abgesagt sei. Außerdem kündigte er an, die chinesische Sekretärin sofort zu entlassen. Dem französischen Abteilungsleiter kam das sehr gelegen, denn er wusste schon längere Zeit, dass sie vom chinesischen Sicherheitsministerium eingeschleust worden war, um in der Botschaft zu spionieren. Aber bisher hatte es keine Möglichkeit gegeben, sie elegant loszuwerden.

Rund eine Woche nach dem Vorfall kam Linda, die mittlerweile Bei Jiemings Frau geworden war, nach Beijing und bat mich um ein Treffen im Haus eines Freundes, der als Dolmetscher arbeitete. Bereits als ich mich auf den Weg machte, hatte ich das Gefühl, verfolgt zu werden. Nach dem Treffen nahmen Linda und ich gemeinsam ein Taxi nach Ost-Beijing. Kaum sah Linda den Taxifahrer, wurde sie schlagartig einsilbig und als ich unser Gespräch fortsetzen wollte, versetzte sie mir einen leichten Stoß in die Rippen. Ich verstand sofort: Der Taxifahrer war vom Geheimdienst. Linda hatte ihn erkannt, weil sie während ihrer Zeit als Journalistin in Beijing immer wieder beschattet worden war, darunter auch von diesem Mann.

Ein halbes Jahr später traf ich den bolivianischen Botschafter im Sheraton Hotel, um ihm eine Skulptur zu übergeben, die er gekauft hatte. Als wir in der Hotelbar saßen, sah ich am Nachbartisch wieder diesen Taxifahrer. Er war in Begleitung eines zweiten Mannes und beide trugen graue Anzüge im westlichen Stil. Ich lächelte amüsiert und grüßte sie höflich. Dann sagte ich: „Ich habe gerade eine Skulptur verkauft. Darf ich Sie zur Feier des Tages auf ein Getränk einladen?“ Sie winkten lächelnd ab und erwiderten: „Sehr nett, aber lieber nicht.“ Ich habe diesen Taxifahrer danach nie mehr wieder gesehen.

*

Zu Beginn der Sommerferien des Jahres 1987 flog ich mit vier Studenten der Bildhauerklasse nach Chengdu, der Hauptstadt der Provinz Sichuan. Von dort reisten wir zuerst mit dem Zug und danach mit dem Bus weiter in die Stadt Luzhou, eine der wichtigsten Hafenstädte am Oberen Jangtse-Fluss. Shuo und ich hatten über Vermittlung unseres Freundes Klein Lang, dem Leiter des Lehrregiments in Luzhou, den Auftrag für eine Skulptur erhalten, die eine Besonderheit der Stadt würdigen sollte: die Schnapsbrennerei. Von den acht berühmtesten chinesischen Schnäpsen wurden zwei, nämlich der „Luzhou Laojiao“ und der „Luzhou Daqu“, in Luzhou hergestellt. Wir hatten eine hohe, abstrakte Form entworfen, der wir menschliche Züge gaben.

Ich präsentierte das Modell für die Skulptur bei einer Sitzung der Stadtregierung und stand danach noch Architekten, Malern und prominenten Stadtbürgern Rede und Antwort. Die Diskussion zog sich über den ganzen Nachmittag hin. Ich war angenehm überrascht, die Leute derart aufgeschlossen gegenüber der modernen Kunst zu sehen, und musste mein Urteil, dass Luzhou eine rückständige Provinzstadt sei, revidieren.

Luzhou lag im Süden der Provinz Sichuan und die jungen Mädchen dort hatten eine sehr zarte, weiße Haut. Sie waren nicht so groß gewachsen wie die Frauen im Norden, aber mit ihren hohen Brüsten und einladenden Hinterteilen gut proportioniert. Man trug noch die alten ärmellosen Hemden und weit geschnittenen Hosen aus bunten Seidenstoffen. Weil es im Sommer sehr heiß war, verzichteten viele junge Frauen auf einen Büstenhalter und durch den dünnen Seidenstoff hindurch zeichneten sich die Formen der Brüste ab. Schon nach einer Woche hatte jeder meiner vier Studenten eine Freundin gefunden, mit der sie ins Kino oder zum Tanzen gingen. Die Leute waren sehr gastfreundlich und warmherzig. Sie liebten gesellige Treffen, bei denen groß aufgekocht und natürlich auch viel Schnaps getrunken wurde.

Wir logierten in einem Gasthaus der Regierung, das nur ausländischen Gästen und hohen Kadern vorbehalten war. Am ersten Tag begleitete mich der Propagandaminister der Stadt zum Essen in die Messe, das für uns in einem separaten Nebenraum serviert wurde, wo bereits der Parteisekretär und andere Honoratioren der Stadt warteten. Der Raum wies sogar eine Klimaanlage auf. In der Mitte stand ein runder Tisch mit einer drehbaren Glasplatte, auf der bereits verschiedene Vorspeisen angerichtet waren. Es gab geschnittenen Schweinemagen, Hühnerherz, in Sojasoße eingelegte Rinderleber und eingelegten Knoblauch sowie mit Chiliöl gekochte Entenzungen und geröstete Erdnüsse. Alles schmeckte köstlich, wenn auch ein bisschen scharf. Danach bekam jeder von uns eine Schale mit „Perlensuppe“. Sie wird aus weißem Judasohr*, Lotussamen und Kandis zubereitet. Der Parteisekretär erklärte mir, dass die Suppe ein Stärkungsmittel sei und man damit speziell im Sommer sein eigenes „Feuer“ dämpfen könne. Danach folgten die Hauptspeisen: Zuerst gab es einen Qingyu-Karpfen aus dem Jangtse-Fluss, dann wurden in Sojasoße gedünstete Rippchen, Ente und scharf gebratene Hühnerbrust

* Dieser Pilz gehört in einigen asiatischen Ländern wie Vietnam, Japan und China zum täglichen Speiseplan und wird in großen Mengen als industriell erzeugter Kulturpilz auf gedüngtem Holzmehlsubstrat gezüchtet. In Europa ist er als „Mu-Err“-Pilz im Supermarkt erhältlich.

aufgetragen. Dazu tranken wir die berühmten „Luzhou Daqu“- und „Luzhou Laojiao“-Schnäpse. Außerdem servierte man einen Schnaps, der „Lang Jiu“ genannt wurde und ähnlich schmeckte wie der Mao Tai, allerdings nicht annähernd so bekannt war, was auch daran liegen mochte, dass der Mao Tai als kaiserliches Hofgetränk gedient hatte. Die Stadtpolitiker und anwesenden Schnapsfabrikanten standen der Reihe nach auf und brachten Trinksprüche auf mich aus und jedes Mal musste ich mein Glas austrinken. Langsam entstand daraus eine Art Wetttrinken und die leeren Flaschen wurden zügig gegen volle ausgetauscht. Zwischendurch wurden immer weitere Gänge aufgetischt: in Sojasoße gedünstete Wachteln, frittierte Spatzen, Flusskrebse, Schlangensuppe, gebratene Schweineleber, scharfer Tofu und einige gemüsehaltige Speisen. Als Dessert folgte schließlich eine süße, eisgekühlte Suppe.
Am nächsten Tag erzählten mir meine Studenten, dass auch sie ausgezeichnet verköstigt worden waren – wenn auch nicht so verschwenderisch wie ich. Mein Kopf dröhnte von dem vielen Schnaps, den ich getrunken hatte. Ich ging zur Messe, um zu frühstücken, und sah sofort einige der Kader, mit denen ich am vergangenen Abend gefeiert hatte. Sogar das Frühstück bestand aus sechs Hauptgängen und einigen Beilagen und wieder spülten manche es mit Schnaps hinunter. Die nächsten Mahlzeiten entpuppten sich als nicht weniger üppig. Sie bestanden immer aus acht Hauptgängen, vier Nebengängen, einer Suppe und Reis. Wir fühlten uns wie die Kaiser.
Nach einigen Tagen spürten wir dann doch die Folgen der stark gewürzten Speisen und wurden vorsichtiger. Ich begann mich auch allmählich zu fragen, wer denn nun all diese Festessen, an denen ständig politische Beamte teilnahmen, bezahlen würde. Dann aber sagte ich mir, dass wohl die Schnapsbrennereien so viel Gewinn abwarfen und die Stadt sich aus diesem Grund großzügig zeigen konnte.
Erst als nach einem halben Monat die Figur fertig war und ich die Abrechnung bekam, wurde mir einiges klar. Der Direktor

der Stadtverwaltung übergab mir nämlich meinen Lohn von 10.000 Yuan und ließ mich gleich anschließend einen Stapel Quittungen unterschreiben, darunter solche für meine Flugtickets, Bahn- und Busfahrscheine, die Materialien für die Skulptur und all die Festmähler, die ich zusammen mit den Studenten und politischen Funktionären genossen hatte. Aber da die 10.000 Yuan damals für mich eine so riesige Summe waren, lachte ich nur und unterschrieb die Quittungen widerspruchslos.

*

Im Herbst 1987 wurde die politische Atmosphäre in Beijing immer entspannter. Das kam mir sehr gelegen, denn ich hatte mir mit meiner kritischen Haltung zunehmend Schwierigkeiten eingehandelt. Die Zeitschrift „Fine Arts in China" kam immer mehr unter Druck und der Sekretär des Parteikomitees, ein gewisser Zhao Lung, hatte mir öffentlich vorgeworfen, ein Kapitalist zu sein, und gedroht, mich meiner Lehrtätigkeit zu entheben, wenn ich meine künstlerischen Ansichten nicht revidierte. Verschiedene Kollegen hatten Shuo privat aufgesucht und gebeten, dass sie mich überreden solle, gemäßigter aufzutreten. Aber ich wollte mir nicht den Mund verbieten lassen, denn ich war von der Richtigkeit meines Weges überzeugt. Viele von den jüngeren Professoren und den Studenten bestärkten mich in dieser Haltung.

Endlich wurde die von der Kommunistischen Partei betriebene Kapitalistenhetze beendet und wir konnten wieder ruhiger schlafen. Die „Fine Arts in China" gab eine Liste der von ihr ausgewählten zehn wichtigsten Künstler der Avantgarde heraus und nahm mich als einzigen Bildhauer in diese illustre Runde auf. Als der Sekretär des Parteikomitees das las, reagierte er äußerst wütend, aber er konnte nicht direkt bei der Zeitschrift intervenieren, da sich, wie gesagt, der politische Wind gerade zu meinen Gunsten drehte.

Anfang des Jahres 1988 hatte ich als erster Künstler der „New

Wave Art“ eine Personale in der Chinesischen Nationalgalerie, in der die Arbeiten der letzten zwei Jahre gezeigt wurden. Organisiert wurde die Schau mit dem Titel „Traum“ von einem meiner Freunde. Wang sicherte sich als Kader des Chinesischen Verbandes für Bildende Kunst die Unterstützung des chinesischen Ausstellungsbüros, das über einen der Schauräume in der Nationalgalerie, wo normalerweise hochkarätige ausländische Kunst gezeigt wurde, verfügte. Dort sollte meine Ausstellung stattfinden. Deshalb erfuhr der Direktor der Galerie und mein besonderer Freund Liu Kaiqiu erst spät davon und stand vor einer schwierigen Entscheidung: Protestieren konnte er nicht, denn das hätte ihn als engstirnig entlarvt, aber umgekehrt wollte er nichts weniger als meine Kunst in seinen heiligen Hallen zu dulden. Letztlich stimmte er dann doch schweren Herzens zu und erschien sogar zu der Ausstellungseröffnung. Immerhin zählte er bereits achtzig Jahre und hatte einen großen Namen zu verteidigen, während ich noch keine dreißig war und auch noch nicht so etabliert war wie er. Ihm würde man es also eher ankreiden, wenn er sich als nachtragend erwies.

Die Ausstellung war letzten Endes äußerst erfolgreich. Ich zeigte gefärbte Holzskulpturen, die menschliche Körperteile und Organe als Grundformen benutzten und ironisch mit Traumbildern spielten. Ich bekam in allen wichtigen Zeitungen und Zeitschriften gute Kritiken. „China Daily“ veröffentlichte einen Artikel über mich und Lang Shaojun, der einflussreichste aller Kunstkritiker, schrieb für den „New Observer“ einen Artikel mit dem Titel „Wu Shaoxiang – der Bildhauer unserer Wendezeit“. Nach dem Massaker auf dem Platz des Himmlischen Friedens bekam er wegen dieses Artikels übrigens Schwierigkeiten mit der Partei, die ihm Schreibverbot erteilte.

Eines Tages besuchte die Frau des österreichischen Handelsdelegierten in Beijing, Dr. Alfred Mayer, meine Ausstellung. Ich plauderte ein wenig mit ihr und sie kaufte eine Skulptur. Kurze Zeit später kam sie mit einigen Freundinnen wieder und machte mir das Angebot, sie in Österreich zu besuchen. Sie schlug mir vor, bei einem Künstlerfreund zu wohnen, der an einem Kulturaustauschprogramm mit China interessiert sei. Ich hatte zwar nie davon geträumt, im Westen zu leben, aber neugierig war ich auf Europa und die westliche Gesellschaft durchaus. Als Angestellter der Kunstakademie benötigte ich allerdings zunächst die Zustimmung der Akademie. Ohne die Erlaubnis des Sekretärs des Parteikomitees, Zhao Lung, würde ich die Zustimmung von Rektorin Chang aber nicht bekommen, weshalb ich beschloss, zuvor mit Zhao Lung zu reden. Da er gerade an Sitzungen im Ministerium teilnahm und nicht an der Akademie anzutreffen war, suchte ich ihn privat auf. Seine Reaktion war frostig. Er ließ mich unverblümt wissen, dass jemand mit meinen künstlerischen Ideen nie seine Zustimmung erhalten würde. Ich versuchte ihn zunächst mit dem Argument zu überzeugen, dass jemand, dessen Arbeiten in der Nationalgalerie gezeigt wurden, wohl kaum das Ansehen der Akademie schädigen konnte, aber er schien mir gar nicht zuzuhören. Schließlich gab ich die Hoffnung auf, in absehbarer Zeit ins Ausland reisen zu können.

Bald jedoch sollte sich das Blatt wider Erwarten wenden: Der Generalsekretär der Kommunistischen Partei setzte durch, dass die Hochschulen künftig von den Rektoren und nicht mehr von Parteikadern geführt werden sollten, und mein Vorgesetzter nutzte die Gunst der Stunde, um die Rektorin zu überreden, mich während der Sommerferien auf eigene Kosten ins Ausland reisen zu lassen. Ich musste mir also nur noch einen Reisepass und ein Visum beschaffen.

Bei der Polizeidirektion in Beijing standen die Menschen vor dem Büro der Passbehörde stets Schlange. Viele kamen lange vor Sonnenaufgang hierher und es gab sogar manche, die sich vor dem Morgengrauen anstellten und ihren Platz dann um fünf Yuan verkauften. Oft wartete man auch vergebens, denn die Polizisten reagierten unfreundlich, weigerten sich, Fragen zu beantworten, oder gaben einem Dokumente zurück, weil die ausländische Marke auf der Einladung fehlte oder aus anderen nichtigen Gründen. Und wenn die Papiere schließlich angenommen wurden, hieß das noch lange nicht, dass man auch tatsächlich einen Reisepass bekam. Über die Hälfte der Leute wartete vergebens. Man erzählte sich, dass die Polizei mit solchen Methoden private Reisen ins Ausland unterbinden wollte.

Aber auch wenn man einen Reisepass erhielt, bedeutete dies noch nicht das Ende der Mühen, sondern die ganze Tortur fing von vorne an, denn auch für das Visum musste man oft mehrmals die zuständige ausländische Botschaft aufsuchen, weil die Einladungsbriefe nicht immer vollständig waren und die Botschaften die Vergabe von Visa an Chinesen streng kontrollierten. Da ich jedoch auf Frau Mayers Hilfe zählen konnte, erübrigte sich dies in meinem Fall und alles, was ich tun musste, war nur, mich rechtzeitig um den Reisepass zu kümmern.

Ich stand um sechs Uhr morgens vor der Polizeidirektion und zu meiner Verblüffung warteten hier bereits rund dreißig Leute. Als ich endlich an die Reihe kam, war es schon nach zehn Uhr. Ein junger, unfreundlicher Polizist fragte mich unwirsch, warum ich ins Ausland reisen wollte und woher ich die Leute, die mich eingeladen hatten, überhaupt kenne. Er schaute sich meine Einladung genau an und wollte auch das Kuvert sehen, um anhand der Briefmarken und des Stempels festzustellen, ob die Einladung eine Fälschung war. Da Frau Mayer den Brief in Beijing geschrieben hatte, konnte ich kein Kuvert vorweisen. Sie hatte aber den Brief durch einen Notar beglaubigen und von der österreichischen Botschaft nochmals bestätigen lassen, sodass ich nach einigem Hin und Her den Polizisten überzeugen konnte und er meine Dokumente entgegennahm.

Bis zu den Sommerferien blieb allerdings nicht mehr viel Zeit und ich befürchtete, dass ich den Reisepass nicht schnell genug bekommen würde. Also suchte ich einen Freund auf, dessen Vater die Politikabteilung der Polizeidirektion in Beijing leitete, und bat ihn um Hilfe. Einige Tage später konnte ich meinen Reisepass bereits abholen.

Anfang Juni flog ich nach Wien und reiste mit dem Zug nach Klagenfurt. Dort traf ich den Maler Bernd Svetnik, der ein Freund von Mayer und dessen Frau war. Ich wohnte eine Woche bei ihm und reiste dann weiter nach Baden bei Wien, wo ich an einem Bildhauer-Symposium teilnahm, das von Professor Matthias Hietz geleitet wurde. Ich arbeitete erstmals mit Stein und stellte in zwei Monaten harter Arbeit eine Skulptur für den Europapark in Klagenfurt her. Es war die erste moderne Skulptur, die ein chinesischer Künstler für einen westlichen Park schuf. Zur Eröffnung kam auch meine Frau Shuo nach Europa und wir reisten noch einen Monat lang durch Deutschland, die Schweiz, das ehemalige Jugoslawien und Österreich. Die meiste Zeit verbrachten wir natürlich in Kunstmuseen und Galerien.

Ende September 1988 kehrten wir, um tausend Erfahrungen, Eindrücke und Ideen reicher, nach Beijing zurück. Die Leute an der Akademie hatten nicht damit gerechnet, uns jemals wieder zu sehen, aber Shuo und ich interessierten uns im Grunde gar nicht für ein Leben in Europa, sondern wir wollten nichts lieber, als unseren Beitrag zur Entwicklung der modernen chinesischen Kunst zu leisten.

Enttäuschte Hoffnungen

Are you ready?!

Das Jahr 1989 war ein ungewöhnliches Jahr. Nach dem chinesischen Kalender regierte bis zum chinesischen Neujahrsfest Mitte Februar noch der Drache, danach folgte ein Schlangenjahr. Viele alte Chinesen prophezeiten, dass im Drachenjahr der Friede des Volkes bedroht sein würde. Wir Jungen glaubten nicht an die düsteren Vorhersagen. Aber wir erinnerten uns noch an das letzte Drachenjahr und sprachen hin und wieder davon. 1976 war Mao Tse-tung gestorben und es hatte ein großes Erdbeben und eine Sonnenfinsternis gegeben. Außerdem war die Viererbande verhaftet worden und die politische Situation hatte sich dadurch schlagartig verändert.

Das chinesische Neujahrsfest kam und es hatte sich trotz einiger böser Omen wie der starken Inflation, der zunehmenden Korruption unter den Beamten und der ständig wachsenden Unzufriedenheit des Volkes kaum etwas verändert. Deshalb meinten nun viele, dass sich die großen Umwälzungen im Jahr der Schlange, die auch „Kleiner Drache" genannt wird, ereignen würden. Dazu kam, dass die Jahreszahl zweimal die Neun enthielt, und die Neun ist in China nicht nur die höchste Zahl, sondern das Symbol kaiserlicher Macht. Die Leute erzählten sich etwa, in der Verbotenen Stadt gäbe es 999 Zimmer und die Stiegen dort zählten entweder neun oder neunzehn Stufen. Jahre mit einer Neun als letzter Ziffer waren häufig von Umwälzungen und Unruhen geprägt. 1919 brachen die großen Studentenrevolten aus, das Jahr 1939 war der Höhepunkt der japanischen Invasion, 1949 übernahmen die Kommunisten die Macht und gründeten die Volksrepublik China.

1959 führten die Kommunisten den „Großen Sprung nach vorn“ ein und verursachten dadurch eine schreckliche Hungersnot, die rund dreißig Millionen Opfer forderte. 1969 befand sich die Kulturrevolution auf ihrem Höhepunkt, 1979 übernahm Deng Xiaoping die Macht. Viele fragten sich daher ängstlich, was nun wohl das Jahr 1989 bringen würde. Buddhismus, Taoismus, Konfuzianismus und Christentum waren durch die Kommunisten völlig aus den Köpfen der Menschen getilgt worden. Das gesamte chinesische Volk bestand aus Atheisten, die allerdings auch dem Kommunismus nicht mehr vertrauten. Deshalb suchte man einen Ersatz und fand ihn in alten chinesischen Weisheiten. Feng Shui, Yin und Yang und die acht Diagramme, die lange Zeit als Aberglauben abgetan worden waren, wurden plötzlich wieder populär.
Überall suchte man nach Zeichen und sogar wir Intellektuelle waren nicht dagegen gefeit. Denn für mich begann das Jahr 1989 mit zwei großartigen Überraschungen. Eine von langer Hand geplante Ausstellung mit dem Titel „Chinas Avantgarde“ wurde endlich Wirklichkeit und eine österreichische Band, die ich eingeladen hatte, durfte tatsächlich eine Woche nach dem chinesischen Neujahrsfest in Beijing spielen. Das machte uns Hoffnung, dass die vorausgesagten Umwälzungen vielleicht zu weiteren politischen und wirtschaftlichen Reformen führen könnten. Wir hofften, dass Deng Xiaoping endlich von der Bühne verschwinden und Platz für Zhao Ziyang und dessen Reformkurs machen würde.
Die Ausstellung „Chinas Avantgarde“ wurde von meinen Freunden Gao Minglu und Alt Li organisiert und war die erste nationale Ausstellung moderner Kunst in China, eine Demonstration des Ideenreichtums und der Radikalität der „New Wave“-Bewegung. Schauplatz war die Chinesische Nationalgalerie und alle wichtigen jungen Kunstkritiker wirkten bei den Vorbereitungen mit. Vom Staat gab es für die Präsentation nicht einen einzigen Yuan, alle Kosten inklusive der Ausgaben für Kataloge, Plakate, den Transport, die Versicherung etc.

wurden von privaten Sponsoren, die „Fine Arts in China" gefunden hatte, oder durch die Künstler selbst aufgebracht.
Ich sollte mit drei Skulpturen an der Ausstellung teilnehmen, was ich gerne tat: Bei den Vorbereitungen hielt ich mich dagegen zurück, weil sowieso schon eine Menge Leute ein Mitspracherecht forderten, und konzentrierte mich stattdessen auf die Organisation der Konzerte einer österreichischen Band, der „Blues Breakers".
Ich hatte die Musiker im letzten Sommer während meines Österreich-Aufenthalts bei einem ihrer Konzerte in Klagenfurt kennen gelernt und war von ihrer leidenschaftlichen und gleichermaßen einfühlsamen Musik beeindruckt. Es war überhaupt das erste Mal gewesen, dass ich live Rockmusik hörte, und die wilden, ausgelassenen Rhythmen und die Stimmung, wenn die Zuhörer während des Konzertes mitsangen, tanzten, schrien und sogar Bier tranken, faszinierte mich. In China saß das Publikum während der seltenen Konzerte brav und regungslos da, lauschte diszipliniert und applaudierte am Ende eines Stückes höflich. Ich stellte mir vor, wie diese Musik den jungen Menschen ein neues Gefühl von Freiheit vermitteln würde.
Jedenfalls war ich von dem Konzert so hingerissen, dass ich hinterher den Sänger Dieter Themel und den Gitarristen Ossi Huber fragte, ob sie nicht auch ein Konzert in Beijing geben würden. Beide waren von dem Gedanken spontan begeistert und wollten nicht einmal Honorar oder Reisespesen verlangen. Aber als ich mich mit den Worten „Wir sehen uns in Beijing wieder" verabschiedete, konnten sie eine gewisse Skepsis in ihrem Blick nicht verbergen. Das bestärkte mich noch mehr in meiner Absicht. Schließlich wollte auch mein Künstlerfreund Bernd Svetnik gerne in China ausstellen, weshalb ich beschloss, die beiden Projekte einfach zu kombinieren.
Zurück in China machte ich mich gleich an die Arbeit. Die Organisation stellte sich als recht schwierig heraus, denn die meisten der zuständigen Personen verbanden Rockmusik mit Hippies, Drogen und Kapitalismus. Durch ausländische Filme

hatten wir hin und wieder einen Eindruck von der westlichen Musik bekommen und später schmuggelten Auslandsreisende heimlich Videos und Kassetten ins Land. Aber erst ab 1988 berichteten Zeitschriften hin und wieder darüber und bildeten auch Fotos von Rockstars ab. Ende 1988 gab „Wham“ als erste westliche Rockband ein Konzert in Beijing. Den Jugendlichen gefiel die Musik, aber sie saßen wie angewurzelt da und applaudierten nur am Ende eines jeden Liedes. Ähnlich erging es auch der deutschen Band „BAP“, die kurz darauf ebenfalls ein Konzert gab.

Für einen Auftritt in China brauchte man als ausländische Gruppe eine Genehmigung des Kulturministeriums. Normalerweise wurden nur solche Bands eingeladen, die in ihrer Heimat berühmt oder deren Heimatländer mit China befreundet waren, meistens etwa Philharmonische Orchester oder Volksmusikgruppen, die oft ihr Staatsoberhaupt bei einem offiziellen Besuch begleiteten. Die „Blues Breakers“ gehörten allerdings nicht zum offiziellen Kulturaustauschprogramm zwischen China und Österreich und man hatte natürlich nicht das geringste Interesse, diese gefährliche Rockmusik, die vielleicht subversive Elemente nach China schleusen würde, ganz offiziell ins Land zu holen. Mein Antrag wurde also abgelehnt. Allerdings gab man mir im Kulturministerium den Rat, mit dem neu gegründeten „Internationalen Kulturaustauschzentrum“ noch einmal über einen Auftritt zu verhandeln. Diese halb öffentliche Einrichtung hatte die Rückendeckung des Sicherheitsministeriums und war gerade dabei, Kontakte zu ausländischen Musik- und Theatergruppen aufzubauen. Man empfahl mir, nicht als Privatperson aufzutreten, sondern im Namen einer nicht staatlichen Firma zu verhandeln. Ich wandte mich also an die Firma „Fang Xing“, mit der ich schon zusammengearbeitet hatte, und überzeugte deren Chef Jiang davon, mich zu unterstützen.

Gemeinsam mit ihm suchte ich das Kulturaustauschzentrum auf, das sich in einem kleinen Hotel unweit der Akademie eingemietet hatte. Überraschenderweise stimmte man dort sofort zu, als Hauptorganisator der Tournee aufzutreten. Dass es sich bei den „Blues Breakers“ um eine Rockband handelte, war völlig egal, man war nur daran interessiert, sich innerhalb kürzester Zeit einen Namen in der Kulturszene zu machen. Uns konnte das nur recht sein. Das Kulturaustauschzentrum übernahm alle Behördenwege und im Gegenzug musste sich die Firma „Fang Xiang“ verpflichten, die Kosten für die Tournee zu tragen sowie dem Kulturaustauschzentrum ein Honorar von 20.000 Yuan für seine Leistungen zu bezahlen. Der Gewinn aus der Veranstaltung hatte dann an „Fang Xiang“ zu gehen. Ich sagte zu, mich um die PR zu kümmern und Pressekonferenzen zu organisieren. Mein Ruf als Künstler half mir dabei sehr, denn die meisten Journalisten vertrauten meinem Geschmack und sagten ihr Kommen bereitwillig zu.

Als Termin für das Konzert fassten wir die Woche nach dem chinesischen Neujahr ins Auge. Zu dieser Zeit waren noch Ferien und wir wussten, dass den Studenten und Schülern eine Abwechslung höchst gelegen kam. Das Kulturaustauschzentrum reichte das Ansuchen beim Kulturministerium ein. Normalerweise wurden die Projekte der Einheit kaum kontrolliert, weil sie ja dem Sicherheitsministerium unterstand. Doch dieses Mal erhielten wir überraschenderweise nicht sofort eine Antwort, sondern erfuhren stattdessen über den für die Tournee zuständigen Beamten, dass wir Konkurrenz bekommen hatten: Die Shanghaier Fernsehstation beabsichtigte, Michael Jackson zu einem Konzert einzuladen, und zwei Rockkonzerte zur gleichen Zeit in China wollte das Kulturministerium keinesfalls genehmigen. Daher musste der zuständige Minister nun zwischen Michael Jackson und den „Blues Breakers“ wählen. Jackson mochte im Westen ein Star sein, in China hatte man noch nie von ihm gehört. Sein Agent schien das nicht wahrhaben zu wollen, denn er forderte eine weltweite Satellitenübertragung des Konzerts, etwas, das erst einmal vorgekommen war, nämlich beim Besuch des amerikanischen Präsidenten Nixon. Da Sängern in China ein ähnlicher gesellschaftlicher Status zukam wie Frisören, Metzgern und Polizisten, erachtete man die Forderungen von Michael Jackson als übertrieben und wir konnten das Sicherheitsministerium für uns gewinnen. Außerdem hatte Österreich einen guten Ruf als Musikland. Mozart und Johann Strauß waren – außer während der Kulturrevolution – immer gespielt worden und galten als Zeichen von Eleganz und gutem Geschmack.

Die meisten Beamten verstanden nichts von Musik und es genügte, dass die „Blues Breakers" Österreicher waren, um sie von der musikalischen Qualität der Gruppe zu überzeugen. So entschieden sie sich gegen Michael Jackson und für die „Blues Breakers".

Dr. Mayer konnte es kaum glauben, als er davon hörte. Er war mir sehr behilflich bei der Organisation gewesen, hatte dem Projekt aber keine Chance mehr gegeben, nachdem er erfahren hatte, dass wir einen Michael Jackson als Konkurrenten hatten. Auch die „Blues Breakers", denen er die ministerielle Entscheidung sofort per Fax mitteilte, hielten die Einladung zunächst für einen schlechten Scherz und ich konnte sie nur durch einen persönlichen Anruf überzeugen.

Die Beijinger Konzerte wurden für den 7. und 8. Februar festgesetzt. Wir entschieden uns für das Arbeiterstadion als Veranstaltungsort, denn dort fanden 18.000 Leute Platz und außerdem war mein Schwiegervater Jiang Dacia jener Kader, der für die Stadionpropaganda zuständig war. Um uns die Organisation zu erleichtern, luden wir weitere Einheiten zur Mitarbeit ein, darunter auch die Bezirksverwaltung von Chaoyang, wo das Stadion lag. Sie war für den Feuerschutz und die Sicherheitsmaßnahmen zuständig und wir wollten die Schwierigkeiten auch in diesem Bereich möglichst verringern. Über das Kulturaustauschzentrum bekamen wir einen Tonverstärker und die beste Beleuchtung, die in Beijing aufzutreiben war.

Zwei Wochen vor dem Konzert lud ich dann zur ersten Pressekonferenz. Journalisten aller großen Zeitungen kamen in mein Atelier und nach der Präsentation eines Videoclips der „Blues

Breakers" waren sie einhellig begeistert. Am nächsten Tag erschienen nicht nur Berichte in allen wichtigen Printmedien, sondern auch das Beijinger Fernsehen berichtete von der Pressekonferenz und brachte einen Ausschnitt aus dem Videoclip, in dem zwei hübsche, spärlich bekleidete Frauen auftraten. Das entsprach dem Bild, das Chinesen von der westlichen Rockmusik hatten: immer ein bisschen obszön. Nachdem auch der Bürgermeister von Beijing den Beitrag gesehen hatte, erkundigte er sich bei einem Beamten der Bezirksverwaltung von Chaoyang, ob die Blondinen ebenfalls nach China kämen, denn unter diesen Umständen würde er an der Begrüßungsfeier und am Konzert teilnehmen. Als wir dann jedoch die Liste der Begleitpersonen bekamen, war die Enttäuschung groß: Die beiden Frauen waren nicht dabei! Und wir hatten uns alle schon so darauf gefreut, sie auf der Bühne zu sehen.

Unsere Propagandamaschine lief unterdessen wie geschmiert weiter. Weder „Wham" noch „BAP" hatten ähnlich viel Werbung vor ihren Konzerten gehabt. Die ausländischen Diplomaten beobachteten überrascht, wie eine österreichische Band ein solches Medienspektakel auslösen konnte. Der Kartenvorverkauf begann zehn Tage vor dem Konzert und nach dem ersten Veranstaltungstermin war auch das zweite Konzert so gut wie ausverkauft. Zahlreiche Tickets mussten wir außerdem mehr oder weniger unfreiwillig verschenken. Tausend Karten pro Konzert forderte die Polizei, denn um Unruhen sofort unterbinden zu können, sollten die Sicherheitsbeamten im ganzen Stadion verteilt werden. Weitere tausend stellte die Firma „Fang-Xing" den Organisatoren zur Verfügung und zweitausend Karten blieben für hohe Kader und ausländische Gäste reserviert.

Als ich die „Blues Breakers" am 3. Februar vom Flughafen abholte, warteten bereits zwei Fernsehteams, um die Musiker zu filmen. Der Bericht erschien wenig später in den Abendnachrichten. Eine solche Ehre war bis dahin nur ausländischen Staatsgästen oder internationalen Stars wie Luciano Pavarotti zuteil geworden. Vom ersten Tag an begleitete ein Fernsehteam die Band auf Schritt und Tritt. Durch die Berichte wurden auch ausländische Sender auf das Konzert aufmerksam. Die BBC, die amerikanische Nachrichtenagentur UPI und das ZDF entschlossen sich, die „Blues Breakers" zu interviewen. Ein Moderator von Ö3 war privat mit den „Blues Breakers" nach Beijing gereist. Ein halbes Jahr später zeigte dann auch das österreichische Fernsehen, das von der österreichischen Gesandten in Beijing, Dr. Jutta Stefan-Bastl, informiert worden war, noch einen kurzen, aus ZDF- und CCTV-Material zusammengeschnittenen Dokumentarfilm über den Auftritt. Zu diesem Zeitpunkt waren jedoch viele Leute, die das Konzert gehört hatten, bereits dem Massaker auf dem Platz des Himmlischen Friedens zum Opfer gefallen, darunter auch manche, die während der Demonstrationen in Erinnerung an den Sänger Dieter Themel immer wieder „Are you ready?!" in die Massen gerufen hatten.

*

Am Abend des 4. Februar sah ich in den Abendnachrichten von CCTV einen kurzen Bericht über die Ausstellung „Chinas Avantgarde" und mich packte sofort das schlechte Gewissen. Ich war so mit den „Blues Breakers" beschäftigt gewesen, dass ich mich kaum an den Vorbereitungen für die Schau beteiligt hatte. Ich hatte es Freunden überlassen, sich um meine Skulpturen zu kümmern, sie aufzustellen und gut zu präsentieren. Am selben Tag bat mich ein Absolvent der Akademie, ihm dabei zu helfen, ein Aktionskunstwerk vorzuführen. Die Organisatoren hatten ursprünglich einem Antrag der Nationalen Kunstgalerie und der Polizei zugestimmt, keine Aktionskunst zuzulassen, denn die Nationale Kunstgalerie war der Ansicht, es handle sich dabei nicht um Kunst, und die Polizei wiederum wollte unbedingt jede Aufregung vermeiden. Die Aktionskünstler ihrerseits wollten sich dieses Verbot nicht gefallen lassen. Andererseits konnte man sich mit einer Verhaftung bei

einer so groß angelegten Ausstellung, die im Zentrum des Medieninteresses lag, schnell einen Namen machen. Zhang wusste das alles und bat mich daher, bei den Ausstellungsorganisatoren ein gutes Wort für ihn einzulegen. Er wollte sich nach dem Vorbild des deutschen Aktionskünstlers Beuys bei der Eröffnung die Füße waschen. Ich sagte ihm, dass auch ein anderer junger Künstler etwas Ähnliches vorhätte – und bald erzählte er mir von seiner neuen Idee: Er wollte mitten in der Ausstellungshalle Hühnereier ausbrüten. Ich fand die Idee witzig, außerdem musste man nur einige Hühnereier in den Schauraum schmuggeln.
Der 5. Februar war ein warmer, windstiller Wintertag. Als ich um neun Uhr in die Nationalgalerie kam, warteten schon viele Leute auf die Ausstellungseröffnung. Ich zeigte meinen Organisatorenausweis und wurde sofort eingelassen. Das Komitee hatte mich an diesem Tag als Aufseher im ersten Stock eingeteilt, weshalb Zhang auch dort seine Aktion plante. Als ich eintraf, erwartete er mich bereits mit einer großen grünen Segeltuchtasche auf dem Rücken. Lachend winkte er mir zu. Plötzlich tauchten einige Leute auf, die vollkommen weiß gekleidet waren und spitze Hüte, ähnlich wie die Kapuzen des Ku-Klux-Klans, trugen. Im Gänsemarsch schritten sie einher, jeder eine brennende Kerze in der Hand. Sofort erschienen Sicherheitsbeamte, rissen ihnen die Hüte vom Kopf und führten sie ab. Zhang war angesichts der Polizisten bleich geworden, aber er wollte sein Vorhaben trotz dieses Zwischenfalls unbedingt realisieren und wir gingen gemeinsam in den ersten Stock. Unterwegs trafen wir zwei Fotografen, einer von „Beijing Daily“, der andere von „China News Service“, die ich sogleich einlud mitzukommen. Unten angekommen, steuerten wir auf eine Ecke des Raumes zu und ich stellte mich vor Zhang hin, damit dieser, auf solche Weise von neugierigen Blicken abgeschirmt, seine Vorbereitungen treffen konnte. Er holte auch gleich ein großes Stück Papier mit einem Loch in der Mitte hervor und stülpte es sich über den Kopf. Auf seiner

Brust stand jetzt zu lesen: „Eierbrützeit. Keine Zeit für Diskussionen, damit die neue Generation nicht gestört wird." Danach holte er zehn Eier aus seiner Tasche und legte sie vorsichtig um sich herum auf den Boden. Ich riet ihm, den Kopf fast ganz im Papierumhang verschwinden zu lassen, damit man nur mehr seine Stoffmütze sah. Schon nach kurzer Zeit war er von Schaulustigen umringt und die beiden Fotografen nahmen ihn aus jedem nur erdenklichen Blickwinkel auf. Nach rund fünf Minuten kamen einige Sicherheitsbeamte mit einem der Ausstellungsorganisatoren und zerrten Zhang hoch. Er wirkte nicht verärgert oder irritiert, sondern im Gegenteil: Seine kleine Aktion war für ihn ein voller Erfolg gewesen. Das bewiesen auch die Fotos und Geschichten, die am nächsten Tag über ihn erschienen.

Nachdem Zhang verhaftet worden war, setzte auch ich mich eine Zeit lang ab, denn ich musste im Arbeiterstadion die Vorbereitungen für das Konzert kontrollieren. Nach dem Mittagessen machte ich mich aber wieder zur Nationalgalerie auf und sah schon von weitem, dass das Eisentor geschlossen war. Davor stand eine kleine Menschengruppe. Als ich zwei Bekannte fragte, was geschehen sei, erfuhr ich, dass zwei Künstler aus Zhejiang während der Ausstellung mit Waffen auf ihre eigenen Kunstwerke geschossen hatten, worauf die Räume von der Polizei sofort geschlossen worden waren. Ich war beeindruckt, dass es Menschen gab, die so viel Mut aufbrachten, aber ich machte mir natürlich auch Sorgen um sie. Wie sich herausstellte, unnötigerweise, denn beide Künstler hatten einflussreiche Väter und sich zudem nach dem Abfeuern der Waffen selbst gestellt. Nach drei Tagen wurden sie wieder freigelassen.

*

Am Abend des 7. Februar erstrahlte das Arbeiterstadion schließlich in hellstem Licht. Am späten Nachmittag war in der Galerie an der Südseite des Stadions die Ausstellung des österreichischen Malers Bernd Svetnik eröffnet worden. Da die

Ausstellung ebenso wie das „Blues Breakers"-Konzert im Rahmen eines Kulturaustauschprojekts stattfand, war auch der österreichische Botschafter Dr. Paul Ullmann anwesend. Er zeigte sich sehr erfreut darüber, dass erstmals ein zeitgenössischer Künstler in China eine Personale hatte, und hielt eine mitreißende Rede. Er zitierte sogar einige Sätze aus einem berühmten chinesischen Gedicht, was den jungen Übersetzer vor nicht unbeträchtliche Schwierigkeiten stellte, aber andererseits auch nach der ziemlich eintönigen Rede eines chinesischen Ministers ein bisschen Abwechslung in das Zeremoniell der Ausstellungseröffnung brachte.

Am Ende wurden dann die Absperrungen entfernt und die normalen Besucher konnten die Galerie betreten. Svetnik hatte rund dreißig Bilder mitgebracht, darunter manche abstrakte Landschaftsbilder, die an chinesische Tuschemalereien erinnerten. Ein Maler aus Beijing holte seine Mappe hervor und begann, eines der Werke zu kopieren, was entsprechend der Tradition der chinesischen Tuschemalerei als großes Kompliment galt, die Österreicher aber in Aufregung versetzte, weil hier jemand ihrer Meinung nach ganz offen ein Kunstwerk kopierte. Ich versuchte ihnen zu erklären, was das zu bedeuten hatte, fand aber nicht die richtigen Worte. Außerdem läutete kurz darauf die Glocke, um den Beginn des Konzerts anzukündigen, und ich musste die Galerie eilends verlassen.

Im Stadion herrschte bereits hektisches Getriebe. Jeder wollte rechtzeitig seinen Platz erreichen. In der Mitte war die Bühne aufgebaut worden, auf deren Boden wir die österreichische Landkarte in den Farben Rot-Weiß-Rot gemalt hatten. Von der Kuppel des Stadions hingen riesige Buchstaben herunter, die den Namen der Band, „Blues Breakers", bildeten. Beiderseits der Bühne waren dutzende großer Bühnenscheinwerfer angebracht und auf der Bühne standen drei Mikrofone und einige Verstärker.

Nach ein paar Minuten erloschen auch schon die Lichter und ein Scheinwerfer tauchte die Bühne in blaues Licht. In der

Mitte stand ein Mann in einer schwarzen Lederjacke, die Baseballkappe verkehrt herum auf dem Kopf. Mit tiefer Stimme rief er in das Publikum: „Hallo Beijing! Ni Hao Beijing!" und die Massen klatschten. Dieter Themel hatte das Publikum sofort im Griff und fuhr auf Englisch fort: „Thank you, people of Beijing, we love you!" Wieder lautes Klatschen, aber immer noch zeigten sich die Besucher vergleichsweise zurückhaltend. Während der ersten Nummern lauschten sie ruhig, wie man es von klassischen Konzerten gewohnt war, und applaudierten nur am Schluss. Dieter Themel gab mittlerweile auf der Bühne sein Letztes, der Gitarrist vollführte akrobatische Kunststücke mit seinem Instrument und der Schlagzeuger legte ein fulminantes Solo hin. Und langsam sprang der Funke auf das Publikum über. Die Leute klatschten jetzt auch während der Nummern und die populäre CCTV-Moderatorin Wie Hua, die durch das Konzert führte, versuchte vergeblich, sie an die Regeln chinesischer Konzertveranstaltungen zu erinnern. Ihre Beschwichtigungsreden wurden von Beifallsschreien übertönt. Einige Mutige standen auf, um mitzutanzen, und wurden sofort von der Polizei aus dem Stadion entfernt. Eine Gruppe ausländischer Studenten ging in den Korridor zwischen den Stuhlreihen und rockte dort ab. Wir sahen es von der Westecke der Tribüne aus, wo Shuo und ich gemeinsam mit Bernd Svetnik und seiner Frau sowie Dr. Mayer und einigen anderen österreichischen Diplomaten saßen. Als wir die Jugendlichen auf den Gängen sahen, standen wir ebenfalls auf und begannen zu tanzen. Das überraschte die Leute vom Sicherheitsdienst, die sich nichts gegen uns zu unternehmen getrauten. Nun erhoben sich immer mehr Zuhörer von ihren Plätzen und bald schien es keinen mehr auf seinem Sitzplatz zu halten. Die Polizei entschied sich dafür, die Leute einfach in Ruhe zu lassen, und so ging das erste Konzert in der chinesischen Geschichte, in dem das Publikum sich zur Musik bewegen durfte, unter Tanzen und Klatschen über die Bühne. So viel Begeisterung feuerte natürlich auch die Musiker an, einige entledigten sich ihrer T-Shirts und warfen sie in die Menge. Dieter Themel forderte die Zuhörer zum Mitsingen auf. Zuerst ließen sich nur da und dort einige zaghafte Stimmen vernehmen, aber nach zwei, drei Versuchen verloren die Menschen ihre Scheu. Als Dieter später laut in die Menge schrie: „Are you ready?!" und sein Mikrofon erwartungsvoll ins Stadion hielt, kam es aus tausenden Kehlen zurück: „Yes!" Zu unserer Überraschung tauten mit der Zeit auch einige der hohen Kader auf, die auf den Vorzugsplätzen rund um die Bühne saßen und uns anfangs noch wütende Blicke zugeworfen hatten. Unter ihnen war auch der Bürgermeister von Shanghai, Zhu Rongji, der acht Jahre später chinesischer Premierminister werden sollte. Er hatte dienstlich in Beijing zu tun gehabt und wollte sich bei dieser Gelegenheit mit eigenen Augen überzeugen, welche Band es war, die man Michael Jackson vorgezogen hatte.

Das Konzert dauerte zwei Stunden, aber die Zuschauer waren so hingerissen, dass sie einfach nicht nach Hause gehen wollten. Sie schrien immer wieder „Zugabe! Zugabe!" Die völlig verschwitzten Musiker spielten drei weitere Nummern. Um sich zu bedanken, falteten einige Zuschauer auf der Osttribüne aus den Programmzetteln Papierflieger und warfen sie in Richtung Bühne. Sofort machten es ihnen die restlichen Besucher nach und von allen Seiten schwebten nun weiße Papierflieger wie Sterne am Nachthimmel herum. Der Anblick war so berührend, dass mir die Tränen kamen.

Auch das zweite Konzert der „Blues Breakers" war ähnlich erfolgreich, denn nicht nur die Mundpropaganda, sondern auch die guten Kritiken in den Zeitungen sorgten für ein ausverkauftes Stadion. Die Karten wurden auf dem Schwarzmarkt um rund vierzig Yuan gehandelt, was dem ganzen Monatslohn eines jungen Arbeiters entsprach. Nach Beijing gaben die „Blues Breakers" noch jeweils zwei Konzerte in Tianjin und in Guilin. Danach verabschiedete ich mich von ihnen und begleitete Bernd Svetnik und seine Frau nach Hainan, wo sie noch ein wenig Urlaub machen wollten.

Der Platz des Himmlischen Friedens

Am 15. April erfuhren wir, dass Hu Yaobang während einer Sitzung im Politbüro gestorben war. Er war Generalsekretär des Zentralkomitees gewesen und die Nachricht seines Todes löste recht zwiespältige Gefühle bei mir aus. 1984 wollte er sich bei einem Japanbesuch beliebt machen, indem er dreitausend japanische Jugendliche nach China einlud. Dafür hatte er eigene Hotels bauen lassen und viele Einheiten mussten sich an den Vorbereitungsarbeiten beteiligen. Er wollte unbedingt beweisen, dass China ein Freund Japans war. Die Aktion verschlang Unsummen und das zu einer Zeit, als in ärmeren chinesischen Gegenden manche Bauern nicht einmal genug Geld für eine Hose hatten. Daher war uns diese pompöse Einladung zutiefst zuwider gewesen. Aber Anfang des Jahres 1987 wurde er in einer unrühmlichen Aktion von einigen alten Parteigranden des Amtes enthoben, weil er mit der Studentenbewegung sympathisierte und nicht streng genug gegen die „kapitalistischen Feinde“ vorging, die für Unruhe in Studentenkreisen sorgten.

Jetzt dachten alle an seine tolerante Haltung den Intellektuellen gegenüber, an seine Forderung nach wirtschaftlicher Öffnung, an seine Wiedergutmachungsbestrebungen für die Opfer des Kommunismus und daran, dass er einer der offensten und am wenigsten korrupten Politiker Chinas gewesen war. Man trauerte aufrichtig um ihn, auch wenn man manche Schattenseiten seiner Regierungszeit nicht vergessen hatte. Was unsere Sympathien für ihn noch steigerte, war die Tatsache, dass er nie rehabilitiert worden war und dass sich jene, die falsche Anschuldigungen gegen ihn erhoben hatten, noch immer in mächtigen Positionen befanden, ähnlich, wie es eine chinesische Redensart ausdrückte: „Diejenigen, die sterben sollten, leben weiter, während diejenigen, die am Leben bleiben sollten, sterben müssen.“

Jedenfalls sprach jeder in der Akademie plötzlich von Hu Yaobang. Die Chinesen hatten schon immer ihre Unzufriedenheit mit den Machthabern ausgedrückt, indem sie bei Trauerfeiern der Verdienste der Toten gedachten. Und mit Deng Xiaoping waren mittlerweile die meisten Leute unzufrieden. Anfangs hatte eine Mehrheit seinen Reformkurs gutgeheißen, aber viele Maßnahmen waren einfach zu willkürlich gewesen. Das Einkommen der Bauern war gesunken und die Arbeiter in den staatlichen Firmen bangten um ihre Löhne, weil durch Managementfehler und korrupte Beamte viele Betriebe an den Rand des Ruins getrieben worden waren. Auch die Intellektuellen waren enttäuscht, denn entgegen den Versprechungen, Wissenschaft und Kunst zu fördern, hatten sich ihr Lebensstandard und ihre gesellschaftliche Position weiter verschlechtert. An den Universitäten machte bereits ein geflügeltes Wort die Runde: „Die Ärmsten sind die Professoren und die Dümmsten die Doktoren." Auch die Redefreiheit war in der letzten Zeit zunehmend eingeschränkt worden, während andererseits die früher so gepriesenen Vorteile des Sozialstaates wie freie medizinische Versorgung und das Pensionssystem langsam unterhöhlt wurden. Manche Kader benutzten die Gelder, die für die medizinische Versorgung der Arbeiter vorgesehen waren, dazu, um sich luxuriöse Autos zu kaufen. Die Folge war, dass immer öfter Arbeiter von den Krankenhäusern abgewiesen wurden. Die Nutznießer des Systems waren Kinder und Verwandte der Machthaber, denen das chinesische Doppelpreissystem zugute kam. Sie kauften von der Regierung zu festen Niedrigpreisen, wofür man eine eigene Genehmigung brauchte, und verkauften die Waren dann zu wesentlich höheren Preisen auf dem freien Markt. Diese neue Schicht von Reichen fuhr in dicken ausländischen Limousinen herum und genoss all den Luxus, von dem wir anderen nicht einmal träumen konnten. Die Korruption blühte, dabei hatte man gehofft, dass Deng Xiaoping gerade dieses Problem unter Kontrolle bringen würde. Genau deshalb war der Ministerpräsident auch in der Gunst der Chinesen gesunken und nun steigerte sich dieser Volkszorn durch den Tod von Hu Yaobang spontan, war Letzterer doch der

wichtigste Wegbegleiter von Deng Xiaoping gewesen und von ihm dann schmählich fallen gelassen worden.
Die Studenten der Universitäten organisierten sich blitzschnell, um bei den Trauerfeiern ihre Unzufriedenheit auszudrücken, denn zum Ärger über die misslungenen Reformen kam bei den meisten auch die persönliche Enttäuschung. Als ich mit dem Studium begonnen hatte, waren Studenten hoch angesehene Mitglieder der Gesellschaft gewesen, aber mittlerweile wurden sie von den Neureichen eher misstrauisch und geringschätzig behandelt. Außerdem hatte die Inflation die Lebenshaltungskosten in die Höhe getrieben und die Zukunftsaussichten waren angesichts der vielen wirtschaftlichen Probleme alles andere denn rosig.
Als Erste traten die Studenten der „Beijinger Universität" im Westen der Stadt in Aktion. Diese wurde als „Gedankenwiege" bezeichnet, weil an ihr viele berühmte Professoren lehrten. In den letzten Jahren hatten die Studenten immer öfter zu spüren bekommen, dass ihre roten Schulabzeichen den Menschen keinen Respekt mehr einflößten. Nun beschlossen sie, nach dem Vorbild der westlichen Studenten auf die Straßen zu gehen und dort ihren Unmut kundzutun.
An meiner Akademie war die Unzufriedenheit noch nicht so groß. Aufgrund der wirtschaftlichen Entwicklung waren die Fächer Grafik und Design gefragt und die Studenten konnten sich mit kleinen Aufträgen etwas dazuverdienen. Nur die Kunstgeschichtestudenten hatten das Gefühl, durch die Reformen an Status verloren zu haben. Einige von ihnen kamen auch mit ihrem Lehrer Hang Jian in mein Atelier, um mit mir über den Tod von Hu Yaobang zu sprechen. Dabei berichtete einer von ihnen, Klein Liu, dass die Studenten der „Beijinger Universität" für den 17. April einen Marsch zum Platz des Himmlischen Friedens planten, um dort einen Trauerkranz für Hu Yaobang niederzulegen. Wir nahmen die Nachricht begeistert auf und beschlossen spontan, uns anzuschließen.
Am besagten Tag fuhr ich mit Hang Jian mit dem Fahrrad zum

Platz des Himmlischen Friedens. Gegen vierzehn Uhr kamen wir an. Der Platz wirkte wie ausgestorben, nur beim Denkmal für die Volkshelden standen einige Leute. Eine Windböe wehte uns Staub in die Augen und ließ uns vor Kälte erschaudern. Wir gingen auf die Menschengruppe zu und erkannten einige Journalisten, darunter auch Liu Li, die für die „China Youth Daily" arbeitete. Ich fragte sie, ob sie auf die Studenten der „Beijinger Universität" wartete, und sie antwortete: „Ja, sie haben angekündigt zu kommen. Aber wir wissen nicht, ob sie die Universität tatsächlich verlassen haben." Wir plauderten, bis ein hochgewachsener Journalist laut verkündete: „Die Studenten sind noch immer nicht unterwegs und es ist fraglich, ob die Polizei zulässt, dass sie den Feierabendverkehr blockieren." Die Journalisten beschlossen, nicht länger zu warten. Da trat Liu Li zu mir und flüsterte mir ins Ohr: „Gehen wir doch zur Familientrauerhalle, die Hu Yaobangs Familie errichtet hat. Viele Anhänger von ihm sind dort, um Abschied zu nehmen." Aber die meisten dieser Anhänger waren Kader des Kommunistischen Jugendverbandes, den Hu Yaobang einst geleitet hatte, und ich wollte mich keinesfalls instrumentalisieren lassen. Der Jugendverband mag offener gewesen sein als andere kommunistische Einheiten, aber er war trotzdem Teil des Systems. Deshalb verabschiedete ich mich von Liu Li und fuhr zurück zur Akademie.

Am nächsten Morgen sprach man überall darüber, dass mehr als tausend Studenten in der Nacht zum Platz des Himmlischen Friedens marschiert waren und dort bei einer Versammlung die Regierungsmitglieder, die Parteimitglieder und deren Verwandte aufgefordert hatten, ihre Einkommen offen zu legen. Schließlich würden sie sich regelmäßig als „Diener des Volkes" bezeichnen, weshalb die Studenten das Recht hätten zu wissen, wie viel diese Diener dem chinesischen Volk kosteten. Bei einer Offenlegung würde schließlich klar werden, dass die meisten ihren Lebensstandard mittels Korruption finanzierten, denn ein Bürgermeister mit einem Einkommen von 150 Yuan hätte sich eigentlich weder eine Villa noch ein Luxusauto leisten können. Die Studenten forderten ferner die Einhaltung von verfassungsmäßig garantierten Rechten wie Presse- und Redefreiheit. Diese Punkte waren dem normalen Volk relativ egal, aber die Forderung nach Veröffentlichung der Löhne traf den Nerv der gesamten Nation.

Am nächsten Abend demonstrierte wieder eine große Menge, diesmal vor dem Xinhua-Tor, dem Haupteingang von Zhungnanhai, früher Teil der Verbotenen Stadt und jetzt Arbeits- und Wohnort der wichtigsten kommunistischen Führungskräfte. Schließlich setzten sich die Demonstranten vor das Tor, um auf eine Reaktion der Regierung zu warten. Am nächsten Tag erfuhren wir, dass Soldaten auf sie eingeprügelt hatten und einige Studenten schwer verletzt worden waren. Außerdem hatten die Soldaten Mädchen sexuell belästigt. Der Zwischenfall wurde bald überall unter der Bezeichnung „blutige Ereignisse vom 20. April" geläufig und nicht wenige Professoren fingen an, sich Sorgen zu machen, dass die Sicherheitskräfte noch rigoroser durchgreifen könnten. Die Studenten dachten aber gar nicht daran sich zurückzuziehen. Im Gegenteil, alle Hochschulen beschlossen, gemeinsam zu marschieren und den Unterricht zu boykottieren.

Am Abend des 21. April erfuhren wir, dass die Studenten für den nächsten Morgen eine große Demonstration auf dem Platz des Himmlischen Friedens planten. Sie wollten die offiziellen Trauerfeiern für Hu Yaobang in der Volkskongresshalle neben dem Platz nutzen, um den Spitzenpolitikern eine Bittschrift zu überreichen. Ich beschloss, ebenfalls hinzugehen, und brach am nächsten Tag schon um sechs Uhr morgens auf. Mein kleiner Bruder Youxiang, der an der Sprachhochschule studierte, begleitete mich.

Am Haupteingang der Akademie trafen wir zwei Studenten, die sich uns anschlossen. Wir radelten die Changan-Straße entlang und sahen eine blutrote Sonne aufgehen, wie wir sie von den Propagandabildern Mao Tse-tungs kannten. Bald beschlich uns das Gefühl, dass irgendetwas nicht in Ordnung war. Es begegneten uns viel weniger Busse und Radfahrer als gewöhnlich. Je näher wir dem Platz des Himmlischen Friedens kamen, desto verlassener wirkten die Straßen. Als wir die Wangfujin-Straße erreichten, sahen wir, dass Polizisten die Changan-Straße vor dem „Beijing-Hotel" gesperrt hatten. Dahinter befand sich eine dichte Reihe Soldaten. Ich fragte einen der Polizisten, was los sei, und er erwiderte: „Heute Vormittag ist über den Platz des Himmlischen Friedens der Ausnahmezustand verhängt worden." Hinter mir beklagte sich ein Mann darüber, dass er jetzt seinen Arbeitsplatz zu spät erreichen würde, weil niemand diese Sperre angekündigt hatte.

Zu viert diskutierten wir nun an einer Straßenecke, wie wir doch noch auf den Platz des Himmlischen Friedens gelangen könnten. Dabei beobachtete uns ein Straßenverkäufer, der uns ansprach: „Wollt ihr zum Platz des Himmlischen Friedens? Ich weiß, wie ihr am besten hinkommt." Er riet uns, durch den Haupteingang der Verbotenen Stadt und dann durch den Zhungshan-Park zu gehen. So würden wir direkt auf den Platz kommen. Wir folgten seinen Anweisungen und gelangten bis zum nördlichen Tor des Parks. Dieses war allerdings versperrt und auf einem Anschlag stand: „Auf Anweisung der Behörden heute Vormittag geschlossen." Wir berieten gerade über unsere weitere Vorgehensweise, da tauchten fünf Jugendliche auf, lehnten ihre Räder an den Zaun und kletterten über das Eisentor. Wir kamen uns ziemlich dämlich vor und machten es ihnen nach. Auch das Südtor war zwar verschlossen, aber nicht bewacht. Nach dieser zweiten Klettertour landeten wir direkt auf dem Platz des Himmlischen Friedens, auf dessen Ostseite einige tausend Studenten vor der Volkskongresshalle saßen. Vor ihnen standen Soldaten, die sich Arm in Arm aufgereiht hatten und eine Menschenmauer bildeten. Sie wirkten äußerst bedrohlich, während die Studenten, von denen die meisten die ganze Nacht hier gesessen hatten, friedlich auf dem Boden hockten.

Als die Studenten an meinem Abzeichen erkannten, dass ich Hochschulprofessor war, durften ich und meine Begleiter uns zu ihnen setzen. Einige Zeit danach ertönte Musik aus der Halle und kündigte den Beginn der Trauerfeiern an. Da begannen die Studenten, die Internationale zu singen und Slogans wie „Bekämpft die Gewalt", „Patriotismus ist kein Verbrechen", „Redefreiheit", „Pressefreiheit" zu schreien. Ich fand es eigenartig, dass sie am Anfang die Internationale sangen, schließlich befanden wir uns hier nicht auf einem Kongress des Kommunistischen Jugendverbandes. Aber die Slogans berührten mich, denn das hatte auch meine Generation schon lange gefordert. Ich fühlte ein Würgen im Hals und fiel in das lautstarke Skandieren der Studenten ein. Nachdem die Trauermusik in der Halle verstummt war, schrien wir noch lauter: „Dialog! Dialog!" Wir forderten Premierminister Li Peng auf, die vorbereitete Bittschrift anzunehmen. Aber es kam keine Reaktion, nicht einmal ein Sekretär wurde herausgeschickt. Wir alle wurden immer wütender und schrien noch lauter.

Nach dem Ende der Trauerfeier kamen viele Leute aus der Volkskongresshalle. Sie blieben auf der erhöhten Terrasse stehen und schauten von dort auf uns herab. Sie waren rund hundert Meter entfernt, deshalb versuchte ich mit meinem russischen Fernglas, das ich bei meinem Jugoslawien-Aufenthalt gekauft hatte, den Premierminister ausfindig zu machen. Ich entdeckte zwar den Vizepräsidenten Wang Zhen, aber Li Peng war nirgends zu sehen. Das enttäuschte uns sehr.

Schließlich wurde es Mittag und die Sonne brannte auf unsere Köpfe. Ich empfand heftigen Durst. Auch die Studenten wirkten erschöpft. Getränke konnten wir uns nirgendwo kaufen, weil die Soldaten alles blockierten. Wir schöpften auch allmählich den Verdacht, dass wir die Politiker versäumt hatten. Und wirklich erfuhren wir nach einiger Zeit, dass sie schon längst durch einen unterirdischen Geheimgang nach Zhungnanhai zurückgekehrt waren. Die Wut der Studenten schien von Stunde zu Stunde zu wachsen. Plötzlich gingen drei Zwanzigjährige einige Schritte vorwärts in Richtung Volkskongresshalle, stiegen ein paar Stufen hoch, knieten sich nieder, neigten den Kopf und hielten den oben wartenden Trauergästen die Bittschrift entgegen. Wir waren sprachlos. Einigen der Anwesenden traten vor Rührung über diese Geste, die an Zeiten erinnerte, als Minister dem Kaiser auf den Knien ihre Vorschläge überbrachten, Tränen in die Augen. Ich war vom Mut der Studenten beeindruckt. Trotzdem berührte mich diese Nachahmung eines feudalistischen Rituals etwas unangenehm. Auch andere teilten offensichtlich dieses Gefühl, denn hinter mir schrie jemand unerwartet: „Ihr braucht nicht vor diesen Hunden zu knien. Sie sind keine Könige und verdienen diese Geste nicht.“ Auf dem Platz wurde es totenstill. Alle hofften, dass ein Politiker die Situation entschärfen würde, indem er das Bittschreiben entgegennahm. Aber es kamen nur zwei Arbeiter, die die drei Jugendlichen hochzuzerren versuchten. Nach rund zehn Minuten kehrten die Studenten an ihren ursprünglichen Platz zurück. Sie hatten zwar mit dieser Aktion ihre politische Naivität bewiesen, aber gleichzeitig auch das wahre Gesicht der Kommunisten enthüllt, die sich vor ihrem eigenen Volk verkrochen.

*

In den folgenden Tagen wurde das Volksheldendenkmal zur Pilgerstätte. Die Menschen klebten Trauergedichte für Hu Yaobang auf das Monument, die deutlich die Unzufriedenheit mit der politischen Führung zeigten. Spottgedichte über die Korruption und Karikaturen machten die Runde. Es war eine Ironie der Geschichte, dass dreizehn Jahre zuvor die Menschen den Tod von Zhou Enlai ebenfalls zum Anlass genommen hatten, um am selben Monument ihre Unzufriedenheit mit Mao Tse-tungs Gewaltherrschaft auszudrücken. Die Traueraktivitäten waren von den Kommunisten gewaltsam niedergeschlagen worden, was den Untergang der Viererbande eingeleitet hatte. Damals hatte alle Hoffnung Deng Xiaoping gegolten, der

Zhou Enlais tolerante Politik weiterführen wollte. Und nun stand er am Pranger und es gab Stimmen, die sich nach Mao Tse-tung zurücksehnten, weil es damals zumindest weniger Korruption gegeben hatte. Auf einigen Zetteln stand sogar: „Mao Tse-tung schickte seinen Sohn an die Front, um zu kämpfen. Deng Xiaoping schickt seinen Sohn zu den Geschäften, um Geld zu machen."

Ich besuchte jeden Tag den Platz des Himmlischen Friedens, um die neuesten Botschaften zu lesen und mit den Studenten über Politik zu diskutieren. Am 25. April ging ich um zehn Uhr morgens mit Shuo und Sa ins Nationale Geschichtsmuseum, das östlich vom Platz des Himmlischen Friedens lag, um an der Eröffnung der Ausstellung „Neuer Expressionismus in China" teilzunehmen. Es wurden auch Arbeiten von mir gezeigt und zahlreiche Freunde und Journalisten waren erschienen. Aber das Hauptgesprächsthema war nicht die Kunst, sondern die Studentenbewegung. Wir hatten Sa in Jeans gesteckt, eine für chinesische Kinder unübliche Bekleidung. Er bewachte meine Skulptur und schrie jedes Mal, wenn jemand vorbeiging, laut: „Diese Skulptur hat mein Vater gemacht. Sie darf nicht angefasst werden!" Wir alle lachten über seinen kindlichen Eifer.

Eine amerikanische Auslandskorrespondentin des CBS war mit einem Kamerateam gekommen und stellte den Künstlern ungewöhnlich direkte Fragen wie: „Was halten Sie von der Studentenbewegung?" oder „Gibt es Freiheit in China?" Sie war wohl noch nicht sehr lang im Land, denn natürlich beantwortete keiner diese Fragen vor laufender Kamera. Die meisten hatten den subtileren Weg gewählt, ihren Protest durch ihr Werk auszudrücken. Viele Arbeiten kritisierten und ironisierten die chinesische Gesellschaft. Ich hatte zwei neue Bilder gemalt, eines davon zeigte ein Gesicht, aus dem ein Blutstrahl herausschoss und dessen Mund zu einem lauten Schrei geöffnet war. Das andere war ein Porträt von Mao Tse-tung, auf dessen Gesicht ich überall Risse und Farbabblätterungen aufgetragen hatte. Als die Journalistin mich interviewen wollte, trat Sa dazwischen und meinte streng: „Sie sollen nicht meinen Vater filmen, sondern seine Arbeiten.“ Shuo stand lächelnd im Hintergrund und ich begriff, dass sie Sa geschickt hatte, um mich daran zu erinnern, kein Risiko einzugehen. Deshalb nahm ich Sa auf den Arm und begann, der Journalistin meine Arbeiten zu erklären. Sie hatte also gar keine andere Wahl, als diese kurz zu filmen und sich dann zu verabschieden.

*

Am 26. April veröffentlichte die Zeitung „People's Daily“, eines der offiziellen Blätter der Kommunisten, einen Leitartikel, in dem die Studentenaufmärsche als „Unruhen“ verurteilt wurden. Außerdem wurde behauptet, dass die Studenten durch eine kleine Gruppe von Unruhestiftern angestachelt worden wären. Die Kommunistische Partei würde keinesfalls nachgeben. Ich war verärgert. Wie konnte man friedliche Proteste als „Unruhen“ bezeichnen? Überall wurde wütend über den Artikel diskutiert. Die Verfassung garantierte das Recht auf freie Rede und auf freie Versammlung, auch wenn diese Rechte in der Praxis immer wieder unterlaufen wurden. Gleichzeitig verbot die Verfassung „antirevolutionäre Unruhen“. Die Studenten fühlten sich wie Volksfeinde behandelt und beschlossen, noch einmal auf die Straße zu gehen. Eine Entscheidung, die ich unterstützte, denn auch ich war der Meinung, dass sonst die meisten Einwohner Beijings die Studenten bald für „antirevolutionäre Unruhen“ verantwortlich machen würden.
Am Nachmittag dieses 26. April erfuhr ich von Klein Liu und Hang Jiang, dass für den nächsten Tag ein großer Marsch geplant war, an dem auch Studenten unserer Akademie teilnehmen würden. Die Regierungsbehörden hatten angekündigt, die Protestmärsche mithilfe der Armee zu verhindern. Alle Hochschulleiter bekamen die Anweisung, die Studenten von dem Vorhaben abzubringen. Sekretär Zhao Lung und Rektorin Chang beriefen eine Sitzung ein, in der sie uns die

offiziellen Anweisungen unterbreiteten und unsere Meinung zur Situation wissen wollten. Es waren viele junge Lehrkräfte anwesend, die vor allem an ihre Karriere dachten. Viele hatten bereits angegeben, der Partei beitreten zu wollen, und waren politisch sehr aktiv. Ich stand mit meiner Überzeugung ziemlich alleine da. Zhao Lung und Rektorin Chang warfen mir auch während der Sitzung ständig prüfende Blicke zu. Plötzlich richtete Zhao Lung sein Wort an mich: „Warum sagst du keine Silbe? Das ist sonst nicht deine Art.“ Ich erwiderte ruhig: „Wenn ihr mich schon fragt, dann müsst ihr damit rechnen, dass ich euch ehrlich antworte.“ Rektorin Chang lächelte: „Wir legen großen Wert auf deine Meinung, sonst hätten wir dich nicht hergebeten.“ Ich antwortete also: „Früher haben wir die Studenten immer wegen ihres fehlenden politischen Interesses kritisiert. Jetzt zeigen sie Interesse und ihr habt Angst davor. Ich jedenfalls bin froh, dass sie sich endlich um die Zukunft des Landes kümmern. Als Lehrer bekomme ich meinen Lohn vom Staat und gebe mein Bestes, um meine Studenten gut auszubilden. Aber ich leite davon nicht das Recht ab, meinen Schülern vorschreiben zu dürfen, ob sie ihre verfassungsmäßig geschützten Rechte wie Rede- und Meinungsfreiheit in Anspruch nehmen oder nicht. Außerdem ist es eine gute Sache, gegen die Korruption anzukämpfen, solange dieser Protest friedlich geäußert wird. Deshalb unterstütze ich die Studenten bei ihren Demonstrationen.“

Es war vollkommen still im Raum. Manche schauten mich zustimmend an, andere starrten unverwandt auf den Boden. Alle warteten auf die Reaktionen von Rektorin Chang und Zhao Lung, der ein paar Notizen in ein Heft machte. Rektorin Chang wartete, bis er fertig geschrieben hatte und sagte dann: „Wu Shaoxiang, wir alle anerkennen deine hervorragenden fachlichen Qualitäten. Aber ein Lehrer sollte auch klassenbewusst sein und der Partei treu ergeben.“ Ich war erleichtert, denn dass sie meine fachlichen Kenntnisse gelobt hatte, bewies nur, dass sie nicht allzu verärgert war. Dann ergriff Zhao Lung das Wort: „Die Kunst gehört zum ideologischen Sektor und wenn die Gedanken eines Menschen falsch sind, dann sind auch dessen Kunstideen falsch. Diese Kunst kann daher auch nicht gut sein. Ich bin vielleicht kein Experte, aber ich habe viele Jahre lang für die Partei Propagandaarbeiten gemacht und Wu Shaoxiang habe ich schon etliche Male davor gewarnt, kapitalistische Kunstkonzepte an der Akademie zu verbreiten. Die Situation, die wir im Augenblick haben, zeigt doch, wie gefährlich diese Ideen von sexueller Befreiung, der Freiheit des Individuums und der Kunst sind. Individuelle Kunst passt nicht in die Kulturideologie der Kommunistischen Partei. Ich kann also Wu Shaoxiang nur noch einmal in aller Deutlichkeit sagen, dass sein Unterricht nicht in unsere Akademie passt. Wir müssen nämlich die Verantwortung für die nächste Generation auf uns nehmen." Und dann ließ er den Blick durch den Raum schweifen und setzte hinzu: „Nun ist der Zeitpunkt gekommen, da die Kommunistische Partei euch alle prüft. Jeder von euch kann jetzt zeigen, auf welcher Seite er steht."

Zwei Stunden später sprach bereits die ganze Akademie davon, dass ich mich auf die Seite der Studenten gestellt hatte. Bisher waren unsere Studenten eher ruhig geblieben und deshalb von den anderen Hochschulen verspottet worden. Nun aber galt es für sie, die Ehre der Institution zu retten, und sie bestimmten Klein Liu zum Organisator für den Aufmarsch. Diese Organisatoren wurden später dann Studentenführer genannt. Ich bewunderte Klein Lius Mut. Sehr wahrscheinlich würde man ihn von der Akademie verweisen, und wenn nicht, würde er spätestens bei der Arbeitsverteilung Schwierigkeiten bekommen. Ich wünschte ihnen viel Glück für den nächsten Tag und ermahnte Klein Liu dringend, keinen Streit mit der Polizei anzufangen.

Am nächsten Morgen versammelten sich die Studenten um sechs Uhr vor dem Unterrichtsgebäude. Klein Liu stand an der Spitze und instruierte über ein Megafon die Massen. Die Sicherheitsabteilung hatte von Zhao Lung den Auftrag bekommen, den Haupteingang zu versperren. Daher drängten alle zum Nebeneingang, der von vier oder fünf Sicherheitsbeamten bewacht wurde. Sie konnten jedoch die herbeiströmenden Studenten nicht aufhalten. Diese trugen große Transparente mit der Aufschrift „Zentralakademie für Kunst und Design" und marschierten stolz die Straßen entlang. Die Angst, die am Anfang noch vorgeherrscht hatte, war bald verflogen. Leute, die mit ihren Fahrrädern auf dem Weg zur Arbeit waren, hielten an und klatschten begeistert. Ich stand an einer Kreuzung und applaudierte lautstark, um meine Schüler zu unterstützen. Als die Studenten in die Akademie zurückkehrten, wirkten sie wie Helden und sie hatten gewissermaßen ihren akademischen Stolz zurückgewonnen.

Am Abend kamen Klein Liu, Hang Jian und einer der Studentenführer, der „Dickerchen" genannt wurde, zu mir ins Atelier, um bei mir zu Abend zu essen. Sie erzählten mir, dass sie auf der Changan-Straße auf eine Straßensperre der Armee und der Polizei getroffen waren. Schon nach kürzester Zeit seien die Sicherheitsbeamten überrannt worden. Die Polizisten waren sehr diszipliniert vorgegangen, hatten sich lediglich Arm in Arm zu Menschenmauern aufgebaut und die Studenten ansonsten nicht aufgehalten. Allerdings war es nicht überall unblutig zugegangen, wie Klein Liu wusste: „Wir im Osten haben kaum Probleme gehabt, weil es hier weniger Hochschulen gibt und daher weniger Polizei eingesetzt wurde. Aber im Westen wurde die Polizei durch die Sicherheitsarmee verstärkt und die besteht zum Großteil aus ungebildeten Bauern, die uns Studenten hassen und nicht sonderlich zimperlich sind. Außerdem glauben die, dass ein schlagkräftiger Einsatz ihrer Karriere nützt." Ich erkundigte mich, was als Nächstes geplant sei, und Klein Liu erklärte mir: „Es ist ein Hochschulautonomieverband gegründet worden. Dieser soll von der Regierung offiziell anerkannt und zu Gesprächen eingeladen werden." – „Was ist, wenn die Regierung den Verband nicht anerkennt?", wollte ich wissen. „Dann werden wir den Unterricht boykottieren", antwortete

Klein Liu selbstbewusst. Ich blickte die Jungen bewundernd an. Meine Studenten hatten sich zu Helden entwickelt. Niemand in meiner Generation hätte je an ein radikales Mittel wie Unterrichtsboykott gedacht. Hang Jian zeigte auf meine Stereoanlage und meinte: „Lass uns ‚Voice of America' hören, vielleicht analysieren sie die Entwicklung!" Ich stellte den Kanal ein und war überrascht, wie klar der Ton war. An diesem Abend hörten wir das erste Mal den Namen des Studentenführers der „Beijinger Universität": Er hieß Wang Dan.

*

Am 29. April fand der erste Dialog zwischen der Regierung und den Studentenvertretern statt. Der staatliche Fernsehsender CCTV übertrug die Gespräche live. In meinem Zimmer drängten sich Studenten und Professoren. Das Wort „Dialog" war das erste Mal vom Generalsekretär der Kommunistischen Partei, Zhao Ziyang, in den Mund genommen worden, der das Band zwischen Partei, Regierung und Volk fester knüpfen wollte. Aber seine Reformideen stießen auf heftigen Widerstand bei den Hardlinern, die von den Studenten nicht viel hielten.

Da sich die Regierung weiterhin weigerte, in einen ehrlichen Dialog einzutreten, beschlossen die Studenten, neuerlich auf die Straße zu gehen. Die Demonstration wurde auf den 4. Mai festgesetzt, den chinesischen Tag der Jugend. Er war von den Kommunisten zum Gedenken an die Demonstrationen der Studenten gegen die Militärregierung siebzig Jahre zuvor eingeführt worden. Die Partei hatte diesen Tag schon immer als den Auftakt des kommunistischen Siegeszuges in China gefeiert. In diesem Jahr kündigte die Regierung eine offizielle Feier auf dem Platz des Himmlischen Friedens an, um dort Aufmärsche zu verhindern. Doch die Studenten nahmen amtliche Verbote nicht mehr ernst. Sogar an unserer Akademie hatten sie sich zu einem autonomen Studentenverband formiert, dem Klein Liu vorstand. Sie boykottierten bereits den

Unterricht, um sich stattdessen auf den großen Protestmarsch vorzubereiten.
Am 4. Mai um acht Uhr morgens machten sich rund fünfhundert Studenten und ein Teil der jüngeren Lehrkräfte von der Akademie auf den Weg zum Platz des Himmlischen Friedens. Diesmal hatte sich die Sicherheitsabteilung der Akademie nicht die Mühe gemacht, die Demonstration zu verhindern. Im Gegenteil, einige Kader schlossen sich sogar an. Shuo und ich marschierten ebenfalls mit. Wir unterrichteten gerade die Bildhauer- und die Metallkunstklasse, deren Studenten geschlossen erschienen waren.
An der Spitze trug ein hoch gewachsener Student eine rote Stofffahne, auf der in gelber Farbe in Mao Tse-tungs Schriftzügen „Zentralakademie für Kunst und Design" stand. Dahinter marschierten die Studenten in Reihen von je vier Leuten. Alle waren ordentlich gekleidet und trugen ihre Schulabzeichen. Klein Liu und „Dickerchen" gingen mit ihren Megafonen neben dem Zug her und achteten darauf, dass niemand die Ordnung störte. Hinter uns marschierte einer der Schulärzte in seinem großen weißen Kittel, seinen Arztkoffer in der Hand. Nachdem wir das Haupttor durchschritten hatten, wurden wir von den Passanten mit Applaus empfangen. Die Bewohner der umliegenden Häuser öffneten ihre Fenster, jubelten uns zu und grüßten uns mit dem Victory-Zeichen. Normalerweise waren die Studenten in diesem Viertel nicht besonders beliebt, weil sie sich unkonventionell verhielten, lange Haare trugen und ungewöhnliche Ideen verbreiteten. Aber an diesem Tag waren alle gerührt von ihrem mutigen Verhalten. Die Radfahrer blieben stehen und winkten uns zu und ein Straßenverkäufer verschenkte all seine Ölgebäckstangen an die Studenten und sagte: „Das Essen gibt euch Kraft. Nehmt nur, ich bin froh, dass ich euch unterstützen darf."
Auf der Jianguomenwai-Straße, der Verlängerung der Changan-Straße, trafen wir auf andere Kolonnen. Klein Liu ging nach vorne, um sich mit den Studentenführern zu beraten.

Danach marschierten alle nacheinander in einer einzigen langen Reihe weiter in Richtung Platz des Himmlischen Friedens. Kurz darauf erreichte uns die Nachricht, dass die Polizei beim Hauptbahnhof von Beijing eine Straßensperre errichtet hatte. Trotzdem war nirgendwo Angst zu spüren. Alle erinnerten sich noch an den 27. April, an dem die Polizei der Übermacht weichen hatte müssen. Es meldeten sich auch sofort zahlreiche junge Studenten, die den Platz an der Spitze übernehmen wollten. Und tatsächlich war schon nach kurzem Ansturm die Straßensperre weggefegt. Die meisten Polizisten hatten anscheinend keine Lust mehr, sich mit den Studenten zu schlagen, und wichen zur Seite. Wir maschierten an ihnen vorbei, die Hände zum Victory-Zeichen erhoben. Die Polizisten lächelten nur hilflos zurück.
Auf dem Platz des Himmlischen Friedens erwartete uns ein Menschenmeer. Überall sah man lachende Gesichter und flatternde Schulfahnen. Als wir eintrafen, war es schon elf Uhr. Klein Liu und „Dickerchen" gingen zu den anderen Studentenführern in der Platzmitte, um unsere Ankunft zu melden. Wir waren alle ziemlich erschöpft und ich hatte vom Marschieren sogar Blasen an den Füßen. Viele der Studenten hatten diesen Gewaltmarsch aber schon zum zweiten Mal mitgemacht. Ein Mann kam mit einem Dreirad auf uns zu, auf dem sich hinter einer Holzverkleidung eine Kühltruhe befand. Er rief: „Studenten, ihr habt euch solche Mühe gegeben. Heute will ich kein Geld von euch, ich verkaufe euch das Eis zum Selbstkostenpreis." Im Nu hatten sich zahlreiche Durstige um ihn versammelt. Ich nahm die zehn Yuan, die ich bei mir hatte, und flüsterte ihm zu: „Wie viel Eis kann ich dafür kaufen? Gib es den Studenten. Du musst ja auch deinen Lebensunterhalt mit diesem Geschäft verdienen." Da lächelte er gerührt und sagte: „Professor, Ihre Worte tun mir gut. Ich möchte Ihnen die ganze Kiste schenken, denn heute brauche ich keinen Lohn." Dann verteilte er das ganze Eis umsonst.
Am Nachmittag formierten sich die Studenten wieder und ver-

ließen den Platz in Richtung ihrer Hochschulen. Klein Liu ordnete an, dass einige mit Kisten neben den Kolonnen marschieren sollten, um von den Anrainern und Zuschauern Spenden einzusammeln. Viele Leute warfen Geld in die Kisten und der Jubel der Umstehenden vertrieb ein wenig die Müdigkeit, sodass wir bald wieder mit unseren Rufen begannen: „Nieder mit der Korruption!“, „Wir wollen Reformen“ und „Redefreiheit, Pressefreiheit!“

Als wir den Haupteingang der Akademie erreichten, wollten sich die Reihen nicht auflösen. Alle waren in euphorischer Stimmung. Klein Liu kam zu mir und bat mich um Rat. Es war schon dunkel und nur die Straßenlaternen spendeten Licht. Ich war todmüde, aber ich wollte die Studenten nicht enttäuschen. Also schlug ich vor, zu dem Wohngebäude der hohen Kader unserer Akademie zu marschieren und ihnen zu beweisen, dass wir patriotisch handelten und keine Unruhestifter waren. Nachdem wir eine kurze Weile unsere Slogans vor dem Wohngebäude geschrien hatten, wurde uns klar, dass die Rektorin sich an diesem Abend nicht blicken lassen würde, um mit uns zu sprechen. So schlug ich Klein Liu vor, die Leute wieder zurück zur Akademie zu führen. Als er auf der Hauptstraße dann verkündete, dass der Marsch beendet sei, setzten sich viele an Ort und Stelle auf den Boden, so erschöpft waren sie. Andere stürmten die Restaurants der Umgebung. Shuo und ich gingen nach Hause und nahmen ein heißes Fußbad. Erst danach ging es uns wieder besser.

Die Spätnachrichten des Senders CCTV brachten einen Bericht über das Treffen zwischen Generalsekretär Zhao Ziyang und einer Delegation der „Asia Bank“, die in Beijing zu Besuch war. Er versicherte den Vertretern der Bank: „In China werden keine Unruhen stattfinden.“ Dann meinte er, dass die Studentenbewegung ihre Ursachen in der Ineffizienz der chinesischen Gesetzgebung und der Undurchsichtigkeit der Finanzgebarung hätte und dass das Problem nur durch einen ausführlichen Dialog zwischen Regierung und Studentenvertretern aus der

Welt geschafft werden könne. Wir vernahmen diese Sätze mit Freude, denn für uns klang das so, als würde die Regierung die Aktionen der Studenten endlich anerkennen. Wir hätten uns denken können, dass die Mehrzahl der Kommunisten ganz anderer Meinung war. Weder nahm die „People's Daily" ihren Leitartikel zurück noch widerrief die Regierung ihre Vorwürfe. Jeder, der auch nur einen Funken politischen Verstand besaß, wusste, dass sich die Machtkämpfe innerhalb der Partei verstärkten. Außerdem konnte man davon ausgehen, dass die Aktivisten der Studentenbewegung Sanktionen zu gewärtigen hatten, wenn sich die konservativen Kräfte durchsetzten. Deshalb hielten die meisten Studenten den Unterrichtsboykott aufrecht.

An einem der nächsten Tage konnte ich vor dem Haupteingang der Akademie zahlreiche Fahrräder mit kleinen Papierfahnen beobachten. Die Studenten wollten auf diese Weise vor der „People's Daily" protestieren. Unter den Demonstranten befanden sich nicht nur Studenten, sondern auch Beamte, Offiziere, Journalisten und Arbeiter. Auf dem einen oder anderen Fähnchen standen statt der Slogans Namen oder Bezeichnungen von Einheiten zu lesen. Hier wollten sich offensichtlich einige Leute profilieren. Klein Liu bestätigte meinen Verdacht und erzählte mir, dass es an allen Hochschulen und Universitäten Leute gab, die die Situation durch extreme Slogans oder Beschimpfungen verschärfen wollten, um sich dadurch selbst in Szene zu setzen. Es ging diesen Personen nicht um die Sache, sondern darum, möglichst Profit aus der Bewegung zu schlagen. Viele von ihnen neideten Wang Dan, dem Studentenführer der „Beijinger Universität", seine durch die Proteste erlangte Popularität. Allmählich beschlich uns alle die Angst, dass durch unbedachte Aktionen von Quertreibern die Situation verschärft werden könnte.

*

Die Studenten warteten allerdings vergebens auf eine Antwort der Regierung und langsam begann es an den Hochschulen zu brodeln. Einige radikale Studentengruppen schlugen vor, die Regierung durch einen Hungerstreik unter Druck zu setzen. Praktisch jeder hatte den Film „Ghandi" gesehen. Mahatma Ghandis friedlicher Weg des Protests hatte großen Eindruck auf sie gemacht. Außerdem waren wir von den Bildern aus Südkorea beeindruckt, wo die Studenten Arm in Arm auf dem Boden saßen und mit weißen, um den Kopf geschlungenen Bändern gegen die Militärmachthaber protestierten.
Am 13. Mai begannen einige Studenten unter der Führung von Wuer Kaixi auf dem Platz des Himmlischen Friedens einen Hungerstreik. Wir schalteten „Voice of America" ein, das an diesem Tag besonders gut zu empfangen war, und scherzten darüber, dass heute wohl auch die Leute, die sonst für Störungen von ausländischen Sendern zuständig waren, vor dem Radio saßen. Klein Liu drehte das Radio auf volle Lautstärke, damit auch die Leute vor der Tür alles mitbekamen. Noch vor wenigen Jahren hatten sich die Menschen zusammengefunden, um den neuesten Anweisungen Mao Tse-tungs zu lauschen, und nun hörten wir „Feindsender", wofür wir in jenen Tagen ins Gefängnis gewandert wären.
Am Abend desselben Tages traten auch Studenten der Akademie in Hungerstreik. Klein Liu und „Dickerchen" unterschrieben gemeinsam mit rund zwanzig anderen eine Hungerstreikerklärung und befestigten sie am Haupteingang der Messe. Die Studenten, die am Streik teilnahmen, banden sich nach südkoreanischem Vorbild weiße Bänder um die Stirn, auf denen mit schwarzer Tinte „Hungerstreik" geschrieben stand. Am Eingang der Messe tranken sie – wie die Helden des Altertums vor dem Marsch in die Schlacht – noch einen Schnaps. Dann wurden sie in der Dunkelheit der Nacht von einer Unterstützungsgruppe des Hungerstreiks auf den Platz des Himmlischen Friedens gebracht. Früh am Morgen des 14. Mai fuhren Shuo und ich ebenfalls hin, um die Moral der Streikenden zu stär-

ken. Es wimmelte nur so von Menschen, überall flatterten rote Fahnen und aus den Lautsprechern ertönte Musik. Es war, als hätte man uns schlagartig in die Zeit der Kulturrevolution zurückversetzt, und doch war alles ganz anders. Hier gab es keine Gewalt, keinen Fanatismus, sondern die Studenten zeigten beneidenswerten Mut, waren vernünftig und wollten ihre Ideen gewaltlos durchsetzen.

*

Am Vormittag war der Himmel bedeckt von grauen Wolken. Die Stimmung außerhalb war nicht besonders gut, denn die Studenten versuchten, Schaulustige von der Platzmitte fernzuhalten. Das erzürnte einige Arbeiter, die ebenfalls demonstrieren wollten. Doch die meisten akzeptierten, dass es hier um eine Sache der Studenten ging, die sich niemand sonst zu Eigen machen sollte. Shuo und ich wurden durchgelassen. Wir hatten die Fahne unserer Akademie schon von weitem gesehen und strebten nun zu der versammelten Studentengruppe. Bisher hatten das Campieren im Freien und der Verzicht auf Essen und Trinken keine erkennbaren Spuren hinterlassen. Es herrschte eine beinahe ausgelassene Stimmung und die Studenten begrüßten uns begeistert. Alle warteten darauf, dass die Regierung einen Verhandlungspartner schickte. Über Lautsprecher erreichten uns Mitteilungen, welche Berufskreise und Prominente sich mit den Studenten solidarisch erklärten. Das gab den Hungerstreikenden das Gefühl, dass das Volk hinter ihnen stand. Jede neue Unterstützungserklärung wurde mit lautem Jubel begrüßt. Manche Studenten begannen heroische Gedichte vorzulesen. Die meisten von ihnen hatten die Kulturrevolution nicht miterlebt, aber die kommunistische Diktion hatte sie trotzdem vergiftet und mich beschlich ein leises Unbehagen, dass sich diese jungen Leute, die für ihre Ideen solche Risiken eingingen, einer solchen Sprache bedienten. Die Kommunisten hatten sich eben nicht nur tief in unser Leben gegraben, sondern auch in unsere Sprache.

Plötzlich tönte es über den Lautsprecher, dass ein Sekretär der Kommunistischen Partei, Yian Minfu, mit den Studenten reden wolle. Stille legte sich über den Platz. Jeder wartete gespannt auf die Live-Übertragung des angekündigten Dialogs und ich hatte das Gefühl, dass ein Sieg der Studenten unmittelbar bevorstand. Diese Hoffnung erhielt Nahrung dadurch, dass am nächsten Tag der sowjetische Präsident Gorbatschow in Beijing erwartet wurde und das Protokoll eine Willkommenszeremonie auf dem Platz des Himmlischen Friedens vorschrieb. Da es der erste Besuch eines sowjetischen Staatsoberhauptes seit dreißig Jahren war, kam ihm eine besondere politische Bedeutung zu, weshalb sich die Studenten unter anderem diesen Zeitpunkt für ihren Hungerstreik ausgesucht hatten. Jeder dachte eigentlich, dass die Regierung Zugeständnisse machen würde.

Wir warteten also, doch die Lautsprecher blieben stumm. Offensichtlich war doch keine Live-Übertragung geplant, was die Studenten wiederum verärgerte. Sie hungerten hier schließlich für ihre Rechte, also wollten sie auch hören, wie darüber verhandelt wurde. Plötzlich schrie jemand in der Mitte des Platzes: „Live! Wir wollen eine Live-Übertragung!" Tausende Stimmen nahmen den Ruf auf und eine Gruppe wütender Studenten stürmte in das Zelt des Kommandostabs und unterbrach den Dialog. Yian Minfu verließ traurig und mit leeren Händen den Platz. Er war einer der kommunistischen Reformer und begriff sogleich, dass hier gerade eine große Chance durch unbedachte Handlungen vertan worden war. Das Scheitern des Gespräches bedeutete nicht nur eine Niederlage für die Studenten, sondern vor allem für die Reformbewegung innerhalb der Partei. Denn nun waren die Hardliner dabei, die Oberhand zu gewinnen. Aber auf dem Platz des Himmlischen Friedens feierten sich die Studenten als Helden und mutige Wegbereiter einer neuen Nation und niemand kam auf die Idee, dass sich die Situation unterdessen weiter verschärft haben könnte. Gemeinsam brüllten wir die Internationale, weil es das einzige Lied war, das wir alle kannten.

Die Abenddämmerung brach herein und Shuo und ich beschlossen, zur Akademie zurückzukehren. Ein Teil der Studenten wollte uns begleiten, um schnell etwas zu essen und Anoraks, warmes Wasser und Decken zu holen. Wir alle wussten, dass die zweite Nacht für die Hungerstreikenden schlimm werden würde. Ich hatte nur acht Stunden lang nichts gegessen und spürte bereits quälenden Heißhunger. Mein Magen rumorte unentwegt und ich fühlte mich deutlich geschwächt. Doch viele Studenten hatten seit 24 Stunden nichts zu sich genommen. Außerdem machte ich mir Sorgen, dass die Armee in der Nacht den Platz gewaltsam räumen würde, damit der Staatsempfang protokollgemäß stattfinden konnte. Wir wollten gerade gehen, da erhob sich eine plötzliche Unruhe rund um uns. Über die Lautsprecher richteten einige berühmte Intellektuelle dringende Appelle an die Studenten, den Platz zu räumen. Ich fragte mich, weshalb sich diese berühmten Schriftsteller und Journalisten nicht an die Machthaber wandten. Diese Studenten hatten immerhin der Regierung getrotzt und ein paar eindringliche Worte von Intellektuellen, die in vierzig Jahren nicht annähernd das geschafft hatten, was den jungen Leuten in wenigen Wochen gelungen war, würden sie nicht beeindrucken.

Früh am Morgen des 15. Mai traf ich einen Studenten, der mir erzählte, dass die Nacht ruhig verlaufen sei und dass die Regierung keine Verhandler mehr geschickt hätte. Shuo und ich beeilten uns, auf den Platz des Himmlischen Friedens zu gelangen. Es waren noch mehr Leute versammelt als zuletzt, sogar die Gehsteige der Changan-Straße waren überfüllt. Auf den Pfosten der Straßenlaternen waren chinesische und sowjetische Flaggen montiert. Einige Studenten hatten Spruchbänder dabei, auf denen „Willkommen Gorbatschow“ und „Gorbi, neue Gedanken“ stand. Wir kämpften uns in die Mitte des Platzes vor und sahen sofort, dass dort einige Krankenwagen standen. Wir rannten zum Lagerplatz der Akademie, aber glücklicherweise schienen alle wohlauf, wenn sie auch sehr erschöpft wirkten. Ihre kleinen Zelte waren völlig vom Tau durchnässt und wirkten so verwelkt wie Blätter vertrockneten Chinakohls. Ich sah mich hilflos um. Außer meinem Hass auf die Regierung fiel mir nichts ein, womit ich die Studenten hätte unterstützen können. Die festliche Stimmung war verflogen. Dumpf sahen wir zu, wie die Luxuslimousinen mit den Regierungsmitgliedern und Gorbatschow an uns vorbeifuhren und direkt vor der Volkskongresshalle auf der Westseite hielten. Kein Einziger kam, um mit den Studenten zu sprechen, sondern alle beeilten sich, ja nichts von dem Festmahl zu versäumen, das in der Halle praktisch direkt vor der Nase der hungernden Studenten aufgetragen wurde. Immer mehr Leute empörten sich über diese Ignoranz und schlossen sich dem Hungerstreik an.

Am Nachmittag machte ich mich mit einer Gruppe von aufgebrachten Studenten und Bewohnern Beijings zum Zhungnanhai auf. Wir wollten einige hohe Kader suchen, um mit ihnen zu reden. Eine Kompanie Wachsoldaten stellte sich uns in den Weg und blockierte den Haupteingang. Wir warfen ihnen vor, ihre Brüder verhungern zu lassen und Kriegsherren zu dienen, und einigen jungen Soldaten rannen bei unseren Worten die Tränen über das Gesicht. Wir drängten immer mehr voran, bis die Kompanie durch eine weitere verstärkt wurde. Da setzten wir uns hin, um das Xinhua-Tor zu blockieren, und riefen: „Li Peng! Heraus! Dialog!" Ich saß in der ersten Reihe und konnte mit meinen Händen die weißen marmornen Löwenköpfe des Tores berühren. Ich seufzte, denn normalerweise war das verboten. Die Löwen waren früher das Symbol für die Macht des Kaiserreiches gewesen und nun ein kommunistisches Machtsymbol geworden. Mein Freund Shu schlug auf einen der Löwenköpfe ein und schrie: „Endlich bist du nicht mehr so überheblich." Da blitzte hinter uns etwas auf. Wir drehten uns um, aber der Fotograf war schon verschwunden. Wir empfanden sogleich ein dumpfes Gefühl der Angst, denn bei allen früheren politischen Bewegungen hatten Leute vom Geheim-

dienst fotografiert und anhand dieser Fotos Verhaftungen vorgenommen. Da standen auch ein paar Studenten auf, stellten sich neben die Steinlöwen und luden ihre Kollegen ein, Erinnerungsfotos zu machen. So nah kam man der Macht schließlich selten.
Am 16. Mai, dem dritten Tag des Hungerstreikes, begegneten Shuo und ich auf dem Weg zum Platz des Himmlischen Friedens zahlreichen Rettungswagen, die einige der extrem geschwächten Hungerstreikenden in Krankenhäuser brachten. Wir waren schon fast angekommen, als es hinter uns plötzlich laut wurde. Wir drehten uns um und erblickten ein großartiges Schauspiel: Der Mut der hungernden Studenten und deren Missachtung durch die politische Elite hatten die Stadt aufgerüttelt und nun kamen die Bewohner Beijings, die Arbeiter und Angestellten, um den Studenten mit einem Protestmarsch ihre Unterstützung zu bekunden. An der Spitze marschierten Leute einer Baufirma, die mit riesigen Kränen, Baggern und Kipplastern auffuhren. Alle trugen ihre Arbeitsanzüge und schrien Slogans. Es wimmelte nur so von Fahnen und Schriftrollen. Shuo und ich begannen zu weinen und auch den Studenten machte diese Demonstration der Einigkeit wieder Mut. An diesem Tag demonstrierten 300.000 Menschen gegen die Regierung, am nächsten Tag waren es bereits über eine Million. Die Partei geriet zunehmend unter Druck und die Reformer gewannen allmählich die Oberhand. Über Nacht war es auf einmal allen Medien erlaubt, objektiv zu berichten, und kommunistische Kader und gelegentlich sogar Soldaten und Polizisten schlossen sich den Demonstranten an. Immer mehr Prominente veröffentlichten Unterstützungserklärungen, sogar Rektorin Chang raffte sich dazu auf. Plötzlich waren die Protestmärsche gegen die Regierung nicht nur erlaubt, sondern sie kamen in Mode. Immer mehr Leute kamen auch aus den Provinzen, um sich anzuschließen. Schulklassen reisten an und marschierten, ihre Schulfahnen vor sich her tragend, in Richtung Platz des Himmlischen Friedens. Auch die chinesischen

Journalisten organisierten sich und schrien Slogans wie „Pressefreiheit“ und „Die Medien müssen die Wahrheit sagen!“. Über Nacht schien die kommunistische Macht gebrochen. Mich verblüfften dieser rasante Stimmungswechsel und die Tatsache, dass die chinesische Studentenbewegung plötzlich die Spitzenmeldung bei allen ausländischen Nachrichtensendern war. Die ganze Welt schien hinter uns zu stehen.

Die Stimmung auf dem Platz stieg. Seit die Bevölkerung sich mit den Studenten solidarisch erklärt hatte, durfte sich dort ein jeder frei bewegen. Der Protest wurde nun nicht mehr nur von den Studenten getragen, sondern vom ganzen Volk. Die Arbeiter besetzten den nordöstlichen Teil des Platzes und forderten nicht nur einen Dialog, sondern auch das Recht, freie Gewerkschaften zu gründen. Überall wurden zündende Reden gehalten und ein Mann hatte sich eine Tafel umgehängt, auf der stand: „Annonce: Li Peng – Premierminister der Volksrepublik China gesucht. Seit 4. Mai verschwunden.“ Auch zwei Professoren der „Zentralen Akademie der Bildenden Kunst“ hielten eine Rede. Guang Jun und Lui Huanzhang waren in China berühmte Künstler. Nachdem sie geendet hatten, schauten mich meine Studenten erwartungsvoll an. Einige junge Professoren baten mich, die Akademie zu vertreten, aber ich wollte mich nicht diesem neuen Trend anschließen. Für mich hatte die ganze Bewegung mittlerweile einen bitteren Beigeschmack bekommen. Plötzlich hatten sich auch jene, die noch vor einigen Tagen gegen die Studenten angetreten waren, die Sache zu Eigen gemacht. Es schien auf einmal weniger um eine Öffnung der chinesischen Gesellschaft zu gehen, sondern einfach um einen Heidenspaß.

Ich gab Hang Jian zweihundert Yuan und bat ihn, sie Klein Liu als Spende zu übergeben. Ich selbst würde nicht mehr auf den Platz des Himmlischen Friedens gehen. Am nächsten Morgen schrieb mir der autonome Studentenverband einen Dankesbrief für meine Spende und klebte ihn an die Tür der Messe. Danach folgten viele Angestellte meinem Beispiel.

Am 18. Mai willigte Premierminister Li Peng endlich in einen Dialog ein. Einige der Studentenführer, die sich am Hungerstreik beteiligt hatten, wurden direkt aus dem Krankenhaus in die Volkskongresshalle gebracht. CCTV übertrug das Gespräch live ins ganze Land. Die Regierung war bereit zu verhandeln, aber die Studenten beharrten strikt auf der Erfüllung all ihrer Forderungen. Die selbstbewusste Art, mit der Wuer Kaixi dem Premierminister gegenübertrat, versetzte sie in Begeisterung. Li Peng zeigte während des gesamten Gespräches eine steinerne Miene. Er fürchtete offensichtlich, das Gesicht zu verlieren. Was wir nicht wussten war, dass der Machtkampf in der Kommunistischen Partei sich zugunsten der Hardliner entschieden hatte. Um Mitternacht wandte sich Zhao Ziyang mit Tränen in den Augen an die Studenten: „Ihr dürft euer Leben nicht opfern!“, rief er ihnen zu und in diesem Augenblick empfand ich Sympathie für ihn.
Am Nachmittag des 19. Mai endete der Hungerstreik, der inzwischen sieben Tage gedauert hatte. Zwar war das Ziel nicht erreicht worden, aber ganz China stand nun geschlossen hinter den Studenten. Am selben Abend brachten alle Nachrichtensendungen als erste Meldung, dass in Beijing der Ausnahmezustand verhängt worden war. Die Volksbefreiungsarmee hatte bereits den Befehl erhalten, in der Hauptstadt einzumarschieren. Das Blatt hatte sich schlagartig gewendet. Viele Studenten waren schon wieder an ihre Hochschulen zurückgekehrt. Trotzdem wimmelte es auf dem Platz des Himmlischen Friedens noch von Menschen, viele davon aus der Provinz. Und noch immer hielten sich tagsüber dutzende Studenten der Zentralakademie für Kunst und Design auf unserem Lagerplatz auf.

Der 4. Juni

Unsere Akademie lag in der Nähe der Dabeiyao-Kreuzung. Dort befand sich eine der größten Busstationen Beijings. Außerdem war die Kreuzung ein neuralgischer Punkt auf dem Weg in die Innenstadt, denn dort kreuzte sich die Jianguomenwai-Straße mit der dritten Ringstraße. Die von Osten einrückende Volksbefreiungsarmee musste diesen Punkt passieren, um in die Innenstadt zu gelangen. Die Verhängung des Ausnahmezustandes machte die Leute so wütend, dass sie Straßensperren auf der Dabeiyao-Kreuzung errichteten, um das Vorrücken der Armee zu behindern. Sie bauten Mauern aus Bussen quer auf der Jianguomenwai-Straße auf. Die jungen Arbeiter der umliegenden Fabriken, die Studenten und die Anrainer arbeiteten Seite an Seite. Auf einem der Busse war ein Lautsprecher angebracht worden, über den Radiosendungen, Stellungnahmen gegen die Verhängung des Ausnahmezustandes und Berichte ausländischer Medien übertragen wurden. Einige nutzten den Lautsprecher auch, um spontane Reden zu halten. Ein Angestellter der Beijinger Stadtregierung erzählte, dass Bürgermeister Chen Xitung gelogen hatte, als er im Fernsehen bei einer Diskussion mit Studenten verkündete, nicht mehr als zweihundert chinesische Yuan im Monat zu verdienen. Weiters sagte er, dass dessen Sohn die Position seines Vater genutzt habe, um durch günstige Geschäfte in kürzester Zeit einer der reichsten Männer Chinas zu werden. Die Luxusvilla, in der Zhen Xitung wohnte, wurde ihm für nur zehn Yuan Monatsmiete zur Verfügung gestellt und als Regierungsmitglied zahlte er für ein Kilo Krabben nur einen halben Yuan, während normale Menschen dafür vierzig Yuan auf den Tisch legen mussten. Rundum wurde auf die korrupten Politiker geschimpft. Und obwohl die Armee vor Beijing stand, hatte niemand Angst, vielmehr herrschte bei den Straßensperren Feststimmung. Überall brachen sich die seit Jahren aufgestaute Wut und Enttäuschung Bahn und machten einer lauten Fröhlichkeit Platz. Jeden Abend nach dem Abendessen gingen Shuo, Sa und ich spazieren, um den Rednern zuzuhören und uns dabei zu amüsieren.

Währenddessen kam die Armee immer näher. Die Studenten des Zweiten Sprachinstituts und der Rundfunkakademie, beides Hochschulen in den Außenbezirken Ost-Beijings, waren die Ersten, die auf die Soldaten stießen. Eine nicht geringe Anzahl von Studenten wurden bei den Auseinandersetzungen verletzt. Mein kleiner Bruder Youxiang, der am Sprachinstitut studierte, wurde ebenfalls in die Kämpfe verwickelt. Nachdem die Nachricht bis zu uns gedrungen war, machte sich Klein Liu sofort auf den Weg dorthin, um die Studenten zu unterstützen. Auch die Bauern der Umgebung eilten ihnen zu Hilfe und so konnte die Armee gestoppt werden. Die Bevölkerung appellierte an die Soldaten, nicht auf das eigene Volk zu schießen: „Ihr dürft euch nicht zum Werkzeug einer kleinen Gruppe machen lassen!", riefen sie ihnen zu.

Die Kommunistische Partei hatte immer betont, dass die „Volksarmee für das Volk" sei, und diesen Propagandaspruch nahmen die Studenten nun auf und verwendeten ihn gegen die Partei und gegen die Soldaten. Die meisten Offiziere und Soldaten waren derselben Ansicht und weigerten sich, über die lebenden Hindernisse rund um die Panzer hinwegzufahren. In der Nähe der Dabeiyao-Kreuzung wurden zehn voll besetzte Armeefahrzeuge von mehr als tausend Leuten umringt. Die meisten Soldaten versuchten ihr Gesicht zu verbergen, manche weinten vor Verlegenheit. Wie vor vierzig Jahren, als die Armee Beijing gewaltlos befreite, schenkten ihnen die Menschen gegen den Durst Wassermelonen, Gurken und Eis. Aber diesmal waren es keine Willkommensgrüße, sondern Ermahnungen, solidarisch mit dem Volk zu sein.

Schließlich rückten die Panzer ab und verließen Beijing. Einige Soldaten winkten, um ihre Solidarität mit der Bevölkerung zu bekunden. Für die Regierung war es eine beschämende Niederlage. Nicht nur, dass die Armee nicht vom Fleck kam, einige Kommandanten sprachen sich sogar öffentlich gegen das Vorgehen wider die eigene Bevölkerung aus. Auch einige pensionierte Generäle kritisierten die Verhängung des Ausnahmezustandes über Beijing. Aus diesem Grund glaubten die meisten, dass sich die Lage entspannt hätte. Manche nahmen ihre Arbeit wieder auf. Die Angestellten in den Bereichen des öffentlichen Verkehrs und der Nahversorgung hatten sich in der kritischen Zeit bemüht, die Ordnung in Beijing aufrechtzuerhalten, um der Regierung keine Handhabe gegen die Studentenbewegung zu geben. Und plötzlich bemerkte ich, dass die Kellner und Verkäufer viel freundlicher geworden waren. Manchmal entkam ihnen sogar ein Lächeln, wenn sie einen Kunden bedienten. Eines Vormittags ging ich in das der Akademie gegenüberliegende Kaufhaus, um Kekse zu besorgen. Dort gab es eine Verkäuferin, die ich nicht mochte, weil sie immer unfreundlich war. Doch diesmal lächelte sie mir schon von weitem entgegen und als sie die Kekse für Sa sorgfältig einpackte, sagte sie plötzlich: „Ihr Intellektuellen seid großartig. Ihr habt euch für uns eingesetzt, jetzt werden wir uns für euch einsetzen. Früher sind wir ständig kontrolliert worden und deshalb hat die Arbeit keinem Spaß gemacht, doch jetzt arbeiten wir freiwillig und es ist viel besser als früher. Mein Mann ist bei der Polizei und er hat erzählt, dass seit ein paar Tagen alle Taschendiebe von der Bildfläche verschwunden sind. Finden Sie das nicht auch bemerkenswert? Die Polizei fährt nicht mehr auf Streife und gleich sind auch die Kriminellen weg." Dann lachte sie. Ich sah, dass alle Verkäufer mit ihren Kunden plauderten und scherzten und war erfreut, welche Folgen die Studentenbewegung für das Leben der einfachen Menschen hatte.

*

Die Studenten begannen darüber zu diskutieren, ob man auf dem Platz des Himmlischen Friedens bleiben sollte oder nicht. Klein Liu erzählte mir, dass vor allem die Aktivisten der ersten Stunde den Platz räumen wollten. Sie meinten, dass der Ausnahmezustand sich selbst ad absurdum geführt habe. Außerdem waren viele erschöpft. Doch einige, die erst sehr spät zur Studentenbewegung dazugestoßen waren, sträubten sich dagegen. Viele von ihnen waren aus der Provinz angereist und fanden wohl, sie seien noch nicht auf ihre Kosten gekommen:

Sie wollten weiter die Konfrontation mit der Regierung suchen und setzten dabei auf die Weltöffentlichkeit. Klein Liu war für den Rückzug und auch ich teilte seine Meinung, dass mit der Besetzung des Platzes nichts mehr zu gewinnen sei. Aber schließlich setzte sich die Gruppe der anderen durch und übernahm nun auch die Führung auf dem Platz des Himmlischen Friedens. Viele von ihnen wussten sowieso nicht, wo sie sonst campieren sollten. Sie schliefen nachts dort und streiften tagsüber durch die Stadt. Der Trubel hatte sich mittlerweile mehr in die Vorstädte verlegt, wo Straßensperren errichtet worden waren.

Der Kommandostab auf dem Platz des Himmlischen Friedens hatte ziemlich viele Spenden bekommen und so wurden die verbliebenen Studenten gratis versorgt. Manchmal spielten dort abends chinesische Popstars und dann war der Platz wieder in Feststimmung getaucht. Trotzdem machten sich die Studentenführer über das abflauende Interesse der Bevölkerung Gedanken. Eines Nachmittags kamen Klein Liu und „Dickerchen" in mein Atelier und erzählten mir, dass der Kommandostab einige Veranstaltungen plante, um wieder mehr Leute anzulocken. Sie baten mich, eine Skulptur für den Platz zu schaffen, aber mir fiel nichts ein, was zur dortigen Atmosphäre gepasst hätte, und deshalb sagte ich, dass ich darüber nachdenken müsse. Zwei Tage später teilte mir Klein Liu mit, dass andere Lehrer bereits intensiv mit der Arbeit beschäftigt seien. Ich erfuhr, dass eine Figur der amerikanischen Freiheitsstatue nachgebildet werden sollte. Wieder einige Tage später suchten mich einige meiner Studenten auf, die beim Transport dieser Skulptur helfen wollten. Sie baten mich, ihnen einige Werkzeuge zu leihen, und luden mich ein, sie zu begleiten. Aber ich hatte kein Interesse mehr, auf dem Platz des Himmlischen Friedens zu sein, und schlug die Einladung aus, allerdings nicht ohne ihnen die Werkzeuge mitzugeben. Wie ich später erfuhr, hatten sie einige Mühe, die riesige Gipsstatue auf der Nordseite des Platzes genau gegenüber dem Bild von Mao Tse-tung aufzustellen. Die

Figur wurde sofort zum Anziehungspunkt der Schaulustigen und zum Lieblingsmotiv aller ausländischen Journalisten. Viele Studenten ließen sich damit fotografieren, denn für sie war sie ein Symbol dafür, dass man sich bald friedlich mit der Regierung einigen würde. Später, nachdem sie von Panzern gestürzt und zermalmt worden war, wurde sie zum Symbol des Massakers vom 4. Juni.

*

Eines Abends Ende Mai, ich arbeitete gerade in meinem Atelier an einer Skulptur, erschien Klein Liu mit einem rund zwanzigjährigen Mann. Hinter ihnen draußen in der Dunkelheit bemerkte ich noch einige andere Studenten, die offensichtlich Schmiere standen. Klein Liu stellte mir den Mann als einen der Führer des autonomen Studentenverbandes von Beijing vor. Er erzählte mir, dass sich die Studenten in den nächsten Tagen freiwillig vom Platz des Himmlischen Friedens zurückziehen würden. Als Andenken sollten alle, die an der Bewegung teilgenommen hatten, Gedenkplaketten erhalten, die ich entwerfen sollte. Die Finanzierung sei durch Sponsoren aus Hongkong sichergestellt, dort würden die Plaketten auch produziert werden. Ich sollte meine Entwürfe in zwei Tagen präsentieren. Diesen Auftrag nahm ich gerne entgegen. Ich plante eine runde Plakette, auf der ein mit geometrischen Formen und Linien kombiniertes Relief die Sturmkraft der Studentenbewegung symbolisieren sollte.

Am Morgen des 3. Juni erreichte uns die Nachricht, dass die Armee sich anschickte, gewaltsam in die Stadt vorzudringen. Einige Leute behaupteten sogar, dass sich Einheiten in Zivil bereits im Keller der Volkskongresshalle verschanzt hätten. Viele Studenten und Lehrkräfte brachen sofort zum Platz des Himmlischen Friedens auf. Sie waren im Gegensatz zu den früheren Märschen nicht organisiert, sondern einfach nur neugierig, was im Stadtzentrum vor sich ging.

Auch mein Nachbar Lin machte sich mit seiner Kamera auf

den Weg. Er war einer der wenigen Mitglieder der Kommunistischen Partei im Lehrkörper und am Anfang der Bewegung gegenüber sehr zurückhaltend. Aber später besuchte er den Platz des Himmlischen Friedens oft. Auch am Abend zuvor war er dort gewesen und hatte mir danach erzählt, dass vier Intelektuelle in den Hungerstreik getreten waren. Er wollte mich überreden, ihn zu begleiten, aber ich war ziemlich sicher, dass sich die Armee diesmal tatsächlich in die Stadt vorkämpfen würde, und wollte noch schnell Lebensmittel besorgen. Er meinte zuversichtlich: „Die Armee wird auf keinen Fall einrücken!" Dann ging er lachend davon.
Auf dem Gang traf ich Frau Luo. Ihr Mann hatte kurz zuvor ein Privattelefon installieren lassen und sie erlaubten uns, es zu benutzen. Sie rief mir zu: „Ein Ausländer ist für dich am Telefon." Ich rannte in die Wohnung der Luos. Ein Schweizer Journalist namens Peter Achten bat mich um ein Interview und ich machte einen Termin für den nächsten Tag mit ihm aus. Ich schlug Frau Luo vor, sich ebenfalls mit Nahrungsmittel einzudecken, und da zeigte sie lächelnd auf eine Reihe von Kisten, die mit Limonaden, Keksen und anderen Lebensmitteln vollgestopft waren: „Wir haben schon alles besorgt. In den Geschäften ist heute viel los, du solltest dich beeilen."
Mit meinem Bruder Youxiang ging ich zum Supermarkt, in dem sich die Menschen drängten. Ich kaufte Kekse, Dosenfleisch, Milchpulver, Kakao und die Verkäuferin ermutigte mich, noch zehn Packungen „Fang Bian Mian", ein Fertiggericht aus Nudeln, mitzunehmen, bevor alles ausverkauft sein würde. Wir hatten Glück, denn die Leute, die kurz nach uns kamen, fanden fast nur mehr leere Regale vor.
Nach dem Mittagessen kam Lin mit Lu, dem Chef des Akademiebüros, in mein Atelier. Lu zeigte mir sofort seine verbundene linke Hand und sagte: „Shaoxiang, diese verdammten Soldaten prügeln wirklich auf die Leute ein." Gemeinsam mit einigen anderen hatte er versucht, zwei Militärbusse aufzuhalten. Die Soldaten hatten mit Eisenketten auf die Menschen

eingeschlagen, einige Verletzte mussten sogar ins Krankenhaus gebracht werden. Eine fünfzigjährige Frau wurde niedergeworfen und halb totgetreten, bevor ihr jemand zu Hilfe eilen konnte. Lin hatte zahlreiche Fotos von den Kämpfen gemacht und war überzeugt: „Die Soldaten haben den Befehl von ganz oben, denn sie sind mit unglaublicher Härte vorgegangen." Mittlerweile trafen auch einige Studenten ein, die von Kämpfen auf dem Platz des Himmlischen Friedens berichteten. Einige waren verletzt worden. Die Armee meinte es diesmal offensichtlich wirklich ernst. Der eine oder andere Student beschloss, Beijing mit dem Zug zu verlassen. Alle waren überzeugt, dass schon an diesem Abend die Hölle über die Stadt hereinbrechen würde.

Am Abend brachte CCTV in den Nachrichten eine Warnung des Kommandanten der Volksbefreiungsarmee. Die Gesichter der Moderatoren wirkten bedrückt: „Die Armee und die Polizei haben das Recht erhalten, mit aller nötigen Härte den Ausnahmezustand aufrechtzuerhalten. Für sämtliche sich daraus ergebenden Folgen tragen die Unruhestifter die Verantwortung." Schließlich verkündeten sie auch, dass es ab nun verboten war, am Abend auf die Straße zu gehen. Uns war sofort klar, dass unsere Sache nun verloren war.

Plötzlich hörten wir von der Guanghua-Straße im Norden unseres Wohngebäudes einen ohrenbetäubenden Lärm. Wir rannten sofort hin und sahen, dass einige Studenten der Akademie beschlossen hatten, die Straße mit dem Baumaterial, das für ein neues Unterrichtsgebäude gedacht war, zu sperren. Wir schlossen uns sofort an und schon nach kurzer Zeit floss der Schweiß in Strömen. Also machten wir eine kleine Pause und plötzlich wurde uns bewusst, dass wir die Straßensperre ausgerechnet neben unserem eigenen Wohngebäude errichteten und somit im Ernstfall mitten im Geschehen sein würden. Aber nun war es zu spät, die Straßensperre war schon fast einen Meter hoch. Als wir beinahe fertig waren, hörten wir Motorradgeräusche: die „Fliegenden Tiger". So hieß eine Gruppe junger Leute, großteils wohlhabende Straßenverkäufer und Kinder von hohen Kadern. Sie waren früher nicht besonders beliebt gewesen, aber nun patroullierten sie auf ihren Motorrädern bei den Straßensperren und beförderten nach Einbruch der Dämmerung Nachrichten zwischen Ost- und West-Beijing hin und her. Überall, wo sie auftauchten, wurden sie begeistert begrüßt, denn sie waren immer gut informiert und wussten genau, was in der Stadt los war. Sie berichteten uns, dass im Westen die Armee bereits vorrückte, während im Osten noch alles ruhig sei. Überall würden die Leute neue Straßensperren errichten und die Plätze und Straßen seien voller Menschen.

Nun wurden wir neugierig und machten uns nach Dabeiyao auf. Tatsächlich begegneten wir überall Leuten und die achtspurige Jianguomenwai-Straße sah aus wie am 20. Mai, an dem Tag, als der Ausnahmezustand verhängt worden war. Niemand schien sich um das Ausgehverbot zu kümmern, alle waren damit beschäftigt, weitere Straßensperren zu errichten. Einige junge Leute hatten sich auf die Busse gestellt und schwenkten eine Fahne, auf der „Kamikaze" stand. Sie wollten die Armee mit ihren Körpern aufhalten. Wenig später rasten einige „Fliegende Tiger" herbei und schrien aufgeregt: „Die Armee dringt von Westen aus in die Stadt vor!" Viele stiegen daraufhin auf ihre Fahrräder, um die Menschen im Westen zu unterstützen, andere strömten zum Platz des Himmlischen Friedens.

Meine Begleiter und ich hatten Familie und kehrten daher lieber in die Akademie zurück, um die weiteren Geschehnisse vor dem Fernseher zu verfolgen. In den Filmberichten konnte man sehen, wie Panzer und Armeefahrzeuge von der Bevölkerung gestoppt und mit Steinen und Molotow-Cocktails beworfen wurden. Einige Panzer fingen Feuer, das wild in der Dunkelheit loderte. Man zeigte einen Mann, der mit Ziegelsteinen auf einen Panzer einschlug und diese anschließend gegen einen Soldaten schleuderte. „Seht euch diesen Schuft an", kommentierte der Moderator, woran sich erkennen ließ, dass die amt-

liche Propagandamaschine bereits angeworfen worden war, um für die Regierung Stimmung zu machen.
Angesichts dieser Bilder gerieten wir langsam in Panik. Es war schon nach Mitternacht, Sa schlief in seinem Bett und saugte an seinem Daumen. Wir deckten ihn zu und gingen schlafen. Plötzlich wurden wir durch einen Schuss geweckt. Sa begann laut zu weinen. Wir holten ihn schnell zu uns ins Bett und schon ertönten weitere Schüsse. Wenige Sekunden später folgten Explosionen. Shuo weinte leise vor sich hin und stammelte immer wieder: „Sie schießen auf Menschen, sie schießen wirklich auf Menschen." Wir hielten einander starr umklammert und warteten stumpf vor Schrecken auf das Morgengrauen. Der Tag, der heraufdämmerte, war der 4. Juni 1989, der als Tag des „Massakers am Platz des Himmlischen Friedens" in die Geschichte eingehen sollte.

Nachwort

Im Juni 1989 war ich siebzehn Jahre alt. Nicht viel jünger also als die Studenten, die in Beijing ihr Leben für eine offenere Gesellschaft riskierten. Das war vielleicht der Grund, weshalb jene Tage sich unauslöschlich in mein Gedächtnis eingeprägt haben. In meinem Tagebuch finden sich seitenweise Eintragungen über das Massaker, dem Schätzungen zufolge einige hundert, wenn nicht einige tausend Menschen zum Opfer gefallen sind. Zusätzlich erfolgte eine groß angelegte Verhaftungswelle, einige Studentenführer wurden als Rädelsführer zum Tode verurteilt und hingerichtet. Noch heute wird in China beharrlich über die Ereignisse vom Juni 1989 geschwiegen. Wie viele Studenten noch immer in den Gefängnissen sitzen, ist ungeklärt. Die Angehörigen der Opfer fordern seit Jahren vom Volkskongress die Aufklärung dieses dunklen Kapitels der jüngeren chinesischen Geschichte, ohne je eine Antwort erhalten zu haben.

Einer, der mit den Studenten demonstrierte, war der damals 32-jährige Professor Wu Shaoxiang. Mit Hilfe der österreichischen Botschaft konnte er am 6. Juni 1989 mit seiner Frau Jiang Shuo und seinem Sohn Sa nach Österreich flüchten und fand in Ebenthal bei Klagenfurt eine neue Heimat. Seine innovativen Münzskulpturen brachten ihm bald internationale Beachtung, vor allem in Hongkong und den USA, ein. Öffentliche und private Sammler, darunter Arnold Schwarzenegger, kauften seine Skulpturen. Im Jahr 1996 erkrankte Wu Shaoxiang an Krebs. Während dieser schweren Zeit beschloss er, seine Lebensgeschichte für seinen Sohn Sa niederzuschreiben. Herausgekommen ist ein Zeitdokument, das in seiner Authentizität und Lebendigkeit seinesgleichen sucht und die Geschichte der Studentendemonstrationen im Jahr 1989 aus der Perspektive eines Augenzeugen aufrollt. Aber auch die Beschreibung seines Weges vom Straßenkind zu einem der bedeutendsten zeitgenössischen Bildhauer Chinas ist eine mit vielen Anekdoten gespickte Geschichte, die auch den deutschsprachigen Lesern zugänglich gemacht werden sollte.

Um das zu ermöglichen, begann Sa, der seit seinem vierten Lebensjahr in Österreich lebt, im Alter von dreizehn Jahren mit der Übersetzung des Werkes. Eine Leistung, die gar nicht hoch genug eingeschätzt werden kann. Im Vorjahr wurde ich dann gefragt, ob ich die Bearbeitung und Herausgabe des Buches übernehmen würde. Und je tiefer ich in die Geschichte eindrang, desto mehr faszinierte sie mich.

Das Buch endet im Jahr 1989. Aber noch heute wird Wu Shaoxiang bisweilen von der Geschichte eingeholt. Unter anderem bekam er 1999 von der Shanghaier Börse den Auftrag, einen monumentalen Stier anzufertigen. Kurz darauf zeigte er in einer Hongkonger Galerie provokante regimekritische Arbeiten, die den kommunistischen Börsianern missfallen haben dürften. Wu Shaoxiang hörte nie wieder von ihnen. Der Stier „grast" mittlerweile auf einer Weide bei Tainach in Kärnten.

Marianne Fischer

Klagenfurt, im September 2003